北京市草莓产业经济研究

● 刘瑞涵 等 著 ●

中国农业科学技术出版社

图书在版编目(CIP)数据

北京市草莓产业经济研究／刘瑞涵等著．--北京：中国农业科学技术出版社，2024.2
　　ISBN 978-7-5116-6482-2

　　Ⅰ.①北… Ⅱ.①刘… Ⅲ.①草莓-作物经济-产业发展-研究-北京 Ⅳ.①F326.13

中国国家版本馆 CIP 数据核字(2023)第 200166 号

责任编辑	史咏竹
责任校对	马广洋
责任印制	姜义伟　王思文

出 版 者	中国农业科学技术出版社
	北京市中关村南大街 12 号　邮编：100081
电　　话	(010) 82105169 (编辑室)　(010) 82109702 (发行部)
	(010) 82109709 (读者服务部)
网　　址	https://castp.caas.cn
经 销 者	各地新华书店
印 刷 者	北京建宏印刷有限公司
开　　本	170 mm×240 mm　1/16
印　　张	13.5
字　　数	233 千字
版　　次	2024 年 2 月第 1 版　2024 年 2 月第 1 次印刷
定　　价	62.00 元

◥◣◥◣◥◣ 版权所有·翻印必究 ◢◤◢◤◢◤

《北京市草莓产业经济研究》著者名单

主　著：刘瑞涵

参著者：姜修胜　王　可　席加行　卢瑞雪

　　　　张怀波　秦彦强　李　昂　杨培珍

　　　　孔亚娟　黄　京

前　　言

粮经作物产业技术体系北京市创新团队（2013—2021年）的主要研究对象先后以冬小麦、玉米（包括籽粒玉米和鲜食玉米）、甘薯和草莓等粮经作物为主。该团队产业经济研究室针对草莓产业的相关工作始于2017年。本书是有关北京市草莓产业经济研究的阶段性工作成果。这些成果主要基于对大量实地调研结果和有关产业发展的各类间接调研资料进行系统分析而取得。实地调研重点区域包括北京市的昌平、顺义、通州、平谷、延庆和密云等草莓主产区。研究范围既涉及了宏观上的国际贸易以及国内外产业规模与演变，也涵盖了中微观层次的生产、流通和消费等。

本书的第一章重点回顾了国内外以及北京市草莓产业发展概况；第二章主要探讨了北京草莓产业的生产技术效率及其竞争力；第三章涉及北京草莓各类生产经营主体的渠道结构及其绩效；第四章分析了北京市场草莓销售的价格特征；第五章主要研究了草莓的消费市场；第六章系统分析了中国草莓进出口结构及其贸易竞争力。

本书是粮经作物产业技术体系北京市创新团队产业经济分析的阶段性成果。在间接资料收集、现场观摩、专家咨询研讨、实地集中调研、一对一面访、会议座谈和电话调查等工作中，北京市粮经作物创新团队首席专家与各岗位专家及其研究助手、各综合试验站站长、各田间学校的校长、京郊各类草莓生产经营主体，均给予了积极的支持与帮助。

北京农学院经济管理学院已经毕业及在读的研究生卢瑞雪、张怀波、王可、秦彦强、李昂、杨培珍、孔亚娟、席加行、黄京、姜修胜等人，在大量实地调研、数据输入与整理、统计图表制作及计量分析等工作中，踏实认真，贡献了各自的智慧与汗水。同时，本书也借鉴了参考文献中各位学者的相关研究成果。在此一并向上述人员表示诚挚谢意！

限于著者的水平局限，本书中若存在错漏及不当之处，恳请同行及读者批评赐教，以鞭策著者在不断学习中提升学术素养！

著　者

目　　录

1 草莓产业发展概况 ··1
　1.1 世界草莓生产规模及区域布局 ···································1
　1.2 中国草莓生产规模及区域布局 ···································2
　1.3 北京草莓产业发展概况 ··3
2 北京市草莓生产技术效率及产业竞争力研究 ···················6
　2.1 调研背景 ··6
　2.2 北京草莓生产的投入产出特征 ···································7
　2.3 北京草莓生产的技术效率 ······································10
　2.4 北京草莓生产者绿色防控技术认知与采纳行为 ············15
　2.5 北京草莓产业竞争力评价 ······································29
3 北京生产者销售草莓的渠道策略及其绩效 ·····················38
　3.1 北京生产者销售草莓的渠道策略 ······························38
　3.2 北京生产者销售草莓的渠道绩效评估 ························47
　3.3 提升北京生产者草莓销售渠道绩效的对策 ··················73
4 北京市场草莓商品的价格特征 ·····································76
　4.1 北京生产者不同渠道销售草莓的价格特征 ··················76
　4.2 北京市场草莓批发价格及其与其他代表性省（市）比较 ········81
　4.3 北京及周边市场草莓批发价格的传导关系 ··················85
　4.4 主要结论及经营管理建议与启示 ······························89
5 草莓消费市场研究 ··92
　5.1 北京居民人均可支配收入及支出结构 ························92

  5.2 消费者网购草莓的需求感知特征分析 ……………………… 93
  5.3 北京儿童及其家长的草莓采摘行为与满意度分析 ………… 104
  5.4 北京城区草莓消费者市场细分研究 …………………………… 115
6 中国草莓进出口结构及贸易竞争力分析 ……………………………… 131
  6.1 国内外相关研究的简要回顾 …………………………………… 131
  6.2 概念界定及理论基础 …………………………………………… 134
  6.3 中国草莓贸易结构分析 ………………………………………… 136
  6.4 中国草莓贸易竞争力分析 ……………………………………… 155
  6.5 中国草莓出口变动影响因素分析 ……………………………… 174
  6.6 提升中国草莓出口竞争力的对策 ……………………………… 182

参考文献 ………………………………………………………………………… 184
附录1 京郊草莓生产的投入产出问卷 ………………………………………… 193
附录2 草莓生产者绿色防控技术认知及应用现状调查问卷 ………………… 195
附录3 京郊草莓生产经营现状及营销渠道调研问卷 ………………………… 199
附录4 北京消费者草莓采摘调查问卷 ………………………………………… 201
附录5 北京城区消费者草莓购买调查问卷 …………………………………… 205

1 草莓产业发展概况

本章在描述世界及中国草莓生产规模及区域布局的基础上,分析了北京草莓在中国草莓产业中的地位及其北京的生产规模演变和区域布局特征,以期全面了解草莓产业在不同时空的发展趋势,为后续开展系列专题调查与研究提供背景画像。

1.1 世界草莓生产规模及区域布局

1.1.1 世界草莓生产规模

总体上,世界草莓生产规模和单产水平不断提高。草莓因营养价值较高,素有"水果皇后"美称,在世界大多数国家均有种植。据联合国粮食及农业组织(FAO)统计,世界草莓种植面积在2019年已达到39.64万公顷,和2000年相比增长了7.93万公顷。随着草莓产业技术的不断发展,世界草莓平均单产水平也在逐步提升。2019年世界草莓单产水平为22.4吨/公顷,与2000年相比增长了57.75%。产量方面,2000—2019年,世界草莓总产从457.84万吨增长到888.50万吨,年均增长率达到了3.55%。

1.1.2 世界草莓生产的区域分布

根据FAO统计数据计算,全球前十大草莓生产国在2010—2019年间,年均产量由高到低依次是中国、美国、墨西哥、土耳其、埃及、西班牙、韩国、波兰、俄罗斯和日本(图1-1)。其中前五位国家的草莓年均产量占全球草莓总产量的60%以上。中国草莓产量占全球总产量的比例高达32%。

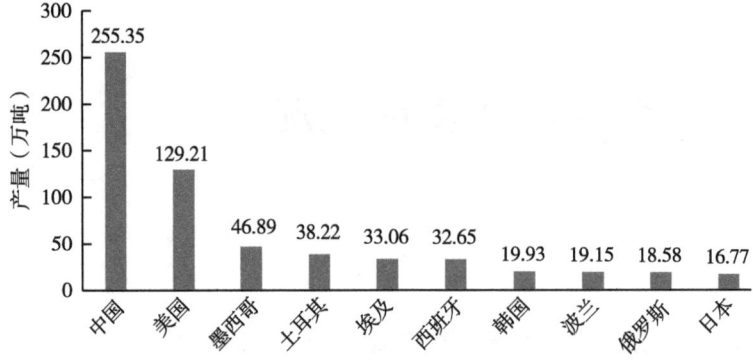

图 1-1 2010—2019 年世界草莓年均产量排名前十位的国家

(数据来源：根据 FAO 数据库提供的数据计算整理)

1.2 中国草莓生产规模及区域布局

1.2.1 中国草莓生产规模及其演变

中国草莓播种面积总体呈上升趋势。草莓作为高附加值的经济作物，近年来越来越受到生产经营者的青睐。全国总播种面积从 2010 年的 70 520 公顷上升到 2018 年的 119 980 公顷，增加了 49 460 公顷，生产规模增加幅度达到 70%（图 1-2）。

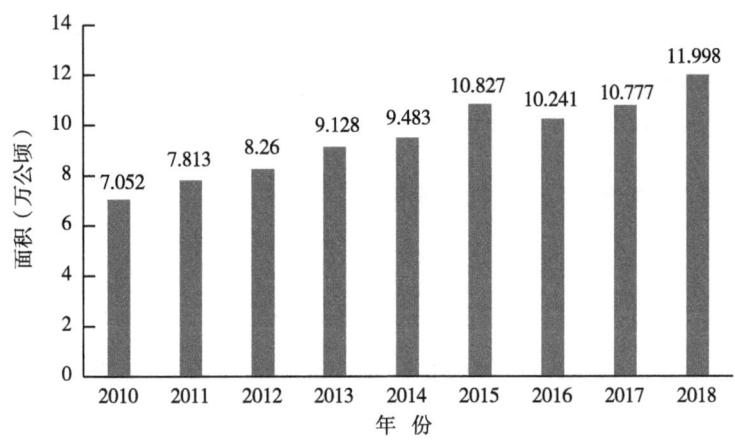

图 1-2 2010—2018 年中国草莓播种面积变动趋势

(数据来源：国家统计局官网)

1.2.2 中国草莓生产的区域分布

2018年，中国草莓种植面积在1万公顷左右规模的主产区是江苏、山东、辽宁、河南和安徽，其次是5 000公顷左右规模的河北、四川、湖南、浙江和湖北。其中，前五位的草莓主产省份，其种植面积之和占全国总面积的53.5%（图1-3）。

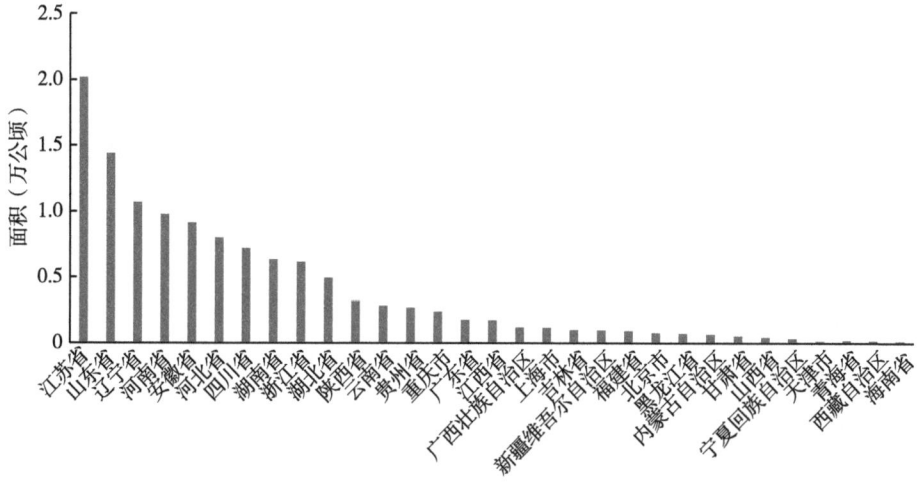

图1-3　2018年中国各区域草莓播种面积

（数据来源：国家统计局官网）

注：台湾省、香港特别行政区和澳门特别行政区的数据缺失。

1.3 北京草莓产业发展概况

1.3.1 北京草莓产业在全国的地位

北京草莓的种植面积在全国草莓总种植面积中所占的比例，2016年、2017年和2018年分别是0.65%、0.65%和0.64%。可见，北京草莓的生产规模，在全国总生产规模中处于无足轻重的地位（表1-1）。

表 1-1 2016—2018 年北京草莓种植面积在全国的地位

年份	种植面积（公顷）		北京占全国比重
	全国	北京	
2016	102 410	670	0.65%
2017	107 770	700	0.65%
2018	119 980	770	0.64%

数据来源：北京市统计局；国家统计局官网，http://www.stats.gov.cn/。

1.3.2 北京草莓生产规模及其演变

北京草莓近年来生产规模总体呈微升态势。2014—2019 年，北京草莓年均种植面积超过 700 公顷，总产出规模（产量）在波动中上升（图 1-4），年均总产量超过 1.2 万吨，单产水平达到 19 吨/公顷。

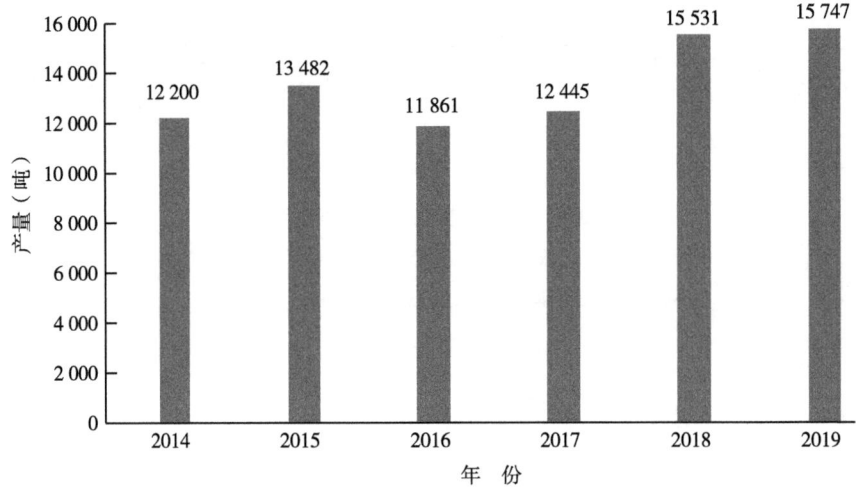

图 1-4 北京草莓 2014—2019 年总产量

（数据来源：北京市统计局）

1.3.3 北京草莓生产的区域分布

北京市草莓主产区主要集中在昌平区，其中以兴寿镇规模最大。2018—2019 年度，北京草莓种植面积超过 100 公顷的区有昌平、顺义、通州和平谷。这 4 个区占全北京市草莓总种植面积的 80.7%（图 1-5）。昌平区和顺义区的单产水平高于全市平均水平（图1-6）。

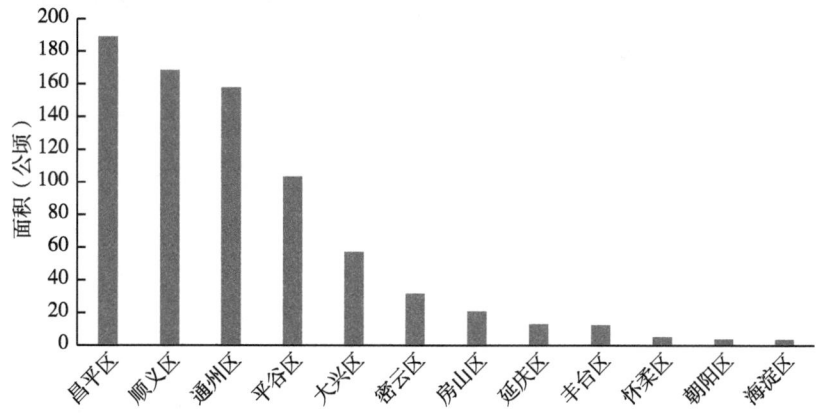

图1-5　北京市各区2018/2019年度草莓播种面积

（数据来源：北京市统计局）

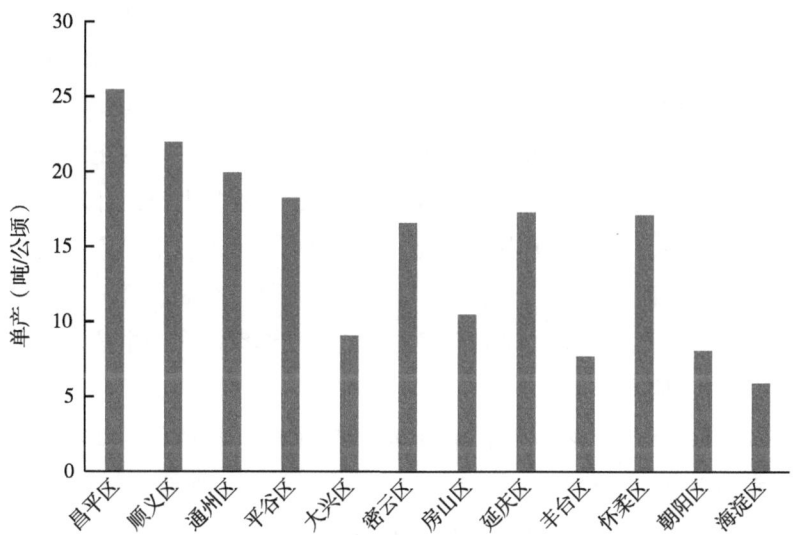

图1-6　北京市各区域2018/2019年度草莓单产水平

（数据来源：北京市统计局）

2 北京市草莓生产技术效率及产业竞争力研究

2.1 调研背景

本研究受现代农业产业技术体系北京市粮经作物创新团队建设项目的多年连续资助,在项目的"十三五"(2017—2020)任务规划中,针对与草莓产业经济研究相关的多个主题,包括成本收益和技术效率、生产者绿色防控技术应用、产品销售的渠道绩效、产品价格特征、消费者采摘行为、消费者市场细分等,进行了调研和数据收集的统筹规划。首先,设计出多个主题的系列问卷,并针对问卷于2017年3—5月开展集中调研和实地典型调研等多种形式的预调研;然后,基于预调研结果,完善了各个主题的正式问卷;最后,以正式问卷为工具,于2017年6月至2021年6月上旬,针对昌平、通州、顺义、大兴、平谷、房山、密云、延庆等草莓生产区域,应用生产者与消费者实地面对面访谈、"问卷星"系列线上调研、电话调研、生产者集中研讨调研、会议及主题活动调研等多种形式,陆续获取多个主题的调研数据(问卷内容详见附录)。

涉及草莓生产成本收益和技术效率主题的调研,回收问卷238份,其中有效问卷201份,问卷有效率84.5%。有效问卷中,普通小规模农户(以下简称为小户,生产经营规模在3个日光温室及以下,每个标准日光温室为50米×8米)169份,专业大户(生产经营规模在4个及以上标准日光温室)21份,农民专业合作社(以下简称为合作社)及公司(生产经营规模在4个及以上标准日光温室,或应用连栋日光温室若干)11份(以下将日光温室统一简称为温室)。

被调查的样本以男性为主,年龄总体偏大,文化程度总体不高,种植规模以小户为主。样本中男性占比88.1%;46~65岁的样本占比合计达

72.3%；初中及以下文化程度的样本占比近 2/3（表 2-1）。

表 2-1 草莓成本收益及技术效率主题被调查样本的基本特征

样本特征		占总有效样本的比例
性别	男	88.1%
	女	11.9%
年龄	35 岁以下	5.0%
	36~45 岁	19.8%
	46~55 岁	37.6%
	56~65 岁	34.7%
	65 岁以上	2.9%
文化程度	小学	3.0%
	初中	61.4%
	高中	23.8%
	大专	7.9%
	本科及以上	3.9%
种植规模（温室）	1~3 个	69.3%
	4~6 个	11.8%
	7~9 个	8.9%
	10 个及以上	10.0%

2.2 北京草莓生产的投入产出特征

2.2.1 北京草莓生产的总体特征

（1）机械化水平低，劳动密集型特点显著

北京草莓大部分在日光温室内种植，少部分生产规模较大的会用连栋温室。生产中除温室环境控制、耕整地、植保、灌溉等环节应用设施农业通用设备之外，受温室面积、结构及种植模式等多因素影响，在起垄、移栽、覆膜、田间管理、收获等环节鲜用高效适用机具。因此，京郊草莓种植的机械化生产水平总体较低，多个生产环节须投入大量劳动力。小户管理 1~3 个温室的居多，是典型的劳动密集型生产方式。

（2）草莓生产具有高投入、高收益特点

近年来，北京草莓平均每公顷单产为19.12吨左右，每公顷产值为45万~75万元。物质投入为每公顷15万~30万元，主要体现在种苗费用和土壤消毒费用方面。一般每公顷纯收益为30万~60万元。其中，生产管理水平和市场竞争力较强的生产主体，收益会稍高一些；生产管理水平偏低且被动等待中间商收购的生产者，纯收益则相对较低些。其他作物如甘薯，物质投入每公顷为2万~3万元，纯收益为每公顷3万~7万元；鲜食玉米（按两茬生产统计），物质投入为每公顷4万~8万元，每公顷纯收益则为9万~12万元。比较而言，草莓生产的高投入、高收益特点显而易见。

2.2.2 北京草莓生产的成本结构

北京草莓生产基本以温室种植为主。温室的长、宽标准在不同区域并不统一。在北京草莓主产区的昌平，大多数新修建的温室长50米，宽8米。本研究以昌平区这类50米×8米的温室作为一个温室的生产面积基准单位，将其他尺寸的温室折算为该类温室的数量，以此折算每个温室生产要素的投入、产出和效益等数据。

草莓生产过程中投入的要素多而繁杂，主要生产成本包括种苗费（元/温室）、肥料费（元/温室）、农膜费（元/温室）、水电费（元/温室）、植保费（元/温室）、固定资产折旧费（元/温室）、人工成本（元/温室）。其中，植保费用由土壤消毒费用、病虫害防治费用、蜜蜂购买费用等组成。固定资产折旧费主要包括温室折旧和卷帘机折旧两部分。人工成本包括家庭用工折价和雇工费用两部分。根据生产实际情况，温室计15年折旧，卷帘机计10年折旧。考虑到部分区县有温室建造费用补贴，并且补贴金额在不同时期有所差异，因此，以生产者的实际花费作为本研究折旧费用的数据来源。

北京草莓生产经营主体，从数量上看，仍然是小户占主流。专业大户、合作社或公司等类型的主体，在数量上相对较少。本研究针对不同生产经营主体，比较分析其生产成本结构及其收益水平。

（1）总体而言，种苗费在草莓生产成本中所占比例最高

小户、专业大户、合作社的种苗费占生产投入的比例均在35%左右，位居物质投入的首位，可见种苗投入在草莓生产中的重要性。生产者的草莓

种苗来源主要以购买为主，价格在每株 0.8~1.5 元不等，每个温室需要 5 000 株左右；少数生产者也自己育苗，但这种方式对生产者的技术要求、知识储备、育苗经验要求很高。草莓种苗质量对草莓产量及收益起到了至关重要的作用。优质种苗具有高抗病性、高结果率的优势，可保证产量并有效减少植保等物质及人工投入，在同样劳动付出后有可能获得更多收益。

（2）不同类型生产主体的要素投入结构稍有差异，但总体差异不明显

不同类型生产主体的要素投入结构之具体差异，主要表现在以下方面：一是小户种苗费占比稍高；二是合作社植保费用占比偏高，资产折旧费用占比较低；三是专业大户人工成本和固定资产折旧费用稍高。

草莓生产不但要求劳动用工投入数量较多，对人力投入的技术要求也相对较高。因此，各类生产主体均存在农忙时节短期雇工情况，主要工作是铺膜、栽苗、疏花疏果等（表 2-2）。

表 2-2 北京各类主体草莓生产要素投入结构的比较

主体类型	投入比例							
	种苗费	人工成本	固定资产折旧费	植保费	农膜费	肥料费	作业费	水电费
小户	35%	22%	19%	10%	10%	2%	1%	1%
专业大户	34%	23%	20%	10%	9%	2%	1%	1%
合作社	35%	22%	16%	13%	10%	2%	1%	1%

2.2.3 北京草莓生产的收益水平

北京不同类型的草莓生产经营主体，由于受各自生产技术及产品质量控制能力、生产规模及市场开拓能力、销售渠道及其议价能力等多因素的影响，其要素投入及收益水平各不相同。3 种不同类型的生产经营主体，销售收入和纯收益水平的排序都是小户＜专业大户＜合作社（图 2-1）。其中，合作社销售收入的平均水平是小户的 1.4 倍左右，差异达到 35 万元/公顷左右；合作社纯收益平均水平约为普通小户的 1.6 倍。

调研发现，虽然不同类型生产主体草莓产量有一定差异，但却不足以使销售收入相差如此之大。具体分析可知，在草莓成熟后，销售渠道的选择是影响销售收入水平的最主要原因。合作社因其生产规模和市场影响力相对较

大，销售渠道类型也更丰富和稳定，小户无法开拓的诸如电商、超市、集体采摘等渠道，合作社等规模生产主体可以利用，有利于合作社扩大产品流通范围，降低了交易成本，实现更高收益水平。

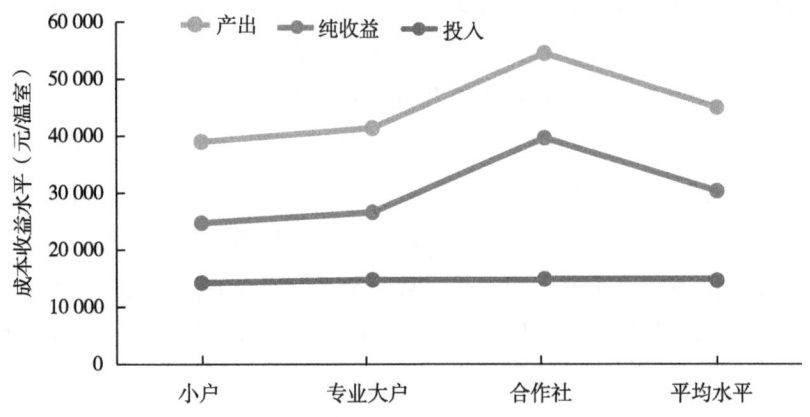

图 2-1　北京不同生产主体草莓投入与收益水平比较

2.3　北京草莓生产的技术效率

2.3.1　基本概念

（1）技术效率

技术效率（Technical Efficiency，TE）是指在技术的稳定使用过程中，技术的生产效能所发挥的程度。在一定的投入要素组合下，技术效率是指获得最大产出的能力；在一定的产出组合下，技术效率是指取得最小要素投入的能力。它衡量的是投入与产出间的关系，体现的是生产部门在既定投入水平下产出的最大能力，或者是在既定价格和生产技术下，生产要素投入的最优配比能力。换句话说，是指在给定各种投入要素的条件下实现最大产出的能力，或者给定产出水平下投入最小化的能力。

从实际生产的角度来看，技术效率反映的是生产要素自身潜力的发挥程度以及它们之间的配比关系。如果生产要素自身的潜力没有得到最有效地发挥，那么在一定程度上就会影响技术效率；生产要素之间的配比同样会影响到生产的技术效率，若其中一个生产要素的投入不合理，会影响整体生产要素产出潜力的发挥。

(2) 规模效率

规模效率 (Scale Efficiency, SE), 是指在制度和管理水平一定的前提下, 现有实际规模与最优规模之间的差异。它是分析生产经营规模与经济效益相互关系的一个重要指标, 用来反映在既定投入要素不变的情况下生产规模的有效利用程度。规模效率的主要影响因素是生产规模的大小。

(3) 规模报酬

规模报酬是指所有要素投入量变化倍数与相应的产出量变化倍数之间的关系。当所有投入要素增加的比例小于产量增加的比例时, 存在规模报酬递增; 当所有投入要素增加的比例大于产量增加的比例时, 存在规模报酬递减; 当所有投入要素增加的比例等于产量增加的比例时, 则规模报酬不变。

(4) 数据包络分析

数据包络分析 (Data Envelopment Analysis, DEA) 是以凸分析和线性规划为工具, 针对多投入多产出决策单元 (Decision Maring Unit, DMU) 的效率进行评价与分析。该方法运用线性规划构建一个非参数逐段先行的包络面 (或前沿面), 将数据包络起来, 使用数学规划模型对 DMU 的输入输出数据进行综合分析, 得出每个 DMU 综合效率的指标, 并据此将各个 DMU 定级排序, 比较各个 DMU 之间的相对效率并确定有效 DMU。

2.3.2 北京草莓生产的技术效率分析

(1) DEA 模型

经典 DEA 模型, 按是否排除规模效率的影响, 分为规模报酬可变模型 (Variable Returns to Scale, VRS 模型) 和规模报酬不变模型 (Constant Returns to Scale, CRS 模型, 又称 CCR 模型或 C^2R 模型) 两种。其中, CRS 模型可用来评价决策单元 DMU 是否同时达到规模有效和技术有效; VRS 模型则可以评价决策单元 DMU 的有效性。由于 VRS 模型中不但包含规模报酬不变的 CRS 模型, 而且还可测算评价部门之间的相对有效性, 因此, 本研究选用规模报酬可变模型 (VRS 模型)。VRS 模型的运行结果可直观地反映出纯技术效率值 (PTE)、规模效率值 (SE) 和综合技术效率值 (TE), 即 TE=PTE×SE; 根据模型运行得出的目标投入值, 可计算要素投入的冗余率; 根据模型运行得出的目标产出值, 能够计算出产出不足率。

假设 n 个决策单元对应的输入数据和输出数据分别为

$$x_k = (x_{1k}, x_{2k}, \cdots, x_{ak})^T, \quad k=1, 2, 3, \cdots, n$$
$$y_k = (y_{1k}, y_{2k}, \cdots, y_{bk})^T, \quad k=1, 2, 3, \cdots, n \qquad (2-1)$$

其中，$x_k \in E^a$，$y_k \in E^b$，$x_k > 0$，$y_k > 0$，$k=1, 2, 3, \cdots, n$，则 VRS 模型为

$$(P_{BCC}) \begin{cases} \max(\mu^T y_0 + \mu_0) = V_P \\ \text{s.t.} \quad \omega^T x_k - \mu^T y_k - \mu_0 \geq 0, k=1,2,3,\cdots,n \\ \omega^T x_0 = 1 \quad \omega \geq 0, \mu \geq 0 \end{cases} \qquad (2-2)$$

若线性规划（P_{VRS}）存在最优解 ω^0、μ^0 和 μ_0^0 满足 $V_P = \mu^{0T} y_0 + \mu_0^0 = 1$，则称决策单元 k_0 为弱 DEA 有效 VRS。

若进而满足 $\omega^0 > 0$，$\mu^0 > 0$，则称决策单元 k_0 为 DEA 有效（VRS）。

以下分析中，共选取 101 个决策单元，每个决策单元有 1 个产出要素（单位面积平均销售收入）和 5 个投入要素（种苗、化肥、农膜、植保和人工成本），基于产出角度运行模型。

（2）技术效率

不同类型的草莓生产经营主体，其各类效率水平各不相同。测算结果显示：无论是综合技术效率，还是其中的纯技术效率和规模效率，均是合作社为最高，专业大户次之，小户最低，即小户＜专业大户＜合作社（表2-3）。

表 2-3 北京各类草莓生产主体的技术效率比较

主体类型	综合技术效率	纯技术效率	规模效率
专业大户	0.642	0.851	0.754
合作社	0.783	0.895	0.875
小户	0.537	0.729	0.737

专业大户及合作社，与小户相比较，既有适宜的规模优势，也有技术应用、交易费用及产后渠道开拓和议价等市场优势。

综合技术效率等于纯技术效率和规模效率的乘积。合作社的三种效率最高，分别达到 0.783、0.895 和 0.875，说明合作社在现有技术条件及资源配置状况下，其最大生产能力在三种经营主体中处于最优位置。

小户一般生产规模以 1~3 个温室为主，其各类技术效率较低的主要

原因在产后：由于没有规模优势和多余人力开拓市场，销售渠道主要以被动卖给商贩为主，没有议价权而导致平均售价较低，直接影响其各类效率。

（3）要素投入的冗余率

综合而言，各类生产要素使用的冗余率差异较大，种苗费的生产投入冗余率平均最低，平均不足1%，肥料费的生产投入冗余率最高，平均超过23%。说明在草莓的生产过程中，均存在肥料使用过多或利用效率较低的情况。要素投入平均冗余率由低到高的顺序是种苗费＜人工成本＜农膜费＜植保费＜肥料费（表2-4）。

表2-4 北京各类主体草莓生产投入要素的冗余率比较

主体类型	种苗费	肥料费	农膜费	植保费	人工成本
小户	1.16%	25.05%	3.61%	6.77%	0.20%
合作社	0.35%	15.96%	5.19%	2.25%	1.70%
大户	0.54%	29.23%	1.93%	4.48%	1.50%
平均冗余率	0.68%	23.41%	3.58%	4.50%	1.13%

从不同类型生产主体来看，合作社在肥料及其他物质要素使用中的平均冗余率都相对较低，主要是部分合作社的生产规模容易达到政策补贴要求的最低面积，有条件获得水肥一体化设施投入、植保用品购置等相关补贴政策的支持；同时，因其负责统购统销的生产规模相对较大，物质投入要素通过批量采购而拥有一定议价权，有利于降低交易费用和投入成本，因而能够有效提高物质要素利用率。

（4）产出不足率

综合而言，各类草莓生产经营主体的产出不足率差异不大，平均值为12.0%。比较而言，小户的产出不足率为14.0%，略高于平均水平；合作社和专业大户的产出不足率分别为10.5%和11.6%，略低于平均水平。可见，在现有的技术水平和投入状况下，各类草莓生产经营主体的现有产出水平与最优产出之间都存在一定差距，实际产出水平距离最高的理想产出潜力，仍有10%以上的提升空间可以挖掘（图2-2）。

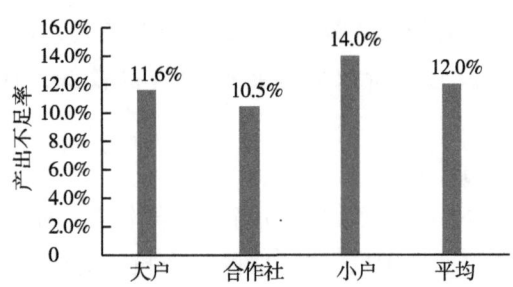

图 2-2 北京各类草莓生产主体的产出不足率比较

2.3.3 提升北京草莓生产技术效率的主要参考对策

（1）强化生产者培训，提高生产者的种植水平和销售市场开拓能力

要进一步加强科技服务体系建设，提高北京市草莓生产者的科学文化素质和综合管理水平。通过技能培训和科普工作提高种植者的种植技术和农田管理技术，保证种植者可以合理安排生产要素投入，绿色、生态地进行草莓生产；提高生产者的种植管理水平，逐步转变其陈旧的生产观念和意识，提高生产者科学种植和管理的能力。在此基础上还要加强生产者的市场开拓能力，以提高销售收入。

（2）推广高质量种苗，引领产业高质量发展

种苗质量的好坏直接影响到草莓的挂果率、产出率以及最后的经济效益。质量较差的种苗在生长过程中存在较高的坏苗率、死苗率，直接影响到草莓的产量，而且补栽草莓苗也会造成生产成本提高。因此，种苗质量的提升势在必行。目前北京市的草莓育苗市场初步形成了三级育苗体系，较之前相比，北京市草莓种苗产业得到了很大的发展。使得草莓种苗质量得到了较大提升；规范化、标准化是草莓育苗产业新的发展特点。种植者在挑选草莓种苗时，应优先考虑科研院所、正规企业培育的草莓生产种苗，以保证产量和效益。

（3）科学用肥，减少肥料使用冗余，提高肥料的利用率

生产者要加强对各类生产要素投入的管理，在保证种植质量的基础上，通过减少要素投入或提高要素利用率的方式来降低冗余率。在草莓的生产过程中，物质要素投入中肥料费的冗余率最高，产出弹性较低。因此，可以通过减少肥料费投入或提高肥料的利用率，提升草莓的生产技术效率。

（4）优化生产要素投入配比，整体上提高资源利用率

从目前的北京市草莓生产来看，各类生产要素的投入均处于冗余的情

况,不但使草莓生产的技术效率降低,更重要的是存在资源浪费的现象。化肥、农药的过度使用不仅影响草莓鲜果质量,更重要的是造成土壤污染和对环境的污染,不利于农业的可持续发展。所以,调整生产要素配比,降低生产要素的投入冗余,提高资源利用率势在必行。

(5)以强化公益宣传促进草莓采摘销售,提升草莓经营利润,降低产出不足率

在生产要素投入一定的情况下,产出要素越高,则草莓的生产技术效率会相应提高。在目前已知的草莓销售渠道中,采摘的收益最高。所以,生产者在投入一定的情况下,选择采摘渠道来销售草莓会获得更高的收益。通过强化公益宣传的方式来促进草莓的采摘销售,在产量不变的前提下提高销售收入,以此来提高草莓的经营利润,从而降低产出不足率。

2.4 北京草莓生产者绿色防控技术认知与采纳行为

农药滥用在造成生态环境恶化的同时对人类健康也形成隐患。随着人们对于农药危害认识的加深以及政府对提高农业绿色发展战略的重视,绿色防控技术作为农作物安全生产的病虫害综合防治技术之集成,其推广和应用的力度也越来越得到强化。

草莓产业作为北京现代农业发展中的高效益产业,对促进农民增收具有重要作用。同时,其安全生产情况不仅关系到消费者福利,也直接影响着生产环境和产业的可持续发展。本章研究的主要目的,是在分析生产者对绿色防控技术认知现状的基础上,重点探讨绿色防控技术作为一种能够给社会提供宏观环境福利的政策,政府补贴对于生产者技术采纳和技术实施效果的影响,剖析影响技术采纳的主要因素,核心目的是为进一步提升生产者对该技术体系的认知和采纳效果提供参考对策。

2.4.1 基本概念界定

(1)病虫害综合防治(Integrate Pest Management,IPM)

为抵御病虫害,保护农业生产,人们先后运用了化学农药、物理防治、改造虫害发源地等各种病虫害的防治措施,这种多类技术集成也被称为病虫害综合防治技术(IPM)。1965年联合国粮农组织将综合防治定义为:通过有机地协调各种防控手段使之互相不矛盾,同时合并使用各种防治手段,使

害虫危害维持在经济容许水平下的一种防治体系；我国关于病虫害防治的植保工作以"预防为主，综合防治"为方针，实行农业防治、化学防治与生物防治结合，被学界称之为"综合防治"（Integrated Control）。综合防治的概念主要为鼓励自然控制病虫害使之不至于达到破坏经济绩效的程度，不再追求杀灭害虫，而是应用昆虫学和生态学知识，结合昆虫的习性，合理地使用天敌昆虫，将害虫保持在一定的阈值内。

（2）绿色防控技术

病虫害综合防治遵循绿色、生态原则。病虫害绿色防控技术是一套以病虫害源头控制为核心，集土壤消毒、理化诱控、生物防治、生态调控、科学用药等有机结合的病虫害全程绿色防控技术。为有效防治病虫害，采取引入天敌昆虫、轮作、销毁作物残枝等组合方案，降低农业投入成本。伴随着农药使用减量和预防为主思想的兴起，绿色防控技术成为病虫害综合防治（IPM）的新称谓。

国内研究一般将绿色防控技术划分为物理防治、化学防治和生物防治。其中物理防治主要是利用害虫的趋性，使用太阳能杀虫灯、电源光控杀虫灯、性诱捕型技术器等，诱集杀灭害虫；化学防治是根据病虫害迁入主峰时间，确定用药适期，注重使用毒性小、流失少、安全性好的农药；生物防治主要是结合农事操作活动，释放天敌，改善天敌的生态条件，为天敌提供栖息或庇护场所，例如，冬前结合挖土清沟，在田埂边作堆，保护蜘蛛、青蛙等天敌的越冬和隐蔽场所。

绿色防控技术与 IPM 的概念，相同点在于两者均使用多种组合方法防治病虫害，但 IPM 技术关键点是基于监控及对病虫害经济阈值与生态阈值的识别，属于信息密集型技术，生产者须对农田生态系统具有准确把握，并能够及时对病虫害作出反应。而绿色防控技术虽然也需要生产者进行全程监控，但更侧重于对病虫害的预防，如应用脱毒种苗和清理田间残枝叶等方式进行清洁生产，对农田信息采集和监控要求相对较弱。

2.4.2 绿色防控技术推广对策

（1）绿色防控技术内容

农业农村部[1]制定的农药使用零增长行动方案中，对病虫害预防控制包

---

[1] 中华人民共和国农业农村部，全书简称农业农村部。

含了"控""替""精""统"四方面要求。"控"是应用物理防治、生物防治等方法创造不利于有害病虫发生的环境条件,达到减少用药目的;"替"是利用低毒农药替代高毒高残留农药;"精"是严格按农药使用说明精准施药;"统"是统防统治,利用第三方专业化防治组织或新型经营主体规模化统一防治,提高防治效率和效益。表 2-5 是农药使用零增长行动方案四方面要求与绿色防控技术内容的对应关系。

表 2-5 绿色防控技术的内容

项目	预防	治理
病害防治	脱毒种苗,清理残病枝叶,土壤消毒	温室表面消毒,杀菌剂
虫害防治	清理残病枝叶,防虫网	黄蓝板,杀虫剂,捕食螨等天敌
控	清理残病枝叶	捕食螨等天敌,防虫网,黄蓝板
替	—	低毒农药
精	—	科学用药
统	—	专业化统防统治组织

资料来源:根据农药使用零增长行动方案和病虫害防治技术相关研究整理。

(2) 草莓绿色防控技术

绿色防控技术的侧重点,会因不同的作物而有所不同。草莓病虫害防治的绿色防控技术,在遵循表 2-5 技术内容的同时,根据草莓生产过程中病虫害发生的主要特点,其绿色防控技术还包括表 2-6 的内容。

表 2-6 草莓病虫害绿色防控技术内容

草莓病虫害种类		绿色防控技术	
		预防技术	治理技术
病害	灰霉病	选用抗病品种/脱毒种苗,清除病残体	杀菌剂,温室表面消毒
	白粉病	选用抗病品种/脱毒种苗,清除病残体	杀菌剂
	炭疽病	土壤消毒,合理密植,清理病株	杀菌剂
	根腐病	选用抗病品种/脱毒种苗,土地轮作,清理病株	—

(续表)

草莓病虫害种类		绿色防控技术	
		预防技术	治理技术
虫害	蚜虫	清除田间杂草	黄蓝板，天敌昆虫，杀虫剂
	螨类	—	捕食螨，杀虫剂
	蟳类	清除残病枝叶	杀虫剂
	金龟子	使用腐熟的有机肥料	杀虫灯，杀虫剂
	蝼蛄	使用腐熟的有机肥料	杀虫灯，杀虫剂
	大造桥虫	—	天敌昆虫，杀虫剂

资料来源：根据实际调研情况整理。

(3) 绿色防控技术推广对策

北京市为了推广绿色防控技术，对相关植保产品进行了不同程度、不同形式的补贴（表2-7）。同时，还出台相关法规，规范化学农药的使用。相关管理部门会以日常抽检的方式，定期监督检查农药的使用情况，逐步推动生产者对绿色防控技术相关产品的使用。

表2-7 北京市绿色防控相关产品补贴情况

补贴产品	补贴形式	补贴力度
土壤消毒	价格补贴	50%
脱毒种苗	按株补贴	1元/株
黄蓝板	按温室补贴	50元/温室
天敌昆虫	价格补贴	90%
低毒农药	价格补贴	30%
生物农药	价格补贴	50%

资料来源：北京市农业农村局。

北京草莓主产区昌平，有"一花三果"的发展目标，草莓种植作为"三果"的主要发展方向之一而给予的补贴支持，除了执行上述北京市补贴标准，还按照《北京市昌平区推广应用绿色防控产品工作方案》，实行的草莓种植的种苗全面补贴政策：草莓种苗（不限于脱毒种苗）按照每栋400米^2（50米×8米）标准日光温室最多补贴2 500元；氯化苦消毒生产每温室补贴750元。2020年昌平全区化学农药使用量比2015年下降15%以上，绿色防控覆盖率达到60%，绿色防控技术应用覆盖面积达到32 000亩。

2.4.3 北京草莓生产者绿色防控技术认知与采纳概况

2.4.3.1 本研究的调查背景

涉及本研究的调查时段从 2019 年 3 月至 2021 年 2 月，以线上调研和实地调研为主，电话调查为补充。线上调研主要针对能够熟练运用智能手机、文化程度相对较高的草莓生产经营者；实地调查则通过随机深入草莓园，与不同草莓生产者面对面访谈，重点走访了昌平区兴寿镇的秦家屯村、麦庄村、西新城村、桃林村、东官庄村、东营村和西营村。电话调研则重点针对规模生产的典型合作社/公司展开。调查问卷内容包括草莓生产者基本信息、家庭信息（人口、劳动力等）、草莓生产经营信息（草莓生产年限、种植规模、单产、草莓品质、病虫害严重程度等）、草莓绿色防控技术认知与采纳情况（认知途径、采纳意愿、采用后的评价）以及培训情况（培训的频率）。共收集本主题的调查样本 330 份，其中昌平区样本 305 份，其他区 25 份。有效问卷 327 份，问卷有效率 99.09%。

被调查的草莓生产者，大部分户主平均年龄在 55~64 岁；性别以男性居多，约占 65.14%；受教育程度普遍较低，高中及以下学历占总样本的 76.15%；家庭人口以 1~3 人为主；家庭参与草莓生产的劳动力主要在 1~5 人；草莓生产经验多数在 5~10 年。草莓生产者普遍年龄较大，是因为年龄较大群体通常不胜任外出工作，依靠草莓生产可获得比种植其他作物相对更高的收入。草莓生产规模以 1~3 个温室为主。由于昌平区有的村存在人多温室少的现象，这些村常常通过抽签的方式决定草莓温室的使用权，大部分草莓生产者通常仅占有一个温室，但有少部分规模种植户则拥有较多的草莓温室，这些规模户有的是个体租用农户的温室，有的则是由村合作社组织起来的。每个温室种植面积约 400 米^2，草莓产量为 1 000~1 500 千克。草莓生产者参与培训的次数以 2~3 次为主，但农业技术培训并非能够覆盖到每个人，由于技术人员的精力与培训条件的限制，仍有草莓生产者没机会参与农业技术培训。

2.4.3.2 北京草莓生产者绿色防控技术认知与采纳概况

（1）草莓生产者对绿色防控技术的认知度总体较高，科学用药深入人心

调研结果显示：被调查者中，了解绿色防控技术的比率是 67%；了解植物医生的占比为 60%；了解补贴产品的占比为 57%；了解绿色防控经销商的

占比为59%；知道如何科学使用农药的占比为85%。可见，半数以上被调查者对绿色防控技术及其相关环节认知度较高，对科学用药比较有信心。

（2）草莓生产者对绿色防控技术的认知途径，以同行交流和参加技术培训为主，其次是技术人员上门指导和植保服务队宣传

绿色防控技术以政府主导，并以植保站为媒介进行传播，其传播路径为：从政府传达到植保站或者第三方服务部门及其专业技术人员，然后传播到受培训的草莓生产者，继而在生产者之间传播。在绿色防控技术的认知途径中，同行交流和参加技术培训是生产者了解绿色防控技术的主要途径，其次是技术人员上门指导和植保服务队宣传（图2-3）。可见政府在对绿色防控技术方面的宣传与大力度的补贴取得了明显的宣传推广成效。

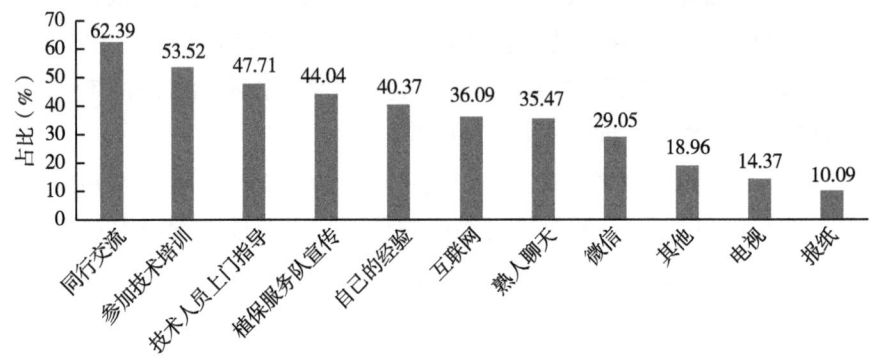

图2-3 草莓生产者对绿色防控技术的认知途径

（3）绿色防控技术的采纳意愿和采纳率普遍较高，蜜蜂授粉是被采用最多的技术

本研究关注草莓生产者对11种绿色防控技术的采纳意愿。该技术体系基本覆盖了产前和产中涉及的主要绿色防控技术。由图2-4可以看出，2/3以上的被调查者，都有对绿色防控相关技术的采纳意愿，但在实际采纳情况中，蜜蜂授粉、捕食螨、土壤消毒、残枝病叶清理、防虫网和生物农药的实际采纳率和采纳意愿比较高且采纳率接近，均在70%以上。其他技术的实际采纳率均低于采纳意愿，说明生产者对这几项技术有应用意愿，但受各种因素制约而导致其实际采纳率达不到采纳意愿。特别是脱毒种苗、低毒农药和专业化防治组织的服务，实际采纳率与采纳意愿差距较大。

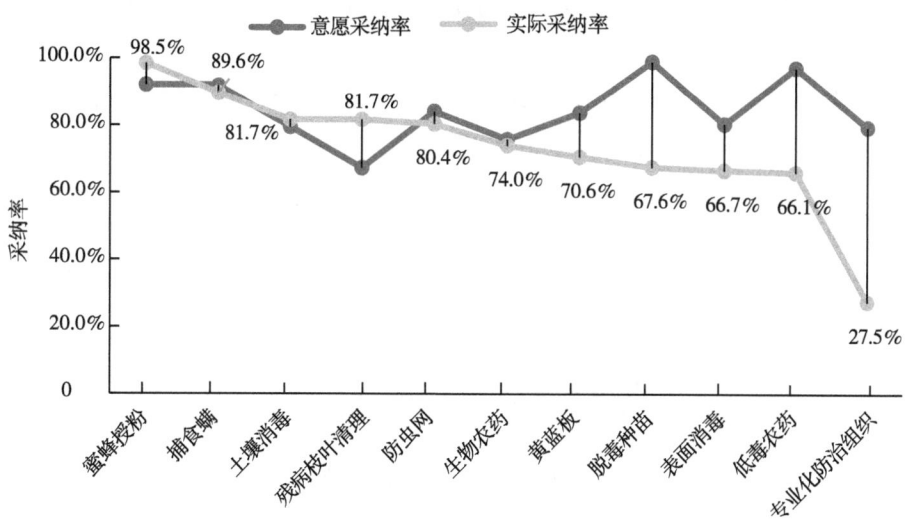

图 2-4 生产者对绿色防控技术的采纳意愿及实际采纳率

2.4.4 北京草莓生产者绿色防控技术认知与采纳行为

（1）草莓生产者技术采纳影响变量的选取

结合实际调研和国内外研究成果，本研究选取影响因素指标如下。

个人特征：包括户主性别，年龄，受教育程度。

家庭特征：包括家庭人口和劳动力数量、家庭年收入等。由于草莓产业具有劳动密集型特点，故兼业较少。家庭收入越高的家庭越倾向于采用劳动节约型的技术，其进行草莓生产的动力较小，而家庭收入较少的草莓生产者则会迫于生计而渴望用新技术提高生产收益。

农场规模：相关研究显示，在风险一定时，规模大的生产者更加能够通过规模效应获得更多接触其他技术的机会，更愿意采用农业新技术。

技术培训：技术培训是影响草莓生产者技术采纳的重要因素，参加过技术培训的草莓生产者能够更清楚技术采纳的好处，激发采纳兴趣。培训是重要的技术服务诱导因素，技术培训显著促进生产者对农业新技术的需求。

（2）认知度及采纳度的衡量

本研究应用李克特五级量表，调查草莓生产者对绿色防控技术的认知及采纳程度。实践中，绿色防控技术覆盖产前、产中和产后全过程。该技术体系包括了全园清洁、无病虫育苗、产前温室和土壤消毒、产中综合防控和产后残体无害化处理等内容。识别草莓生产者的采纳程度，有利于深入分析其采纳的动因。

总认知度通过认知程度之和进行衡量，并利用某种技术的认知度与最小认知度的差值同认知度最大值和认知度最小值之间的差值之比，将认知度标准化成 [0, 1] 区间的值。这样做一是为了将认知度进行一定的放大；二是认知度赋值在 [0, 1] 区间符合一种概率特征，当草莓生产者对于某项技术普遍都表示认知，其认知度的平均值就会大于 0.5。对于某一草莓生产者而言，其认知度的标准化公式如下所示：

$$\text{score} = \frac{\sum_{i=1}^{n} GC_i \times \text{level} - \min\left(\sum_{i=1}^{n} GC_i \times \text{level}\right)}{\max\left(\sum_{i=1}^{n} GC_i \times \text{level}\right) - \min\left(\sum_{i=1}^{n} GC_i \times \text{level}\right)} \quad (2-3)$$

式中，score 表示标准化的认知度，GC_i 代表第 i 项绿色防控技术，level 代表认知的 5 阶频率；$\max\left(\sum_{i=1}^{n} GC_i \times \text{level}\right)$ 表示加权后最高得分的个体，$\min\left(\sum_{i=1}^{n} GC_i \times \text{level}\right)$ 表示加权后最低得分的个体。

通过类似的方法也可以得到采纳度。

经过加权、标准化后，得到的绿色防控技术的技术认知度和采纳度结果（表 2-8）。可见，草莓生产者对的绿色防控技术的平均认知度比平均采纳程度略高，标准差则相差无几。说明生产者的认知与采纳之间存在着一定的一致性。

表 2-8 草莓生产者对绿色防控技术的标准化采纳度与认知度

变量	平均值	方差	最小值	最大值
认知度	0.79	0.18	0	1
采纳度	0.73	0.17	0	1

（3）不同变量的认知度及采纳度分布

为分析草莓生产者的自身禀赋（包括了性别、年龄、文化程度、草莓种植经验和种植规模等）与认知度和采纳度的关系，本研究将有认知、没有认知、采纳和没有采纳的草莓生产者的禀赋条件进行了分组比较。对绿色防控技术认知度和采纳度进一步划分：将不小于 50% 的个体视为认知度/采纳度较高，而将小于50%的个体视为认知度/采纳度较浅。由此得到不同禀赋条件下的草莓生产者，对绿色防控技术认知和采纳情况（表2-9）。

表2-9 不同禀赋条件的生产者对绿色防控技术认知度及采纳度分布

组别		认知较深的比例	采纳度高的比例
性别	男	69.67%	76.30%
	女	65.52%	90.52%
年龄	24~34岁	85.00%	70.00%
	35~44岁	87.50%	87.50%
	45~54岁	70.80%	85.40%
	55~64岁	59.60%	74.75%
	65~74岁	6.67%	80.00%
文化程度	初中及以下	45.56%	80.47%
	高中	87.37%	81.05%
	大专	100.00%	58.33%
	本科及以上	100.00%	95.74%
草莓种植年限	小于5年	63.44%	69.89%
	5~10年	79.37%	87.30%
	10年以上	59.26%	84.26%
种植规模（温室数）	1~3个	56.28%	77.67%
	4~5个	97.22%	100.00%
	6~10个	74.29%	77.14%
	10个以上	100.00%	87.80%

结果发现：不同性别对技术认知度差异不大，但采纳度女性高于男性；年龄结构上，随着年龄增加，对绿色防控技术的认知呈下降趋势，采纳度则差异不明显；文化程度上，随着文化程度提高，绿色防控技术认知呈现上升趋势，采纳度则以本科及以上的最高。从种植年限（经验）来看，种植5~10年者的认知度和采纳度都相对较高；生产规模上，4~5个温室和10个温室以上的生产者，对绿色防控技术的认知度和采纳度相对较高。

2.4.5 草莓生产者绿色防控技术采纳行为的影响因素

(1) 模型设定

绿色防控产品的补贴办法,是通过"北京市农药减量使用管理系统"实施的,补贴产品按照《北京市 2019 年蔬菜病虫害绿色防控产品补贴名录》执行相应的补贴工作。补贴大多按照产品定价的比例优惠。由于对绿色防控技术补贴是通过线上操作来执行,且户籍在本地的生产者对绿色防控产品有需求即可申报,因此,原则上北京户籍草莓生产者在申报了补贴的前提下,按照植物医生的处方购买绿色防控产品,都会享受相应的价格优惠补贴。由此可见,草莓生产者采纳绿色防控产品是自发的,故而,是否采纳绿色防控技术的行为模型就可以设定为:

$$Y = \alpha + \sum_{i=1}^{n} \beta_i x_i + \varepsilon_i \tag{2-4}$$

式中,Y 代表草莓生产者是否采纳绿色防控技术,$Y=0$ 代表采纳程度小于 0.5,$Y=1$ 代表采纳程度大于 0.5;x_i 代表影响草莓生产者采纳的因素(包括性别、年龄、文化程度,草莓种植经验、种植规模等);ε_i 表示未观测到的其他因素,假定其干扰随机且均值为 0;α 代表影响生产者技术采纳的固定因素;β_i 表示某种因素对于生产者采纳行为的边际影响。

研究中将误差项假定为 I 型极值函数,在假定误差方差一定的前提下构造生产者技术采纳函数,从而得到生产者技术选择的概率函数:

$$P(Y=1 \mid X) = \frac{\exp\left(\alpha + \sum_{i=1}^{n} \beta_i x_i\right)}{1 + \exp\left(\alpha + \sum_{i=1}^{n} \beta_i x_i\right)} \tag{2-5}$$

式中,P 为在 X 条件下生产者采纳绿色防控技术概率值。为便于解释系数 β_i 边际含义,通常将该概率函数的技术接受拒绝比进行对数(logit)变换:

$$\text{Logit}(P) = \text{Ln}\left(\frac{P}{1-P}\right) = \alpha + \sum_{i=1}^{n} \beta_i x_i \tag{2-6}$$

通过该变换,β_i 含义是:当 β_i 变化 1% 时,技术的接受拒绝比会变化 β_i% 倍。因此,模型具体形式为:

$$\ln\left(\frac{P}{1-P}\right) = \alpha + \beta_1 \text{gender} + \beta_2 \text{age} + \beta_3 \text{edu} + \beta_4 \text{income} + \beta_5 \text{scale} +$$

$$\beta_6 \text{labor} + \beta_7 \text{experi} + \beta_8 \text{cong} + \beta_9 \text{family} + \beta_{10} \text{drug} \qquad (2-7)$$

式中，gender 代表性别；age 代表年龄；edu 代表受教育程度；income 代表家庭收入；scale 代表草莓种植规模；labor 代表劳动力数量；experi 代表生产者种植经验；cong 代表是否了解绿色防控技术；family 代表家庭规模；drug 代表是否使用其他农药。模型的变量选择和赋值见表 2-10。

表 2-10　Logit 模型的解释变量选择

变量	代码	赋值	预期符号
性别	gender	1=男；2=女	-
年龄	age	1=24~34 岁；2=35~44 岁；3=45~54 岁；4=55~64 岁；5=65~74 岁	-
文化程度	edu	1=初中及以下；2=高中；3=大专；4=本科及以上	+
家庭规模	family	1=2~3 人；2=4~5 人；3=大于 6 人	-
家庭收入	lncome	连续变量	+
草莓生产人数	labor	1=1~3 人；2=4~5 人；3=6~10 人；4=10~20 人	
草莓种植经验	experi	1=小于 5 年；2=5~10 年；3=10 年以上	+
草莓温室数量	scale	1=1~3 个；2=4~5 个；3=6~10 个；4=10 个以上	+
使用其他农药	drug	是否使用其他农药	
是否了解技术	cong	1=了解；2=不了解	+

（2）模型估计结果

运用 Stata（MP）16.0 软件进行回归，模型的估计结果如表 2-11 所示。模型 Loglihood 为-108.65，Prob>chi2 = 0.0000，说明模型无效性检验假设不通过，该模型能够有效地解释草莓生产者的采纳行为。

表 2-11　草莓生产者采纳行为的 Logit 模型估计结果

解释变量名称	系数	标准差	t 值	P 值	边际效应
性别	1.567***	0.451	3.47	0.001	3.79
年龄	-0.092	0.236	-0.39	0.696	-0.09
文化程度	-0.368	0.253	-1.45	0.146	-0.31
家庭规模	-0.655***	0.140	-4.70	0.000	-0.48

（续表）

解释变量名称	系数	标准差	t 值	P 值	边际效应
家庭收入	0.427 **	0.183	2.33	0.020	0.53
草莓生产人数	−0.356	0.338	−1.05	0.293	−0.30
草莓种植经验	0.612 ***	0.233	2.63	0.009	0.84
草莓温室数量	0.091	0.241	0.38	0.706	0.10
使用其他农药	0.725 ***	0.227	3.19	0.001	1.06
是否了解技术	1.045 ***	0.186	5.61	0.000	1.84
Constant	−4.224 ***	1.577	−2.68	0.007	
总样本		327 个			
Loglihood		−108.65			
LR chi2		97.39			
Pseudo R2		0.3095			
Prob > chi2		0.0000			

注：① *、** 和 *** 分别表示在 10%、5% 和 1% 水平下通过显著性检验。
②边际效应是变量变化一个单位，解释变量所引起的采纳拒绝率的变化。

从模型估计结果可得如下分析结论：①个人禀赋中，户主性别和家庭收入对绿色防控技术采纳的影响为正，且都在 1% 水平下显著。说明在其他因素不变时，女性比男性更倾向于采纳绿色防控技术，女性采纳概率为男性的 3.79 倍；同时，收入每增加一级采纳率会增加 53%。年龄和文化程度对绿色防控技术采纳具有负向效应且不显著，原因可能是年轻人和文化程度较高的生产者占比相对较小。②认知度对绿色防控技术的采纳具有显著的正向影响。了解绿色防控技术的生产者，采纳率是不了解该技术生产者的 1.84 倍。③种植年限（经验）对绿色防控技术采纳有显著的正向作用。每增加 5 年种植经验，绿控技术采纳率会增加 84%；劳动力数量和种植规模对绿色防控技术采纳的影响不显著。每增加 1 个单位劳力或每增加 1 个草莓温室，会分别导致采纳概率降低 30% 或增加 10%。④其他农药的使用会显著增加绿色防控技术的采纳。这是由于使用其他农药与使用低毒低残留农药等绿色防控技术，对防治病虫害有比较作用。种植者通过比较更愿意择优采纳绿色防控技术。⑤家庭规模对于绿色防控技术采纳具有负向的显著影响。在其他因素保持不变时，家庭规模每增加 1 个单位，会导致采纳率减少 48%。家庭成员的增加可能使得草莓生产者倾向于减少多余的时间消耗,无暇顾及新技术的学习和采纳。

综上所述,草莓生产者采纳绿色防控技术的显著影响因素,包括户主性别、家庭收入、对绿色防控技术认知度、种植经验和其他农药的使用等。可见,生产者对绿色防控技术的采纳率是与其自身性别、家庭和经营等条件紧密联系的。

2.4.6 促进北京草莓生产者绿色防控技术采纳的参考对策

虽然有补贴措施促进生产者采纳绿色防控技术,实际中生产者对该技术的认知和采纳意愿及采纳率总体上都在70%以上的较高水平,但仍有进一步推广的空间。

生产者的任何一项技术采纳行为,首先是在其了解的基础上产生采纳意愿,然后在条件具备的情况下才可能实施实际的采纳行为。可见,促进绿色防控技术在草莓生产者中实际采纳率的进一步提高,前提是要不断提高相关生产者对该技术的认知度和采纳意愿,继而减缓采纳意愿向实际采纳行动转化的诸多制约因素的影响,最终扩大推广范围并针对性地促进技术采纳率的提高。因此,据前述实证研究结果,促进北京草莓生产者提高绿色防控技术采纳率可重点从以下措施发力。

(1)多途径综合促进生产者对绿色防控技术的认知度和采纳意愿

由于草莓生产者对绿色防控技术的认知途径,以同行交流和参加技术培训为主,其次是技术人员上门指导和植保服务队宣传,因此,提高生产者认知度的措施应主要包括:①创造更多同行交流和技术培训机会,加强绿色防控技术宣传教育。在原有线下工作的基础上,可通过制作和连续发布短视频等线上途径,继续扩大技术交流和培训广度。调研显示,技术扩散路径服从由培训及推广机构到草莓生产者,再在生产者之间扩散的路径。但由于草莓小规模生产者所占比例较大,使其对邻里间的扩散依赖性较强。因此,适当扩大对中小规模生产者的绿色防控技术交流和培训覆盖面,多方位降低小规模生产者的技术认知壁垒,才能促进技术在生产者之间快速扩散。②进一步挖掘农技员和植保服务队的潜力,以观摩实际操作等方式提高生产者对技术应用的直观认知和采纳意愿。由于草莓生产者年龄总体偏大,通过网络媒介获取信息的方式较低效,因此,有条件的区域,农技员及植保服务队可选取典型村域，在生产季节的适当时机，组织开展现场实操观摩和技术指导，可有效加深生产者对绿色防控技术应用的直观感知和采纳意愿，为提高实际采纳率奠定基础。

（2）重点解决实际采纳率和采纳意愿差距较大的相关技术及服务问题

调研显示，因受某些条件制约导致的采纳意愿较高但实际采纳率与意愿差距较大的项目主要是脱毒种苗、低毒低残留农药应用和专业化防治服务。因此，下一步重点工作：①在给予脱毒种苗使用继续提供补贴的前提下，加强宣传脱毒种苗使用的效果，并尽量扩大脱毒种苗供给，提高北京草莓产区脱毒种苗应用的覆盖率。②强化低毒低残留农药使用规范的指导，不断丰富与完善产品目录，提高其综合配套的防治效果。③加强专业化防治服务队伍建设，完善病虫害防治的社会化服务体系（包括服务平台的建设和完善、服务人才的吸引和培训、重视从绿色技术的"集成效应"中获取服务的规模经济等）。在强化监督指导的基础上，提高专业化统防统治服务的专业水平和生产者对其工作的认可度，促进其提高对生产者的服务水平。

（3）有效减缓或消除采纳意愿向实际采纳行动转化的诸多制约因素影响

研究显示，草莓生产者采纳绿色防控技术的显著影响因素，在基于认知度提高的基础上，包括户主性别、家庭收入、种植经验和其他农药使用等。因此，促进这些因素对采纳率发挥更大的正向影响，主要措施包括：①重视提高女性生产者认知度和采纳意愿。生产者中，因女性守家而难于兼业，是劳动密集型草莓产业发展中重要的决策者和参与者，女性采纳绿色防控技术的概率为男性的3.79倍。可见，发挥采纳意愿和采纳率均较高的45~54岁年龄段女性生产者对绿色防控技术扩散的正向影响，显得十分重要。②提高草莓种植年限及生产经验在5~10年的生产主体对其他生产者的示范影响作用。③综合促进家庭增收，也有利于提高生产者对绿色防控技术的采纳。

（4）不断完善农产品安全生产监测体系

安全与绿色生产是技术和管理体系的集成。各级政府需继续加大农产品安全检测机构的建设力度并不断完善监管体系建设。一是尽快落实省、市、县、乡四级农药检测与监测的网点覆盖，实现农药等植保用品的快速监测。运用计算机、数字化物流管理等技术，全程记录农产品质量安全信息，使农产品质量有较强的可追溯性。二是建立群防群治制度。凝聚群众力量，通过举报奖励制度，发挥群众监管作用，降低政府监管难度。三是严惩违规和违法责任主体。根据各种专项行动、产地准出、市场准入的监测及追溯管理等记录，提高违法成本，有效减少违法违规用药等行为的发生。

2.5 北京草莓产业竞争力评价

北京出产的草莓，因其上市时间（每年11月至翌年4月）处于本地瓜果上市的淡季，以及本身比较娇贵而不耐长途运输，故而在面向北京市民的休闲采摘和果品消费等方面具有一定的竞争壁垒优势。草莓作为"水果皇后"，在满足市民休闲与果品消费等多样化需求和促进生产者增收上，具有重要的经济效益和社会效益。

本研究利用2010—2018年北京草莓产业生产规模的时序数据和2018年中国各草莓主产区种植规模等截面数据，对比分析北京及全国其他草莓主产区的产业竞争力，进而探究生产及产后销售等环节制约北京草莓产业竞争力提升的主要因素，据此为持续提升北京草莓产业竞争力提供参考对策。

2.5.1 产业竞争力评价指标

本研究采用效率比较优势指数（Efficiency Comparative Advantage Index, EAI）、规模比较优势指数（Scale Comparative Advantage Index, SAI）和综合优势指数（Aggregated Advantage Index, AAI）评价产业竞争力。

（1）效率比较优势指数

该指数主要是从资源内涵生产力的角度来反映作物的比较优势，衡量了某地区某产业的产出效率与上一层次区域该产业产出效率的比较。效率比较优势指数：

$$EAI_{ij} = (AP_{ij}/AP_j)/(AP_i/AP) \qquad (2-8)$$

式中，EAI_{ij}为效率比较优势指数；AP_{ij}为i区j种作物人均产量；AP_j为全国j种作物人均产量。

$EAI_{ij} > 1$，表明与全国平均水平相比，i区j种作物生产具有效率优势；$EAI_{ij} < 1$，表明i区j种作物生产与全国平均水平相比生产效率处于劣势。EAI_{ij}值越大，生产效率优势越明显。

(2) 规模比较优势指数

该指数主要分析特定地区、特定农作物的播种面积占该地区所有农作物的播种面积的比例，与全国该比例平均水平的对比关系。用于考察该种农作物在该地区农业生产上的相对重要性及规模优势。主要衡量一个地区某产业的规模化和专业化程度，它是市场需求、资源禀赋、种植制度等多方面因素综合作用的结果。规模比较优势指数：

$$SAI_{ij} = (GS_{ij}/GS_j) / (GS_i/GS) \qquad (2-9)$$

式中，SAI_{ij}为规模比较优势指数；GS_{ij}为i区j种农作物的播种面积；GS_i为i区所有农作物的播种总面积；GS_j为全国j种农作物的播种面积；GS为全国所有农作物的播种总面积。

$SAI_{ij} > 1$，表明与区域平均水平相比，i区j种作物生产规模较大，具有规模优势，说明该区域的这种作物生产具有一定的专业化集中度，而且规模优势指数越大，说明专业化程度越高；$SAI_{ij} < 1$，表明i区j种作物相对于区域平均水平来说规模较小，i区j种作物生产的专业化集中度处于劣势。SAI_{ij}值越小，劣势越显著。

(3) 综合比较优势指数

该指数是综合考虑规模比较优势指数和效率比较优势指数的结果，它能够较全面合理地反映一个地区某种作物生产的比较优势水平。综合比较优势指数：

$$AAI_{ij} = EAI_{ij} \times SAI_{ij} \qquad (2-10)$$

式中，AAI_{ij}为综合比较优势指数；EAI_{ij}为单产比较优势；SAI_{ij}为规模比较优势。

该指数是效率比较优势与规模比较优势的综合。它较全面地反映了某地区某作物生产的优势度。$AAI_{ij} > 1$，表明与全国平均水平相比，i区j种作物生产具有比较优势；$AAI_{ij} < 1$，则表明i区j种作物生产与全国平均水平相比无优势可言。AAI_{ij}值越大，优势越明显。

2.5.2 北京草莓产业竞争力评价结果

(1) 北京草莓产业的效率比较优势

评价北京草莓产业的效率比较优势时，则在式(2-8)中，AP_{ij}表示北京市人均草莓产量，AP_j表示北京市人均瓜果产量，AP_i表示全国人均草莓产量，

AP 表示全国人均瓜果产量。EAI>1,表示北京市草莓产业在全国范围内具有效率比较优势,且 EAI 越大,代表效率比较优势越明显;反之表明北京草莓产业于全国内没有效率比较优势,且 EAI 越小越不具备效率比较优势。

2014—2018 年,北京草莓产业的 EAI 均大于 1,且除了 2017 年 EAI 较 2016 年有轻微下滑外,总体呈上升态势。可见北京草莓产业在全国范围内具备效率比较优势,且近年来优势有所扩大(表 2-12)。

表 2-12 2014—2018 年北京草莓产业效率比较优势指数

年份	草莓产量(万吨)		瓜果产量(万吨)		常住人口(万人)		效率比较优势指数(EAI)
	北京	全国	北京	全国	北京	全国	
2014	1.22	248.65	25.16	8 131.27	2 152	136 782	1.59
2015	1.35	280.35	20.52	8 323.71	2 171	137 462	1.95
2016	1.19	268.02	16.79	8 202.33	2 173	138 271	2.17
2017	1.24	285.11	17.17	8 292.53	2 154	139 008	2.10
2018	1.55	306.03	15.07	8 123.08	2 154	139 538	2.73

(2)北京市草莓产业的规模比较优势

评价北京草莓产业的规模比较优势时,式(2-9)中的 GS_{ij} 表示北京市草莓种植面积,GS_j 表示北京市瓜果种植面积;GS_i 表示全国草莓种植面积,GS 表示全国瓜果种植面积。SAI>1,表示北京市草莓产业在全国范围内具有规模比较优势,且 SAI 越大代表规模比较优势越明显;反之表明北京草莓产业于全国内没有规模比较优势,且 SAI 越小,越不具备规模比较优势。

2014—2018 年北京草莓产业的 SAI 均大于 1,表明北京草莓产业在全国范围内具备规模比较优势,且 SAI 值的逐年增长表示该优势在不断提升。虽然北京市瓜果总面积在持续减少,但草莓种植面积却相对稳定甚至逆势增加,直接导致近年来北京草莓产业 SAI 不断上升,体现了草莓产业在北京农业中的相对重要性及其规模优势。

(3)北京市草莓产业的综合比较优势

评价北京草莓产业的综合比较优势时,则式(2-10)中的 AAI>1,表示北京市草莓产业在全国范围内具有综合比较优势,且 AAI 越大代表综合比较优势越明显;反之表明北京草莓产业在全国内没有综合比较优势,且 AAI 越小越不具备综合比较优势。

2014—2018 年，北京草莓产业的 AAI 均大于 1，2018 年的 AAI 近乎是 2014 年的 3 倍。表明北京市草莓产业在全国范围内具备综合比较优势，且该优势增长势头明显（表 2-13）。综上可见，北京市草莓产业在全国范围内，从效率、规模及综合视角来看，都具备比较优势，即具有较高产业竞争力。

表 2-13 北京市草莓产业竞争力评价指标

年份	草莓面积（万公顷）		瓜果面积（万公顷）		规模比较优势指数（SAI）	效率比较优势指数（EAI）	综合比较优势指数（AAI）
	北京	全国	北京	全国			
2014	0.62	94.82	6.48	2 164.95	2.18	1.59	3.46
2015	0.69	108.27	5.20	2 194.32	2.69	1.95	5.25
2016	0.67	102.39	4.25	2 119.10	3.26	2.17	7.08
2017	0.70	107.77	3.91	2 112.87	3.51	2.10	7.37
2018	0.77	119.97	3.61	2 117.20	3.76	2.73	10.28

2.5.3 北京草莓产业竞争力的区域横向比较

2.5.3.1 中国草莓主产区的生产水平

2016—2018 年，中国草莓产量前五位的省份，按平均年总产量从大到小依次是山东、江苏、辽宁、河北及安徽。山东省和江苏省的平均年总产量均超过 50 万吨，辽宁省的平均年总产量近 40 万吨，河北省和安徽省次之（表 2-14）。

表 2-14 2016—2018 年中国草莓主产区的生产水平

年份	年总产量（万吨）				
	山东	江苏	辽宁	河北	安徽
2016	51.29	45.88	40.23	25.52	20.59
2017	50.73	53.76	38.33	28.05	22.51
2018	54.85	52.38	39.83	28.16	22.7
平均值	52.29	50.67	39.46	27.24	21.93

2.5.3.2 北京与中国草莓主产区的产业竞争优势比较

应用 EAI、SAI 和 AAI 衡量产业竞争力可见，北京草莓产业的综合比较优势与中国草莓主产区比较，仅低于辽宁而高于山东、江苏、河北及安徽（表 2-15）。

表 2-15 2016—2018 年北京与中国其他草莓主产区产业竞争力比较

年份	指标	指数						北京排名
		北京	山东	江苏	辽宁	河北	安徽	
2016	EAI	2.17	1.35	2.35	5.83	2.00	2.22	4
	SAI	3.26	1.26	2.39	4.89	2.29	2.36	2
	AAI	7.08	1.70	5.62	28.51	4.57	5.26	2
2017	EAI	2.10	1.28	2.47	5.26	2.06	2.26	4
	SAI	3.51	1.19	2.40	4.49	2.13	2.35	2
	AAI	7.37	1.52	5.93	23.63	4.39	5.31	2
2018	EAI	2.73	1.31	2.15	4.98	1.91	1.90	2
	SAI	3.76	1.18	2.17	4.17	1.90	2.01	2
	AAI	10.28	1.54	4.68	20.75	3.64	3.81	2

从变化趋势看，只有北京草莓的综合比较优势 AAI 在逐年上升。山东、江苏和安徽草莓的 AAI 均呈波动下降趋势，辽宁与河北的 AAI 值则是逐年下降。虽然北京草莓的综合比较优势指数与表现最好的辽宁省仍有较大差距，但与其他主产区比较而言，北京草莓的产业竞争力在不断提升。

2.5.3.3 北京草莓产业获取相对竞争优势的主要原因

虽然北京草莓产业从绝对生产规模上与其他主产区有明显差距，但用人均相对产出效率 EAI、在瓜果业中的相对规模 SAI 等指标来衡量，其产业竞争力除了与辽宁省差距较大之外，均高于其他草莓主产区。北京草莓获得产业相对竞争优势的主要原因表现以下三个方面。

一是宏观上得益于北京对草莓产业的技术和政策支持比较到位。一方面京郊草莓产业自 2017 年开始，得到粮经作物产业技术体系北京市创新团队对产业链各环节提供的技术及产后全方位支持；另一方面，作为草莓优势主产区的昌平，在种苗补贴、病虫害绿色防控物品的优惠购买、生产技术培训、地理标志产品认证、依托各届北京农业嘉年华而展开的草莓区域品牌宣传、创新团队专家牵头连续多届举办"草莓之星"评选活动等方面，均为生产者提供了较好的经济与营销支持，直接促进了农户增收和持续生产的积极性。

二是北京草莓供给季节（多在每年11月至翌年4月）上，有效避开了本地瓜果上市的旺季，能够在元旦、春节和早春等其他鲜活农产品的供给淡季，为市民休闲采摘和鲜果消费提供便利。同时，因草莓本身比较娇贵而不耐长途运输，致使本地草莓对京外产品能够形成一定程度的竞争壁垒，由此明显降低了产品的滞销风险，并相对容易获得采摘和产品销售等价格竞争优势。

三是需求拉动上，背靠首都相对收入较高、消费规模庞大的消费群体，草莓市场容量的开拓空间相对较大，容易以本地草莓的近距离物流与采摘优势，满足市民的多样化需求。

2.5.3.4 北京草莓产业竞争优势持续提升的主要制约因素

北京草莓产业虽然相对竞争优势较明显且有上升空间，但总体上与辽宁省差距较大。2018年辽宁省综合比较优势指数（20.75）是北京（10.28）的2倍，且绝对量上的差值也较大。分解来看，差距主要体现在效率比较优势指数，辽宁省EAI是北京的1.82倍，SAI差距相对较小（表2-15），即北京草莓的产出效率偏低，具体表现为其单产水平低于其他草莓主产区，甚至低于全国平均水平。生产资料的投入、科技的创新和普及程度以及劳动者的素质均会影响北京草莓产业的产出水平和生产效率。于规模比较优势而言，资源禀赋和种植制度等受先天自然条件影响较大，短期内人为改变较困难，因而产业竞争力提升应更多关注需求开拓。

北京草莓产业竞争力继续提升的主要制约因素如下。

（1）优质种苗保障性不足，明显制约产业竞争力的进一步提升

实地调研显示，优质种苗特别是优质脱毒种苗的保障性总体较弱，提高了草莓后续生产过程中的病虫害防治成本，直接影响草莓质量和产量的提升。目前全国范围内草莓种苗企业类型繁杂，市场规范性和监管力度不足，且缺乏明确的草莓种苗质量控制标准，导致一些育苗企业繁育的种苗质量保障性差，无序竞争致使劣币驱除良币现象明显。北京本地育苗企业的优质脱毒种苗产量尚不能满足全市购苗需求，外地供应商提供的种苗数量和质量不稳定，一些种植者面临难以识别和买到优质苗等难题。

（2）主栽品种相对单一，出现种性退化现象

调研显示，北京草莓的种植品种，"红颜"和"章姬"的播种面积约占北京市草莓总面积的2/3。特别是"红颜"，在农户中的采纳比例非常高。相对单一的品种结构，容易因草莓的上市时间相对集中而加剧市场竞

争,且无法因产品的差异化而提高草莓的销售价格并满足消费者多样化需求。

"红颜"虽色泽鲜艳、酸甜可口,但对炭疽病、灰霉病的抗病性差。因目前主栽日系品种,一般企业难以获得正宗纯种,多选择田间表现较好的植株组培,经过多次组培后会存在品种退化问题,直接导致果实变小、病虫害加重、畸形果增加等影响草莓产出效率和果品质量的问题。

(3)种植户的耕作与栽培技术仍有待进一步提高

草莓耕作栽培中遇到的主要问题,一是土壤连作障碍突出,导致植株长势变弱、病虫害加重、产量降低和品质下降。二是病虫害防治难题仍在,北京草莓常见的炭疽病、灰霉病、病毒病、蚜虫和红蜘蛛等,随着品种的单一化和种植年限延长而逐年严重,且农户在病虫害防治上多依赖自己经验,科学防治能力不强。三是水肥一体化程度不高,北京市属于资源型缺水城市,水肥一体化技术能在滴灌节水的基础上缓解设施草莓因过量施肥而造成的水体污染问题,但受技术和设备的限制,生产者想做到水肥一体化比较困难。

(4)生产经营主体的品牌运营和市场开拓能力仍显不足

优势品牌商可凭借其产品信誉在供应链中降低其与上下游的交易成本。虽然2010年北京"昌平草莓"获得了国家地理标志保护产品认证,也依托连续多届的北京农业嘉年华等公共平台进行宣传推广,但其品牌价值开发与辽宁东港草莓、安徽长丰草莓还有一定的差距。北京草莓生产经营主体的品牌运营和宣传能力仍显不足,获得足够规模忠诚顾客的能力相对较弱,特别是面对2020年新冠疫情对草莓采摘及线下销售的明显冲击时,生产经营者获得忠诚客户惠顾和线上市场开拓的能力总体较弱,直接影响其经营收益。

2.5.4 持续提升北京草莓产业竞争力的主要对策

促进北京草莓产业竞争力的持续提升,要重点提高其效率比较优势,进一步扩大其规模比较优势。提高效率比较优势亟待解决的问题是设法提高北京草莓的单产水平;提高规模比较优势则需要进一步提高北京草莓产业在北京瓜果业中的吸引力和比较效益,进而稳定和扩大北京草莓的种植规模,这也对北京草莓生产者的素养提出了更高要求,需进一步引导和挖掘首都草莓消费的市场需求,以需求拉动生产。因而,持续提升北京草莓产业竞争力的具体对策如下。

（1）实施种苗质量保障工程，逐步提升脱毒种苗供给水平，突破产业竞争力提升瓶颈

重点通过完善三级育苗体系和规范种苗交易市场，提高种苗质量保障程度。三级种苗繁育是指包括草莓原原种苗、原种苗和生产用商品苗的接续繁育种苗体系，通常一个培育周期为3~4年。三级育苗体系核心要点是对草莓原原种苗脱毒。目前北京全市草莓三级育苗体系虽已初步建立，但尚不健全。应持续发挥粮经作物产业技术体系北京市创新团队中相关专家和种苗脱毒综合试验站的影响力，在提升育苗技术水平、扩大优质脱毒种苗供应能力和良种良法配套栽培技术的应用水平等方面，继续发挥应有作用。同时，促进相关育苗科研院所与育苗企业的互动合作，综合提高优质脱毒种苗的供给规模，满足生产者需求。

政策导向上，一方面陆续对草莓优质种苗繁育企业提供支持，鼓励和引导更多生产者应用优质种苗，促进草莓产业提质增效。另一方面要加强对草莓种苗交易市场的监管力度，营造公平竞争的市场环境。由于正规合法的育苗企业获得经营资质以及生产优质种苗成本相对较高，在无序低价竞争中处于不利地位，因此，首先要提高对无证无照经营的处罚力度和违法成本，为种苗市场的良性竞争提供重要保障。同时，需建立健全商品苗市场准入规则和确立种苗质量管控标准并加以严格的产地管控。此外，要加大对外地进京种苗的质量监管和病毒检测，避免携带潜在病虫害入侵。

（2）创新团队需继续选育、示范与推广新品种，减缓种性退化程度

为克服北京目前相对单一的草莓品种结构，北京粮经作物创新团队加大了新品种的选育和示范推广，2019年推广了12公顷以上的国有自育品种。今后还须陆续加大草莓新品种的研发和选育，以便推广适应北京本地水土气候、抗病性强且口感与品质媲美"红颜"的新品种。除主栽品种，还可尝试选育推广富有特色的小众品种，以满足特殊消费偏好的目标市场需求，如开发白色或粉色果肉的草莓以及居家种植的盆栽草莓优新品种等，既能克服原有品种种性退化的缺陷，也能为满足消费者多样化需求及开拓差异化市场奠定基础。新品种选育及试验技术成熟后，可优先通过创新团队体系在综合试验站、田间学校、典型示范点开展示范试种，成功后陆续面向全市农户推广。

（3）持续推进耕作与栽培配套技术的推广应用

一是通过加强土壤消毒、太阳能日光高温消毒、生物抑毒和化学药剂杀

毒相结合的措施，减少土壤中的有害生物种群。同时辅以轮作倒茬、增施优质有机肥改善土壤结构，以克服土壤连作障碍。二是加大绿色防控技术体系的培训、推广和应用，以"预防为主、综合防治"理念解决病虫害防治难题，提升草莓品质。三是深入探索精量灌溉及水肥一体化技术，为农户制作水肥技术操作手册，促进标准化生产，提升水肥资源利用率，有效应对北京市农业发展面临的水资源短缺问题。

(4) 加强品牌建设，整合线下线上市场，不断提升市场开拓能力

响应北京乡村振兴战略，深入推进北京草莓产业绿色化、优质化、特色化、品牌化建设。加大对区域品牌"昌平草莓"的宣传与推广力度，结合微信公众号、微博话题、抖音视频和其他适宜的直播平台进行互联网新媒体营销，提高北京草莓品牌的知名度和美誉度。继续促进草莓休闲采摘业的发展，创新团队还可以继续举办已坚持多届的"草莓之星"优质品牌和优新草莓园评选活动，宣传并提高产品和品牌曝光度，持续强化草莓生产者的品牌和创优意识，并开展品牌运营策略培训，打造新型职业农民。

结合线上线下的宣传推广，利用微信朋友圈等自媒体平台，或者与京东、拼多多等第三方电商合作，开拓线上销售渠道。为此，要适应电商平台对草莓果品分级销售和适度规模化供给的趋势，借助网上订单和生鲜物流的优势来扩大销售范围，满足更多消费者对本地新鲜草莓的需求。相关公共部门和专家须注重帮助农户实现草莓生产者和营销者角色的自主兼顾与转换。

3 北京生产者销售草莓的渠道策略及其绩效

草莓作为难以保鲜和贮运的鲜活农产品,快速销售是草莓价值实现的重要保障。

本研究在系统调研北京草莓生产者渠道策略的基础上,分析各类渠道的优劣势及其适用条件,并进而研究了不同类型生产经营主体的渠道绩效,以期为促进草莓快速销售提供借鉴。

3.1 北京生产者销售草莓的渠道策略

3.1.1 销售草莓的主要渠道策略

草莓等鲜活农产品,从生产者到达消费者的渠道策略,主要包括渠道的长短策略和渠道的宽窄策略。

(1) 渠道的长短策略

长渠道策略是指生产商需要经过两个或两个以上的中间销售环节,才能把产品或服务销售给消费者的渠道模式。因鲜活草莓销售对保鲜和贮运的要求较高,故而很少采用长渠道策略。

短渠道策略是指产品或服务在从生产商向消费者转移过程中,最多经过一道环节的渠道模式。短渠道策略分为生产商与消费者直接接触的零渠道、经过一层销售商(或第三方物流)环节的短渠道两种渠道模式。①草莓的零渠道策略:主要是生产者销售给上门采摘或现场采购提货的消费者,或者生产者自己批量送货给订单消费者,或者在产地附近的路边或集市直接零售给消费者。②草莓的短渠道策略:主要指产品从生产者向消费者转移过程中,只经过一道环节的渠道模式。该短渠道模式,以商贩上门收购或生产者经第三方物流把微信朋友圈订单的商品配送给消费者最为常见。

(2) 渠道的宽窄策略

宽渠道或窄渠道是按照生产者同时选择中间商类型的多少来划分的。生产者同时选择两个以上渠道类型或中间商销售商品，称为宽渠道策略。

生产商面向市场只选择一个销售商来销售自己的产品，则称为窄渠道策略（也称为独家代理）。由于鲜活草莓对快速销售的要求较高，除非产品供不应求，否则生产者一般不采用窄渠道策略。

京郊草莓在上市的前期（11月至翌年3月），由于赶上北京市场新鲜水果上市的淡季，以及有元旦、春节等节日，市场价格较高，本地出产的草莓有供不应求趋势，生产者在渠道选择中，一般不愿意接受消费者亲自进园采摘，或有采摘的最低限量和最高人员限制，主要是为了降低被消费者大量品尝的损失和秧苗被破坏的风险。除此之外，生产者在价格可接受的情况下，销售草莓都愿意采取宽渠道策略，以便促进产品的快速销售，特别是到草莓大量上市的3月以后，多数生产者愿意接受各种类型的中间商而采取宽渠道策略。

3.1.2 不同渠道策略的优劣势比较

不同的渠道策略，均有各自的优势和不足的，没有哪种策略是任何情况下都具有绝对优势的。因而，生产者需根据自身条件，扬长避短地选择适应各自特点的渠道策略。

(1) 长渠道策略的优劣势

优势：渠道长、分布密、触角多，能有效地覆盖市场，扩大产品的销售范围，有利于商品远购远销，在深度和广度上沟通供求。

劣势：由于长渠道策略使得产品从生产者到消费者经历的中间商数量和运销环节多，销售费用增加，不利于生产者及时获得市场信息，迅速占领市场。渠道过长容易被竞争对手争夺原有的客户。长渠道增加了销售薄弱环节，容易造成销售中顾客的损失。

(2) 短渠道策略的优劣势

优势：有利于加速商品流通，缩短产品的销售周期，增加产品竞争力；有利于减少商品损耗，从总体上节省流通费用；有利于开展售后服务，使生产者和消费者或中间商建立直接、密切的合作关系，维护生产者信誉。同时可以降低中间环节的物力及人力成本，增加产品价格竞争力。

劣势：生产商为减少中间环节，将商品快速而直接地转移到消费者手中，需要在市场终端投入大量人力和物力进行宣传。短渠道尽管减少了产品的流通环节，但在争取消费者信任方面的营销成本会大大增加。同时，短渠道对生产者的要求也相对较高。

（3）宽渠道策略的优劣势

优势：宽渠道可以使生产者将产品触及更广的地域市场范围，消费者可以随时买到产品，提高产品的市场份额。多数农产品生产经营主体倾向于采取宽渠道策略，是因为宽渠道可以通过增加产品的销售网点和中间商类型，提高产品的在市场上销售速度和市场份额。此外，宽渠道有利于生产者在众多的销售商中，通过中间商竞争而优胜劣汰，提高产品在市场上的销售声誉。

劣势：中间商之间的竞争导致利润不多，会使中间商对生产者的产品销售不够专心，不愿为销售生产者的产品而投入太多；另外，在宽渠道策略下，生产者和中间商之间的关系不紧密，相互间随时可能重新选择。生产者面对的同层次中间商太多，极易引起渠道间的恶性竞争，利润摊薄，导致生产者对于中间商无法进行有效管理与监控。

（4）窄渠道策略的优劣势

优势：促使生产者与中间商全面合作，一起排斥竞争产品或竞争渠道，有利于有限的中间商专心销售合作伙伴的产品，实现双赢。

劣势：如果产品资源较多或市场环境变化，因生产者对某一中间商的依赖性太强，如果中间商转而采购其他生产者产品，极容易导致原有合作的生产商失去已有中间商，进而失去已经占领的销售市场，甚至导致产品直销的损失。

（5）小　结

各类渠道策略，都有其各自的优势和不足，能够在渠道策略选择中根据自身条件而扬长避短，是生产者优化渠道策略的必经之路（表3-1）。

表3-1　各类渠道策略优劣势对比

策略	主要优势	主要劣势	备注
零渠道	减少分销、物流等环节；节约中间费用；生产商能及时了解消费市场需求变化，能帮助生产者调整产品，并作出相应促销决策	需要在渠道投入大量费用，提高生产者经营负担，增加资金沉淀及销售不顺的风险	零渠道是生产者直接把商品/服务出售给消费者的渠道模式

(续表)

策略	主要优势	主要劣势	备注
短渠道	利于生产者和中间商建立密切合作，维护生产者信誉，加速商品流通减少损耗和流通费用；利于售后服务而增加产品竞争力	生产者需大量投入，增加直销费用，提高商品价格	短渠道是指产品/服务在从生产者向消费者转移过程中，只经过一道环节的渠道模式
长渠道	渠道长、触角多，能有效覆盖市场，扩大产品销售范围，有利于商品远购远销，在更广范围调剂余缺、沟通供求	环节多，销售费用增加，不利于生产者及时获得情报而迅速占领市场	长渠道是指生产者需经过2个及以上中间销售环节，才能把产品/服务销售给消费者的渠道模式
宽渠道	使产品迅速转入流通和消费领域，及时满足需求；利于中间商间展开竞争，迅速实现商品价值	生产者与中间商关系松散，不利于生产者与消费者形成长期稳定的关系	宽渠道是生产者在某一环节选择2个及以上同类中间商销售商品
窄渠道	中间商少；生产者可指导和支持中间商开展销售业务，利于相互协作；销售、运货、结算手续简化，便于产品上市、适销和迅速取得信息反馈	生产者对某一中间商依赖性太强，易失掉灵活选择自由；产量增加时销售力量不足而影响销售；市场覆盖面狭小，不利于消费者选择	窄渠道是指生产商在特定市场只选择1个销售商为产品销售渠道，通常被理解为独家代理

资料来源：根据调研及文献整理。

北京生产者销售草莓，很少采用长渠道策略。主要采用短渠道与宽渠道结合的扁平化渠道策略。

3.1.3 北京草莓生产者选择不同渠道策略的适应性分析

（1）草莓零渠道模式的适用条件

零渠道模式是生产者与消费者在商品交易环节的直接对接。虽然零渠道模式能够快速实现产销对接并有效提高交易效率，但是采用渠道模式也需要相应的交易条件（表3-2）。

表3-2 草莓销售零渠道策略的适宜条件

条件	各类型草莓零渠道的适宜条件		
	消费者上门采购	生产者在草莓产地周围路边售卖	生产者到集市、农贸市场自己售卖
草莓园地理位置、交通条件	交通便利：公交直达、自驾车方便停车、草莓园位置优越（离公路近）等	公路边有一定车流量且方便停车；公交站附近；自家有小型交通运输工具，如三轮车等	拥有汽车等交通运输工具，方便运输到距离产地稍远的区域

(续表)

条件	各类型草莓零渠道的适宜条件		
	消费者上门采购	生产者在草莓产地周围路边售卖	生产者到集市、农贸市场自己售卖
劳动力	不需要太多劳动力，根据温室大小决定采摘人数	劳动力不少于2人，有看温室之外的多余劳力去周围贩卖	劳力不少于2人；早起进行较大量的采摘工作；有司机和销售人员
采摘园规模	团体采摘有足够产量		
草莓园或产品的声誉及客户	产品质量或声誉较好；有大量（忠实的）或少量（随机的）采摘、采购客户，有回头客	不定量、随机客户	数量不定的忠实或随机客户

资料来源：根据实地调研结果整理。

(2) 草莓短渠道模式的适用条件

商贩上门收购的短渠道：生产者采用该渠道，一般是家里劳动力年龄较大、采摘园地理位置偏僻、忠实客户少、没有交通工具能够外出售卖，或者产量较大无法及时销售的情况。特别是每年在草莓上市旺季的4—5月，零渠道无法满足快速销售的要求，为了减少销售风险，不得不卖给商贩甚至无奈接受商贩压价的要求。

通过超市或者专业果蔬菜店摊位销售，是草莓生产者较少选择的零售渠道。该渠道对生产者的草莓园规模、草莓产品外观与口感等质量要求均较高，草莓销量也不大，难以满足生产者快速销售的要求，且生产者通过这类渠道获得的收益较低（表3-3）。

表3-3 草莓超市渠道策略适宜性的SWOT分析

Strength（优势） 有利于实现增加消费者采购范围； 有利于树立生产者品牌声誉； 有利于保证草莓质量和安全	Weakness（弱势） 生产的标准化程度不易达到要求； 生产的组织化水平低； 进入超市手续繁杂、成本高
Opportunity（机会） 提高知名度并吸引消费者采摘； 政府引导和支持； 促进生产者提高产品质量	Threat（威胁） 超市流通成本高，销量不稳定； 产品销售不及时则损耗较高，间接增加销售成本，降低价格优势

资料来源：根据文献和实地调研总结整理。

综上可见，草莓生产经营者销售产品，须根据自身生产经营的多方面综合条件，选择适宜自身现状的渠道策略。同时，为提升经营利润，应该努力提高产品质量和自身草莓园知名度和声誉，为获取理想的销售价格创造条件。

3.1.4 北京生产者销售草莓的渠道结构

不同类型、不同规模的草莓生产经营主体，因各自生产经营历史、技术水平和产品质量的不同，以及市场开拓能力的差异，在产后销售中，商品从不同渠道销售的比例各不相同，由此也带来价格和利润的差异。

（1）北京生产者草莓销售渠道的总体分布概况

就所有被调研样本的总体平均结果而言，北京出产的草莓，在不受新冠疫情影响的正常年份，由商贩上门收购，是绝大多数生产者销售草莓的主要渠道，商贩收购占总销量的平均比例达41%。其次是消费者进园采摘或上门采购，占总销量的平均比例是26%。批量销售和产地附近零售合计占总销量的1/4左右。总体而言，由于草莓不耐贮运及小规模生产者较多等特点，北京生产者草莓通过电商或第三方物流配送销售所占的比例仅在6%左右，低于全国的平均比例（图3-1）。当然，对于不同规模和经营模式的生产经营主体，草莓经不同渠道销售的比例也各有不同。

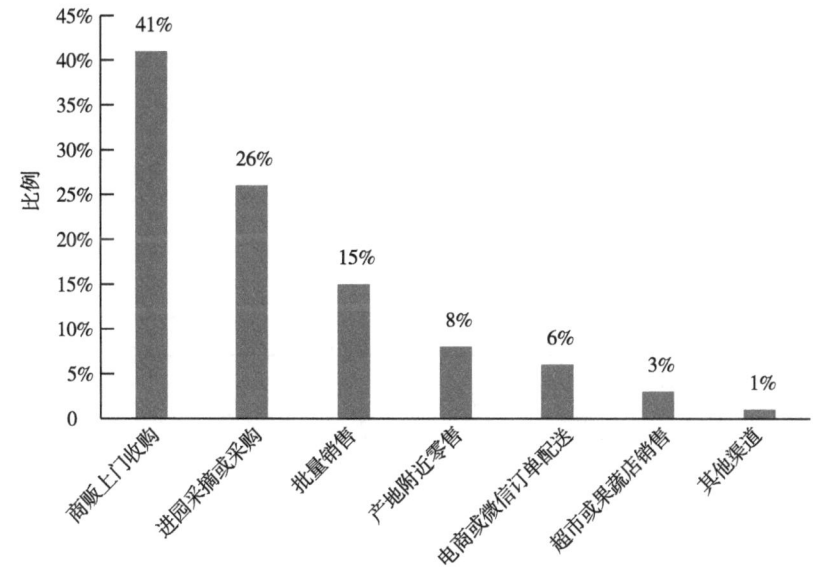

图3-1 北京各类生产者从不同渠道销售草莓的平均比例

（资料来源：根据实地调研结果整理）

(2) 小户草莓销售渠道的分布

普通小户是典型的小规模生产者。种植草莓温室数量一般以 1~3 个为主。小户主要特点是生产规模小，在生产和销售过程中多数只有 1~3 个劳动力。

虽然他们的销售渠道也力求多样化，但由于小户生产者劳动力数量不足及老龄化现象较明显，平均受教育水平偏低，造成这类群体总体上学习能力较低，对智能手机中的微信、抖音等自媒体营销技术的应用能力也较差，草莓销售渠道的开拓能力总体偏弱，主要销售渠道是商贩上门收购和休闲采摘，同时也兼顾批量销售、产地附近零售和微信订单第三方物流配送零售等占比较小的渠道。小户销售渠道较窄，销售难度虽然不大，但由于受到收购商贩的压价而制约了利润空间。实地调研和电话调研结果显示，小户在不同渠道销售商品的比例，虽然不同生产者之间存在一定差异，但在正常年份平均而言，58%是商贩上门收购，19%是消费者进园区采摘或采购，批量团购和产地附近零售各占 9%，4%是微信订单通过第三方物流配送零售，其余 1%则以其他方式销售（图3-2）。

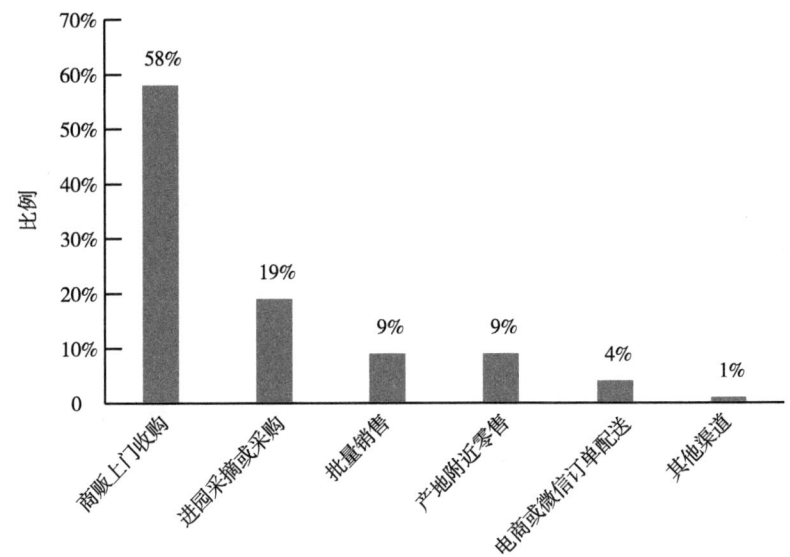

图 3-2　北京小户从不同渠道销售草莓的平均比例

部分小户的主要销售渠道因相对单一而存在不同程度的滞销风险。北京市草莓产业中，小规模生产者所占比例仍然较大。其中部分年纪较大且文化水平不高的生产者,在前期草莓种植中能够投入一定劳动力进行草莓种植,但在草莓成熟销售时,由于其规模较小、宣传力度弱而知名度不够,销售绩效较高的采摘渠道竞争激烈,其客户量也较少;批量团购、微信零售等渠道需要通过微信朋友圈及公众号进行宣传和促销,但这种线上线下结合的渠道对于年龄偏大、受教育程度较低和朋友圈人数较少的生产者来说只能望而却步。实地调研发现,这部分生产者主要销售渠道仍以被动等待商贩上门收购为主,不但无价格优势,还存在滞销风险。

就小户的自身条件而言,通过不同渠道来销售草莓的优劣势各有不同(表3-4)。

表3-4 小户不同渠道销售草莓的优劣势比较

项目	休闲采摘	上门收购	电商或微信订单配送	产地附近零售	批量销售
优势	销售快,利润高,节省采摘人力,可培养回头客	销售快,节省销售人力,不需要外运交通工具	定价灵活,利于辨识产品质量和维护信誉	定价灵活,直接接触和了解消费者	节约交易时间和成本,利润空间相对较大
劣势	产量不利于接待团购;采摘不当易造成秧苗和产品损耗,故而商品上市初期生产者一般不开放采摘园	价格受压制,收益不可控,整体较被动,无法直接接触消费者且不能直接了解消费者想法	对科技要求高,小户普遍学历不高,接受使用的时间较长,物流成本高	增加劳动力人数,需交通运输工具,地理位置要求高,人流量决定销量,耗费时间	对于小规模生产者来说,容易供不应求,包装要求高,成本也较高

资料来源:根据实地调研结果整理。

(3)专业大户草莓销售渠道的分布

专业大户生产规模相对较大,生产环节参与劳动的人数都在2个以上,忙时也会雇人。

生产的规模优势使得专业大户的草莓销售渠道更加趋向宽渠道+短渠道的扁平化渠道策略。其中,休闲采摘、商贩收购、微信订单第三方物流配送或自己集中配送所占比例相对较大,自己批量销售也是不可忽视的渠道(图3-3)。有的专业大户自己有运输工具和相对稳定的零售地点,能够自己完成订单集中配送或到适当的人流密集消费地集中零售。

(4)农民专业合作社及公司草莓销售的渠道分布

农民专业合作社是生产者联合起来为实现合作生产、合作销售从而实现降低交易成本等目的所建立的组织形式。草莓生产者自愿加入相关合作社之后,一般能够在生产资料采购、生产技术指导以及销售等环节得到不同程度

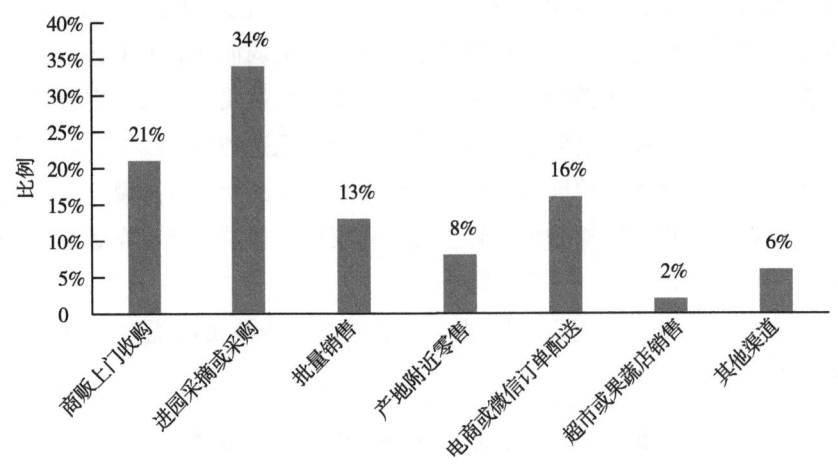

图 3-3 专业大户从不同渠道销售草莓的平均比例

的服务。例如,通过合作社组织人力物力,在销售上掌握更多的信息和客户,从而缓解小规模分散的农户社员解决商品滞销等问题。

草莓生产经营的公司,一般拥有自己的生产基地,有的还进行多样化生产经营,既生产草莓,也生产其他果蔬类商品,甚至还自备休闲娱乐设施和观光示范及教育功能。

无论是合作社还是公司,由于其生产经营规模总体上都高于专业大户,在与电商、超市和消费集团等渠道对接时,明显具有规模优势和较好的接待能力。因此,其商品销售渠道结构也更合理。调研结果显示,合作社或公司草莓销售的主要渠道,正常年份以休闲采摘、电商/微信/小程序订单销售、批量销售为主,产品上市旺季为了实现快速销售,也会走商贩收购渠道(图3-4)。

(5) 专业大户和合作社不同销售渠道的优劣势

由于专业大户和合作社的草莓生产规模相对较大,同时将草莓供给市场的数量也相对较多,接待团体规模的采摘也更有条件,故而,从专业大户和合作社的条件来讲,通过不同渠道来销售草莓的优劣势与小户自然存在差别(表3-5)。

3 北京生产者销售草莓的渠道策略及其绩效

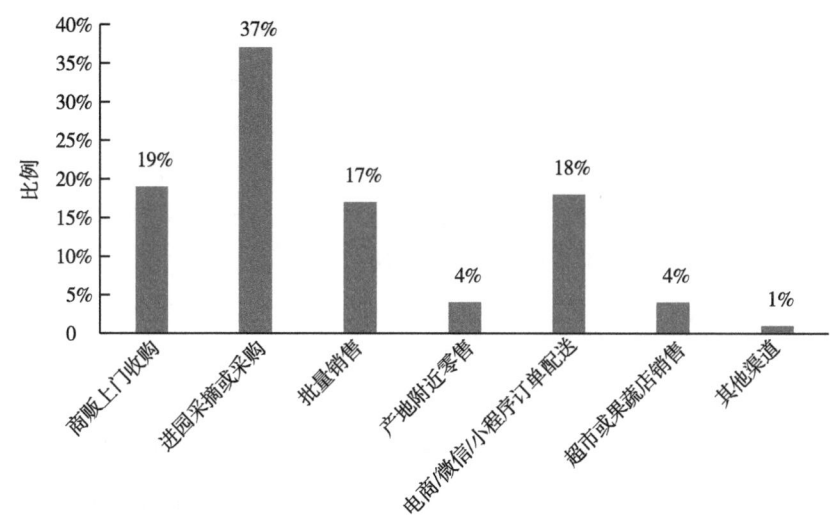

图 3-4　合作社和公司从不同渠道销售草莓的平均比例

表 3-5　专业大户和合作社不同销售渠道的优劣势比较

项目	休闲采摘	上门收购	物流零售	产地附近零售	团购销售	果蔬店
优势	销售快，利润高，节省劳动力，增加销售量，有足够资金宣传	销售快，节省劳动力，缓解多余产品销售压力	价格自己控制，收益高，销售快	价格自己控制，收益高，适量销售，不会产生浪费，有足够资金投入交通工具	销售快捷，销售量多，节约销售时间，利润大，产品量足够	销售稳定，节省时间
劣势	消费者采摘不当易造成损失，知名度高、质量好才有回头客	价格低，利润空间小，整体较被动，无法直接接触消费者且不能直接了解消费者想法	对科技要求高，物流成本高，要求学习新技术，有些生产者自己配送，耗费劳动时间	增加劳动力人数，地理位置要求高，人流量决定销量，耗费时间	包装要求高，成本也较高	劳动力耗费大，须自行采摘和配送

资料来源：根据实地调研结果整理。

3.2　北京生产者销售草莓的渠道绩效评估

根据北京市草莓的生产经营总体现状，以及北京市草莓生产主体在生产规模和销售渠道方面的结构特点，本研究将分类探讨生产者以不同渠道销售草莓的渠道绩效。以实地调研获得的数据为基础，结合二手数据以及定性分析，运用层次分析法与模糊综合评价法，综合分析不同规模的生产主体以不同渠道销售草莓的渠道绩效。结果发现：采摘的渠道绩效最高，团购和物流零售也有相对较高的渠道绩效；在二级指标中，交易行为和设施服务对渠道绩效的影响很大，产品特征对渠道绩效的影响较大，销售环境对渠道绩效的影响较小；物流服务的进步以及交通的便捷促进了销售渠道绩效的提高；一些小规模生产者的销售渠道单一且销售困难；同时发现，北京草莓深加工比例可以忽略不计，鲜草莓销售存在滞销的潜在风险。结合上述研究结果以及北京草莓产业发展动态和面临的主要问题，本研究针对提升草莓渠道绩效提出参考建议：通过各种活动吸引消费者，提高休闲采摘渠道的销售量；加强对生产者培训，提高产品品质，以优质产品开拓团购销售比例；针对区域特点，合理规划各具特色的草莓生产基地；完善草莓市场营销体系，综合开拓草莓销售渠道等。

3.2.1 基本概念及相关研究的回顾

（1）营销渠道绩效

营销渠道绩效的构成大致可分为两部分。第一部分是渠道成员对渠道的贡献程度。营销渠道是一系列相互依存的组织。渠道绩效最好并不意味着它是市场上所有主体中发展最好的那一个，而是指在销售渠道中涉及的多个主体之间不仅相互依赖而且可以进行顺利的合作，从而使得整个渠道绩效达到最优。因此，如果渠道成员之间不相互合作和贡献，只顾及自身发展，那么整个市场就无法顺利向最终消费者提供服务，也很难实现高绩效。在整个市场渠道顺利发展的前提下，才会涉及第二部分的渠道绩效及渠道成员自身的绩效，即实体组织除了对渠道的整体运作做出应有的贡献外，生存和发展也是每个渠道成员的最终目标。

EI-Ansary 和 Stern（1972）认为，渠道绩效是一种渠道成员对渠道领导者是否满意的结果，或是渠道成员关系的最终目标。Gaski（1984）将渠道绩效视为供应商和分销商之间的关系，即他们之间是否达到既定目标。Annet 等（2001）将渠道绩效分为社会和管理两个角度。从社会的角度来分析，成本效益可以用来衡量渠道为之提供的服务水平是否能够满足整个社会的需要；从管理的角度来分析，是对每个渠道成员的财务绩效、每个渠道成员对整个渠道的贡献来进行评估,并对每个渠道的贡献进行比较。李春成(2007)认为渠道绩效是指制造商通过系统的方法或行为措施,客观评价其营销渠道体系效率和有效性的过程。胡保玲和云乐鑫(2008)提出,可以从行为角度将渠道绩效定义为一个渠道成员对另一个渠道成员行为的反应,而这种反应是有助于实现预期目标的。表3-6是不同学者对营销渠道绩效内涵的界定。

表3-6 不同学者对营销渠道绩效内涵的界定

学者	观点
EI-Ansary 和 Stern (1972)	渠道成员对渠道领导者是否满意的结果,或是渠道成员间关系的终级目标
Gaski (1984)	供应商和经销商的一种是否达到设定目标的关系
Annet Coughlan, Louie W. Stern, Adell ELAnsary (2001)	成本效益可以衡量渠道的服务水平能否满足社会的需求;对各渠道成员的财务绩效、各个渠道成员对整体渠道的贡献程度、不同渠道绩效的比较等内容进行评估
李春成 (2007)	厂商通过系统化手段或措施对其营销渠道系统的效率和效果进行客观地考核和评价的活动过程
胡保玲和云乐鑫 (2008)	一个渠道成员对另一个渠道成员的行为所作出的有助于预定目标实现的反应

资料来源:根据作者研读的文献整理。

不同的销售渠道,面对的既可能是终端消费者(如采摘、通过快递点对点配送等),也可能是中间商(如批发商或零售商)。本研究主要研究的是草莓生产者的销售渠道绩效,即草莓生产者将草莓从自己手中销售给不同的购买者所采用的起点路径,重点关注的是生产者的渠道绩效。本研究选取营销渠道中的草莓生产者将草莓从手中销售出去这一节点,以北京生产的草莓为主要分析对象,对生产者草莓销售渠道的绩效进行综合评价。

(2) 营销渠道绩效评价

在整个渠道管理中,渠道绩效评价是一个非常重要的环节。评价有利于营销的整体战略布局和渠道绩效改进。渠道绩效的评价是基于渠道绩效,而渠道绩效的结构是多维度的。从宏观层面来说,通过对整个社会角度来考虑渠道系统对社会有哪些贡献,从过去到当前到未来进行全面考察;从微观层面来说,是站在企业本身来考虑,当渠道成员在履行职责时,产品从生产者到消费者手中的一系列过程,对企业产生了什么样的附加价值以及产生的附加价值有多少。

大部分生产企业都会用六项财务指标来衡量营销渠道的绩效。即销售能力、销售业绩、库存维持能力、渠道成员的态度、渠道成员的竞争环境及成长潜力。根据Bonoma（1998）和Clark（1999）的研究，销售额、利润和现金流三个指标最常用于评估营销结果。Anderson（1997）发现，市场占有率是市场绩效评价的最佳指标，衡量渠道成员的绩效可以运用销售量、库存水平、销售能力和渠道成员对供应商和产品的态度来判断。

随着经济和社会的不断发展，顾客满意度指标在评价体系中显得越来越重要，外界社会不断加大对该指标的重视。在采购产品的过程中，如果顾客越满意那么顾客忠诚度就会随之提高，进而顾客会不断增加重复购买而使得一个企业的销售收入提高，并降低销售中产生的一系列成本。因此，客户忠诚度也受到了普遍的关注。尽管不同学者对营销渠道绩效评价中满意度及忠诚度指标的选择有所不同，但是都重视对客户关注度和客户终生价值有关的研究。

Kumar等（1992）整理了各种学者的观点，提出了评价渠道商的绩效水平，可以利用理性目标模型、人际关系模型、内部程序模型和开放系统模型四个指标。曾寅初等（2006）认为，社会资本是影响农产品营销绩效之重要因素，社会资本不仅可以使得市场交易成本减少，使得社会资源的获取和交换更加便捷，而且使得知识的传递和传播更加广泛。王海峰和罗发友（2009）认为，可以从财务绩效、渠道安全、客户满意度、竞争效应和创新发展五大类绩效指标对营销渠道绩效进行综合、系统的量化评价，以达到营销渠道绩效评价合理化和准确化的效果。胡华平和李崇光（2010）提出，农产品营销中的纵向价格转移是供应链市场不同层次商品价格之间的相互作用。人们普遍认为，垂直价格这种传递关系是评估垂直市场联系和市场绩效的有效工具。杨宜苗和肖庆功（2011）以锦州葡萄为例，使用流通成本比和流通利润率两项指标，对各种营销渠道下的农产品渠道绩效进行了对比分析，并对各种营销渠道下的葡萄流通成本、效率和利润分配进行了调查。Gopimuralidhar等（2012）对印度Ma-habubnagar的杧果进行了调查，分析其在四个流通渠道中的成本和利润，并利用这两个指标对四种流通方式的渠道绩效效率进行了比较，发现货运费用和中间商代理费用是使得杧果营销渠道绩效得不到提升的关键因素。涂传清（2014）分析了影响农民参与农产品流通高附加值活动的因素，提出了促进农民积极参与增值活动和分享增值收益的建议。不同学者对营销渠道绩效评价中多维度综合指标的选择见表3-7。

3 北京生产者销售草莓的渠道策略及其绩效

表 3-7 不同学者对营销渠道绩效评价中多维度综合指标的选择

学者	指标
Kumar 等（1992）	理性目标，人际关系，内部程序，开放系统
曾寅初等（2006）	社会资本
王海峰和罗发友（2009）	财务绩效、渠道安全、顾客满意、竞争效果和创新发展
胡华平和李崇光（2010）	垂直价格
杨宜苗和肖庆功（2011）	通过流通费用率，流通利润率
Gopi Muralidhar 等（2012）	成本，利润
涂传清（2014）	高附加值活动因素

资料来源：根据作者研读的文献整理。

（3）评价渠道绩效的方法与模型

美国学者 Stern 等（2001）从宏观、微观两方面介绍了渠道绩效的评价方法：宏观上立足于战略利润模型（Strategic Profit Model）和经济价值；微观上，通过业务活动成本（ABC，Activity-Based Costing）、直接产品利润（DPP，Direct Product Profit）和高效消费者反应（ECP，Efficient Consumer Response）来分析。张传忠和雷鸣（2000）倾向于利用静态考察法和动态考察法从产出、行为两个方面进行分析。吴利化（2004）也从两方面因素考虑渠道效率评估模型：通过渠道流在渠道中的作用以及产生绩效比例，从而提出一个渠道流的概念模型来评估渠道效率。赵晓飞（2008）在农产品渠道竞争评价及实证研究中，运用熵权分析评价模型将问题量化。肖亮（2009）采用 AHP（层次分析法）确定各因素权重，建立模糊综合评价模型进行分析。尹晓娜（2010）将灰色模型用到企业合作创新绩效评价体系中。卢智丹（2013）运用模糊综合评价法来进行"农超对接"模式的绩效评价。白春玲（2016）从财务、满意度和社会效益等方面建立模糊层次分析模型，对上水集团渠道绩效进行了全面的评价。不同学者对营销渠道绩效评价所采用的方法见表 3-8。

表 3-8 不同学者对营销渠道绩效评价所采用的方法

学者	评价方法	侧重方向
Stern 等（2001）	宏观：战略利润模型，经济价值分析；微观：各个指标综合评价	财务能力，成本，利润
张传忠和雷鸣（2000）	静态考察法和动态考察法	产出，行为

(续表)

学者	评价方法	侧重方向
吴利化（2004）	渠道流概念模型	渠道流
赵晓飞（2008）	熵权分析评价模型	指标量化
肖亮（2009）	层次分析法	管理领域
尹晓娜（2010）	灰色模型	企业合作创新
卢智丹（2013）	模糊综合评价法	市场占有率和满意度
白春玲（2016）	模糊层次分析模型	财务、满意度和社会效益

资料来源：根据笔者研读的文献整理。

(4) 渠道绩效影响因素分析

Rosenbloom（1999）提出，市场、产品、企业、中间商、行为和外部环境是影响分销渠道绩效的最主要因素。EI-Ansary 和 Stern（1972）将环境因素分为需求和供给。需求包括人口统计、消费者资源与社会文化环境。供给包括技术、竞争与法律政治环境。庄贵军和刘东英（2000）学者对渠道行为的实证研究发现，权力、冲突、控制、合作等行为通过渠道成员间的关系质量而影响渠道绩效。例如，渠道中权力的不对称性会导致利益分配不公，渠道中的冲突会降低成员间合作意愿，渠道中的合作能够降低成本。纪良刚和刘东英（2011）认为农产品从生产出来到最终用户手中的价格波动大，从而影响农产品渠道绩效。张扬（2013）认为，现有的流通渠道的各个环节是经过长期的优化和沉淀而形成的，每一个环节不一定非要存在，但每一个环节又都是物流、信息流、资金流等各类要素的整合环节，实现农产品供求平衡才能有效提高农产品的营销绩效。兰小林（2014）认为流通渠道冲突以及渠道成员的选择行为共同影响渠道绩效。李晔和秦梦（2015）认为物流耗损是影响生鲜产品营销绩效的主要因素。黄梦思和孙健（2016）认为农产品营销渠道稳定性对提高交易弹性绩效和交易销售绩效具有直接的影响。不同学者对营销渠道绩效影响因素的观点见表 3-9。

表 3-9　不同学者对营销渠道绩效影响因素的观点汇总

作者	影响因素
Rosenbloom（1999）	市场、产品、企业、中间商、行为和外部环境
EI-Ansary 和 Stern（1972）	需求：人口统计、消费者资源与社会文化环境；供给：技术、竞争与法律政治环境

(续表)

作者	影响因素
庄贵军和刘东英（2000）	权力、冲突、控制、合作等行为的影响，通过渠道成员间的关系质量，进而影响渠道绩效
纪良刚和刘东英（2011）	农产品流通效率低、环节多、成本高，造成农产品价格波动大
张扬（2013）	实现农产品供给平衡
兰小林（2014）	流通渠道冲突以及渠道成员选择行为共同影响
李哗和秦梦（2015）	物流耗损是主要因素
黄梦思和孙健（2016）	营销渠道稳定性

资料来源：根据笔者研读的文献整理。

上述研究，在渠道绩效内涵界定及指标选择、渠道绩效研究方法及影响因素分析等方面，各专家学者给了详细的界定和解说，为本研究的草莓销售渠道绩效研究提供了良好的借鉴。但在国内外针对渠道绩效相关研究看，针对农产品的研究相对偏少，特别是鲜食农产品，保质期很短，不同产品存在各具特点的差异。本研究综合运用农业经济管理相关理论，分析渠道绩效指标及其影响因素，除了借鉴以往专家学者研究成果之外，还需要作者依据研究对象的具体特征进行独立分析。本研究在参考已有研究的基础上，重点从草莓生产者视角，评估草莓主要销售渠道绩效的影响因素，进而探讨提升北京草莓渠道绩效的有效途径，期望为北京草莓生产经营者提高收益、为管理层不断完善助力北京草莓产业竞争力提升的对策，提供可借鉴的参考建议。

从销售渠道绩效评价指标来看，本研究可以借鉴以往学者采用的多维度综合指标来分析鲜食草莓销售渠道绩效；从研究方法看，本研究可采用层次分析法和模糊综合评价法相结合。

3.2.2 调研背景及样本信息

（1）问卷设计

本研究为了确保问卷所用量表的信度与效度水平，借鉴了国内外多位学者使用过的量表。同时，基于草莓销售的具体特征以及预调研所反馈的信息，对问卷进行了反复完善，最终形成正式问卷。本研究采用的结构式问卷包括三个部分：第一部分是草莓产品特征，包括草莓的产量、采摘、包装、贮藏、运输等；第二部分是草莓营销渠道的选择情况，包括选择草莓的销售途径以及选择不同渠道时考虑的因素和顾客反馈意见；第三部分是草莓销售时各影响因素的重要程度，共设计了 13 个权重指标，分别为市场竞争、政府政策、平均价格水平、滞销风险、交通运输、信息服务、劳动力耗费、交易稳定性、交易关系的建立、销售时间的花费、种植规模、品质、包装及保鲜技术。

（2）调研方法和过程

为获取农户对草莓的销售渠道相关信息，研究者对所调研区域综合采用了实地面对面访问、电话调研、会议集中讨论等多种方式完成。调研时段是 2018 年 1 月至 2019 年 6 月。其中大部分问卷是研究者本人通过和种植户访谈亲自填写，一部分问卷是粮经作物创新团队其他成员协助完成。共计发放问卷 461 份，回收问卷 423 份，有效问卷 399 份，回收率为 92%，有效率为 87%。笔者通过与草莓生产基地、专业大户和合作社等相关管理者进行直接深度访谈，不但全面了解其自身的草莓销售信息，更进一步从供给视角了解到市场需求趋势以及北京草莓产业发展动向。由于访谈采用开放式询问法，访谈过程中提出一些线索性的问题，为研究者的深入分析提供了有效帮助。

（3）调研样本主要信息

本研究分别从农户户籍所在地、农户从事草莓种植年限、草莓是否为农户主要收入来源、种植者文化程度、每亩年均销售量、年均销售额、草莓主要销售渠道以及区域分布等方面描述样本信息特征（表 3-10）。

表 3-10　被调研样本的基本信息

项目	选项	所占比例
种植年限	1~5 年	31%
	5~10 年	59%
	11~15 年	20%
种植者年龄	20~40 岁	18%
	40~60 岁	74%
	60~80 岁	8%
草莓是否为家庭主收入来源	是	59%
	否	41%

（续表）

项目	选项	所占比例
文化程度	小学	4%
	初中至高中	80%
	高中以上	16%
样本的区域分布	昌平区	35.3%
	通州区	23.6%
	顺义区	16.2%
	延庆区	3.5%
	大兴区	4.3%
	房山区	6.3%
	密云区	7.6%
	平谷区	3.2%
不同主体样	小户	57%
	专业大户	31%
	合作社	12%

由表3-10可见：①农户从事草莓种植年限以5~10年为主，占比达59%。②种植者年龄多集中在40~60岁，占被调查样本的74%。③多数草莓种植者以草莓作为主要收入来源。④文化程度基本以初中到高中居多，占被调查样本的80%。⑤根据北京各区草莓种植面积的分布比例，被调查样本位于昌平区、通州区和顺义区分别占总样本量的35.3%、23.6%和16.2%，其他地区占24.9%。⑥生产规模上，不同被调查主体所占比例，小户、专业大户、合作社分别占总样本数量的57%、31%和12%。

3.2.3 分析方法

根据草莓销售渠道绩效评价的特点，分析各种评价方法的优缺点及其适用范围，本研究采用层次分析法和模糊综合评价法对草莓销售渠道绩效进行了分析。即使销售价格、销售成本、销售量等信息完全清楚，但销售环境、交易行为等信息不清楚，也难以准确评价销售渠道的绩效。这促使本研究中需要将模糊综合评价方法引入销售渠道绩效评价中。层次分析法和模糊综合分析法是对定性分析方法的改进。

首先，通过层次分析法，可以消除某些不确定性，避免主观评论造成评价失真。其次，在运用模糊综合分析方法的过程中，对多个评价主体的意见进行整理分析，对其中一些较为模糊的问题，进行了科学的定量研究，有利于提高评价结果的准确性。再次，层次分析法和模糊综合分析法运用数学理论对主观判断进行分析和处理，在定性分析与定量分析相结合的基础上，将一些主观因素影响进行有效排除。因此，层次分析法和模糊综合分析法具有一定科学性的数学理论基础，使得评价结果的合理性与可信度大大提升。最后，从操作过程来看，虽然层次分析法和模糊综合分析法对评价者的数据处理能力要求较高，过程较为复杂，但是其整个方法简单易学，在保证实施机构独立完成的前提下易于操作，评价结果易于获得。

3.2.3.1 层次分析法

层次分析法即为 AHP 法，是一种定性与定量相结合的系统化、层次化的分析方法。它在军事指挥、交通运输、教育和医疗保健等行业中得到广泛的使用。

层次分析法首先需要建立结构模型，既根据实际研究对象，按照属性关系，寻找影响评价目标的相关因素，并将其分解为若干层次。本研究将目标层级分为 3 层：第一层只有一个因素即被评价对象构成；第二层由第一层的影响因素构成；第三层由第一层的各自因素构成。接着构建判断矩阵，即利用 1-9 标度法，构造第二指标层相对于第一指标层的判断矩阵，以及相对于第二指标层的第三指标的判断矩阵。然后进行一致性检验，对上述构造的判断矩阵，分别计算其最大特征值和权重向量，通过利用一致性指数和查表计算，进行一致性检验。

层次分析法权重的确定步骤如下。

（1）构造判断矩阵

利用层次分析法（AHP）比较两个被评价对象的重要性，并根据 1-9 标度法分配它们之间的重要性程度，然后对不同程度赋予不同的数值。本研究根据表 3-11 判断矩阵的重要性标度，分别构造判断矩阵。

表 3-11 矩阵重要性标度判断参考

重要性标度（X_i, X_j）	说明
1	指标 X_i 与 X_j 相比，两者重要性相同

(续表)

重要性标度（X_i，X_j）	说明
3	指标 X_i 与 X_j 相比，前者比后者稍微重要
5	指标 X_i 与 X_j 相比，前者比后者明显重要
7	指标 X_i 与 X_j 相比，前者比后者强烈重要
9	指标 X_i 与 X_j 相比，前者比后者极端重要
2、4、6、8	对应以上相邻判断的中间程度

（2）权重计算过程

本研究采用乘积方根法计算权重，具体计算过程如下。

设 a_{ij} 为判断矩阵的重要性标度，即第 i 个指标相对于第 j 个指标的重要性标度。

设 m 阶判断矩阵为：

$$\begin{bmatrix} a_{11} & a_{21} & \cdots & a_{m1} \\ a_{21} & a_{22} & \cdots & a_{m2} \\ \vdots & \vdots & \cdots & \vdots \\ a_{m1} & a_{m2} & \cdots & a_{mm} \end{bmatrix}$$

将各行元素连乘并开 m 次方，即求出各行元素的几何平均值（$i=1, 2, \cdots, m$）：

$$b_i = (\prod_{j=1}^{m} a_{ij})^{1/m}$$

对 b_i 进行列归一化处理，即求得二级指标权重：

$$u_k^{(j)} = \frac{b_j}{\sum_{k=1}^{m} b_k}$$

所得 $u_k^{(j)} = (u_1^{(j)}, u_2^{(j)}, \cdots, u_n^{(j)})^T$ 即为第 j 个二级指标层内指标的权重向量，$u^{(j)} = (u^{(1)}, u^{(2)}, \cdots, u^{(m)})^T$ 为二级指标相对于一级指标的权重向量，同理计算出各二级指标层下三级指标权重 $u_k^{(j)}$。

综合权重求解，根据公式得：

$$u_o = u_{Bi} \times u_{Bij}$$

本研究中，u_{Bi} 为二级指标权重，u_{Bij} 为三级指标权重，u_o 为三级指标综合权重结果。

(3) 对判断矩阵一致性检验

对由以上所构造的判断矩阵进行一致性检验，根据以下公式对判断矩阵进行一致性检验，即：

$$CR = \frac{\lambda_{max} - n}{(n-1)RI}$$

其中，λ_{max} 为判断矩阵的最大特征值，n 为被评价对象个数，RI 为平均随机的一致性指标，通常查表可知（表3-12）。一般情况下，若一致性比率 $CR \leq 0.1$，则认为该判断矩阵通过了一致性检验，否则，重新构造判断矩阵。

表3-12 平均随机一致性指标 RI 值

m	2	3	4	5	6	7	8
RI	0	0.514 9	0.893 1	1.118 5	1.249 4	1.345 0	1.420 0

3.2.3.2 模糊综合评价法

模糊综合评价法是基于模糊数学而得出的一种综合评价方法，它用隶属度来描述这种模糊边界。模糊综合评价法步骤如图3-5所示。从主体的多指标隶属度水平的现状进行综合分析，一方面，可以保持被研究主体的层次性，使评价结果能够反映主体在多层次基础上不失模糊性；另一方面，其结果是清晰的、系统的，通过隶属原则可以量化难以量化的问题。模糊综合评价方法的结果不是绝对肯定或否定，而是一个模糊集合。

3.2.4 绩效评价体系的构建

3.2.4.1 构建原则

构建评价指标体系要遵循一定的原则，才能保证结果全面客观并真实反映评价客体的运行状况。为此，它的设计应遵循三个基本原则：①科学性原则。在选择评价指标时要根据研究对象特点，科学合理地建立评价指标。在进行数据处理时，要细心、严谨，避免出错。②完整性原则。北京市草莓销售渠道较多，研究起来复杂烦琐。因此，坚持完整性原则可以减少误差，这样才会使得研究有意义。③定量和可行性原则。最终的研究结果取决于调研

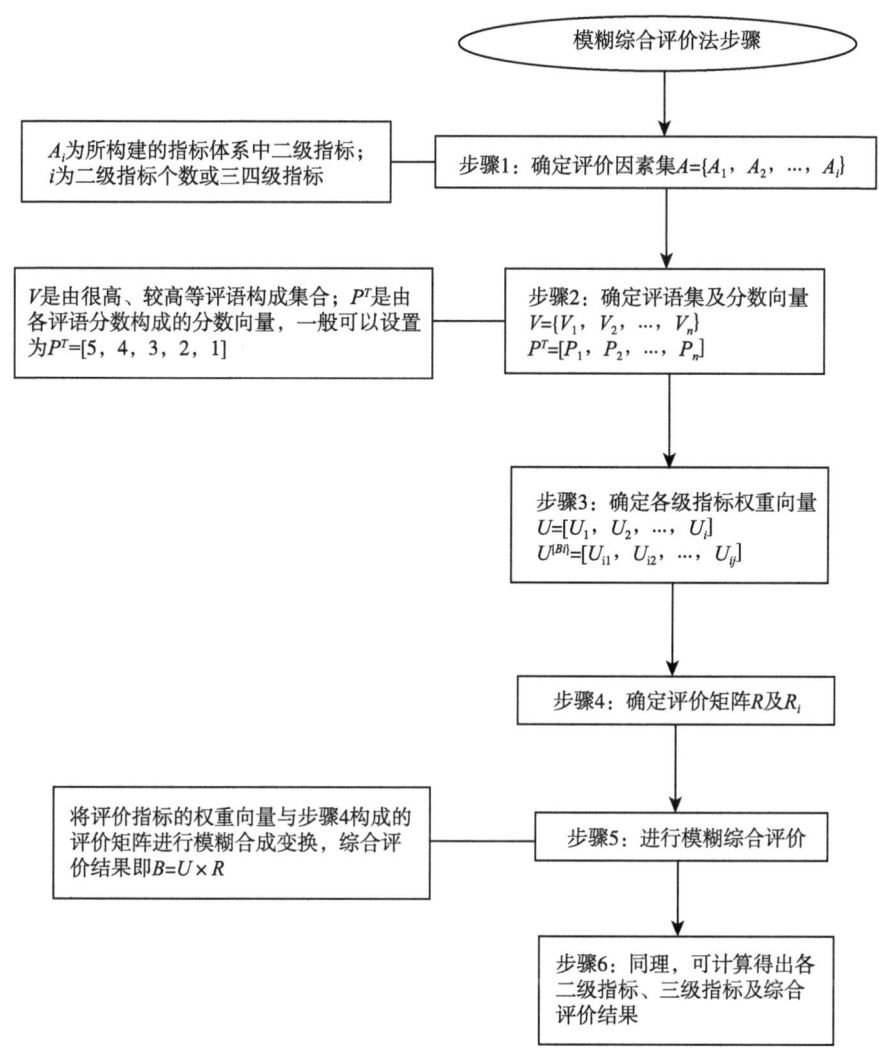

图 3-5 模糊综合分析法步骤

数据准确性,而本研究需要对调研的各因素及指标进行有效量化。因此,确保其可行性才更能保证所需数据的利用价值。

3.2.4.2 指标体系的选取

对草莓销售渠道绩效研究所构建的评价体系如图 3-6 所示。一级指标即草莓销售渠道绩效,二级指标包括营销环境、设施服务、交易行为和产品特征。

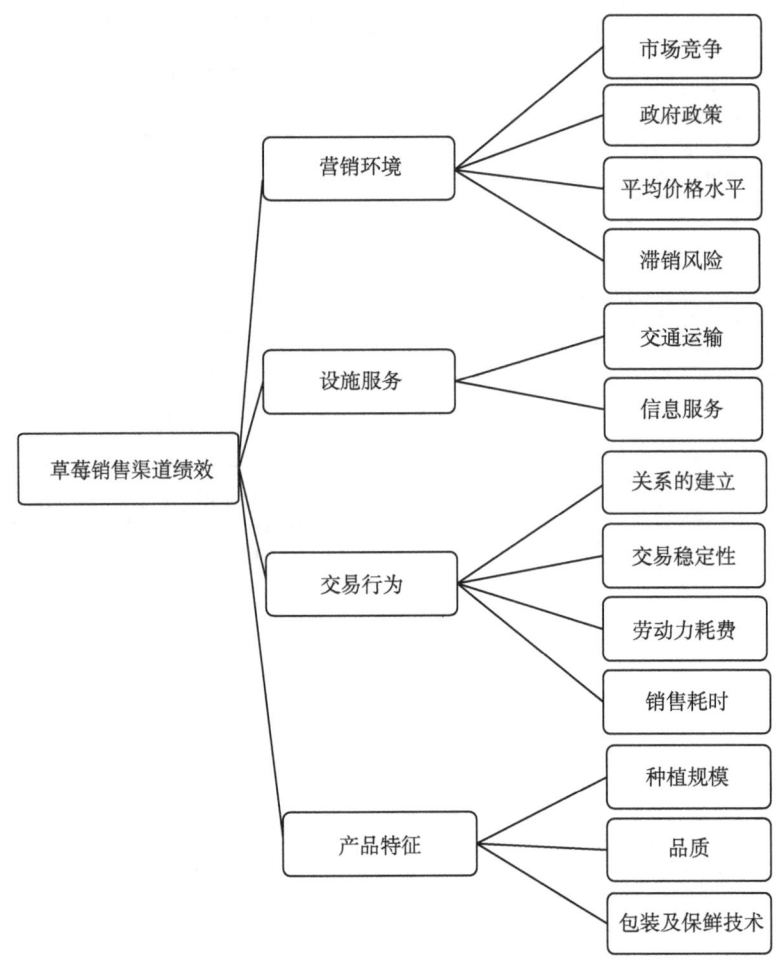

图 3-6 草莓营销渠道绩效评价指标体系

（1）营销环境

菲利普·科特勒认为，营销环境由营销以外的那些能够影响与目标顾客建立与维持成功关系的营销管理能力的参与者和各种力量所组成，营销环境同时提供机会和威胁。对于任何草莓生产者，要将草莓顺利销售出去，都离不开客观存在的营销环境的影响。抓住市场环境中有利因素，尽量避免不利部分，才能达到顺利销售产品的目标。本研究中，销售环境包括市场竞争、政府政策、平均价格水平和滞销风险。北京市草莓生产规模不一，品质参差，地理位置也存在差异。因此，对生产者来说构成一定的竞争力，同时随着外地草莓不断进入北京市场，对北京草莓销售也会产生一定影响。可见，研究市场环境至关重要。在生产者进行草莓种植之前，政府给予草莓产业提供相关支持，例如，生产过程中，政府给予生产者低毒农药、生物天敌及黄蓝板等植保物资相关补贴，对于生产者来说减少了生产成本。不管是小户、专业大户还是合作社，都希望价格持续处在较高位置，以便赚取更多利益。一般来说，每年草莓都有滞销的部分存在，这时候对于生产者来说，尽量减少滞销比例是比较重要的一项任务。

对二级指标营销环境下的三级指标进行分析，得出营销环境对草莓渠道绩效的影响。营销环境项下的4项三级指标影响销售渠道绩效的标准为：①市场竞争。草莓销售在市场竞争中越激烈，其销售绩效越差。②政府政策。政府政策支持力度越大，草莓销售绩效越好。③平均价格水平，草莓销售的平均价格水平越高，则其销售绩效越好。④滞销风险，农户在销售过程中滞销风险越大，销售绩效越差。

(2) 设施服务

设施服务主要反映草莓营销过程中受到硬件服务条件的影响，包括道路及运输设备，以及营销过程中的信息服务设施。交通运输主要体现在郊区与城市之间的公路运输。城市消费者走向郊区采摘需要便利的交通，城市消费者网上订货需要物流公司或者生产者送货上门等服务，这两者均体现了交通运输的重要性。信息服务对销售绩效的影响与信息导向有关。近年来，随着互联网应用深度的不断发展，消费者和生产者获取信息的方式越来越快，且信息量也不断加大，给生产者和消费者带来了有效的信息服务。网上传播有利或者不利影响的新闻，明显影响草莓销售。例如，2017年春节前夕，北京市就有对销售产生不利影响的新闻传播，报道称北京市草莓检测到对人体不利的农药残留，造成许多消费者的恐慌，给生产者的销售也带来困境。另一方面，信息技术的发展，使得生产者和消费者可便捷地联系，从而促进生产者的销售更加快捷。

设施服务项下的两个因素影响销售渠道绩效的标准为：①交通运输。便利的交通和较好的运输设备将会促进销售绩效提升。②信息服务。信息服务和销售绩效有相关性，正能量信息促进销售，负面信息阻碍销售。

(3) 交易行为

交易行为主要包括劳动力耗费、关系的建立、交易稳定性、销售耗时4个三级指标。

劳动力的耗费贯穿草莓种植和销售的整个过程，在后期销售过程中，除了采摘之外，生产者面向所有销售过程都需要自行组织劳动力负责采摘，包括后期包装。一部分生产者还会涉及运送等环节，在销售中就产生了机会成本。

销售过程中生产者与消费者有固定合作关系对销售将产生极大的作用，如消费者采摘、与超市或果蔬店订单销售、与散客建立微信销售等，对生产者销售草莓影响较大。

交易的稳定性是指长期合作下，固定时段，固定订单。一般情况下，供求订单数量因每年情况不同会发生一定改变，但总的来说如果发生较大变化，是不利于生产者稳定销售的。草莓是鲜食农产品，实现快速销售极为重要，否则会明显增加损耗和损失。因此交易稳定性对草莓销售的渠道绩效影响较大。

交易行为的三级指标影响销售渠道绩效的标准为：①劳动力耗费。草莓销售过程中劳动力耗费越大，销售绩效越低。②交易关系的建立。农户在草莓销售过程中与客户越容易建立交易关系，且建立关系越长久和牢固，销售绩效越高。③交易稳定性。草莓供求双方交易越稳定，销售绩效越高。④销售耗时。农户在草莓销售过程中花费的时间越少，销售绩效越好。

（4）产品特征

产品特征包括种植规模、产品品质和包装保鲜技术。种植规模不同，其销售渠道存在一定差异，但是对于任何消费者来说，更注重的是草莓品质，口感好、个头大的草莓更受欢迎。包装和保鲜对保证商品质量和减少损耗起到重要作用。

产品特征的三级指标影响销售渠道绩效的标准是：①种植规模。农户草莓种植规模越大，销售绩效越高。②品质。草莓综合品质越好，销售绩效越高。③包装及保鲜技术。包装保鲜技术越高，销售绩效越好。

3.2.5 渠道绩效评价过程

（1）层次分析法确定指标权重

如表3-13所示，确定草莓渠道绩效分析评价指标体系。

表 3-13 草莓渠道绩效分析评价指标体系

一级指标层	二级指标	三级指标
草莓渠道绩效分析（A）	营销环境（B_1）	市场竞争（B_{11}）
		政府政策（B_{12}）
		平均价格水平（B_{13}）
		滞销风险（B_{14}）
	设施服务（B_2）	交通运输（B_{21}）
		信息服务（B_{22}）
	交易行为（B_3）	劳动力耗费（B_{31}）
		关系的建立（B_{32}）
		交易稳定性（B_{33}）
		销售耗时（B_{34}）
	产品特征（B_4）	种植规模（B_{41}）
		品质（B_{42}）
		包装及保鲜技术（B_{43}）

对子目标层中元素重要程度，通过两两比较，构建 B_i 对 A 的判断矩阵（表 3-14）。

表 3-14 B_i 对 A 的判断矩阵

A	B_1	B_2	B_3	B_4
B_1	1.00	3.00	0.20	0.60
B_2	0.33	1.00	0.20	0.40
B_3	5.00	5.00	1.00	0.50
B_4	0.60	2.50	2.00	1.00

二级指标权重为 B_i = (0.18, 0.09, 0.41, 0.32)。

同理，分别构建 B_{ij} 对于 B_i 的判断矩阵，并依次使用和积法，分别计算三级指标 B_{ij} 对于 B_i 的权重，进而进行一致性检验。例如，B_{ij} 对于 B_1 的判断矩阵（表 3-15）、B_{2j} 对于 B_2 的判断矩阵（表 3-16）、B_{3j} 对 B_3 的判断矩阵（表 3-17）、B_{4j} 对 B_4 的判断矩阵（表 3-18）。

表 3-15　B_{1j} 对 B_1 的判断矩阵

B_1	B_{11}	B_{12}	B_{13}	B_{14}
B_{12}	1.00	3.00	2.00	2.00
B_{12}	0.33	1.00	0.50	1.00
B_{13}	0.50	2.00	1.00	2.00
B_{14}	0.50	1.00	0.50	1.00

表 3-16　B_{2j} 对 B_2 的判断矩阵

B_2	B_{21}	B_{22}
B_{21}	1.00	2.00
B_{22}	0.50	1.00

表 3-17　B_{3j} 对 B_3 的判断矩阵

B_3	B_{31}	B_{32}	B_{33}	B_{34}
B_{31}	1.00	0.33	0.50	2.00
B_{32}	3.00	1.00	2.00	4.00
B_{33}	2.00	0.50	1.00	3.00
B_{34}	0.50	0.25	0.33	1.00

表 3-18　B_{4j} 对 B_4 的判断矩阵

B_4	B_{41}	B_{42}	B_{43}
B_{41}	1.00	0.50	1.50
B_{42}	2.00	1.00	3.00
B_{43}	0.67	0.33	1.00

B_{1j} 对于 B_1 的权重为 B_{1j} = (0.42, 0.15, 0.27, 0.16), 最大特征值 λ = 4.05。一致性检验结果为 C.R. = 0.02＜0.1, 满足对总目标的权重要求。

同理, B_{2j} 级指标对于 B_2 的权重为 B_{2j} = (0.67, 0.33), 最大特征 λ = 2。一致性检验结果为 C.R. = 0＜0.1, 满足对总目标的权重要求。

B_{3j}级指标对于B_3的权重为B_{3j}=（0.16，0.47，0.28，0.1），最大特征值λ=4.03。一致性检验结果为C.R.=0.01＜0.1，满足对总目标权重要求。

B_{4j}级指标对于B_4的权重为B_{4j}=（0.27，0.55，0.18），最大特征λ=3.01。一致性检验结果为C.R.=0.01＜0.1，满足对总目标权重的要求。

综上所述，二级指标权重：B_i=（0.18，0.09，0.41，0.32）。

三级指标权重：B_{1j}=（0.42，0.15，0.27，0.16）

B_{2j}=（0.67，0.33）

B_{3j}=（0.16，0.47，0.28，0.1）

B_{4j}=（0.27，0.55，0.18）

根据公式$u_o=u_{B_i}\times u_{B_{ij}}$，对各指标的综合权重进行计算。以二级指标市场竞争（B_{11}）综合权重计算为例：$u_o=A_{B_i}\times Au_{B_{ij}}=0.18\times 0.42=0.076$。同理，计算出其他二级指标的综合权重，填入表3-19最后一列。

表3-19 综合权重汇总

目标层（一级）	二级指标（B_i）	二级权重	三级指标（B_{ij}）	三级权重	综合权重
草莓渠道绩效分析（A）	营销环境（B_1）	0.18	市场竞争（B_{11}）	0.42	0.076
			政府政策（B_{12}）	0.15	0.027
			平均价格水平（B_{13}）	0.27	0.048
			滞销风险（B_{14}）	0.16	0.029
	设施服务（B_2）	0.09	交通运输（B_{21}）	0.67	0.059
			信息服务（B_{22}）	0.33	0.030
	交易行为（B_3）	0.41	劳动力耗费（B_{31}）	0.16	0.066
			关系的建立（B_{32}）	0.47	0.193
			交易的稳定性（B_{33}）	0.28	0.115
			销售耗时（B_{34}）	0.10	0.041
	产品特征（B_4）	0.32	种植规模（B_{41}）	0.27	0.086
			品质（B_{42}）	0.55	0.176
			包装及保鲜技术（B_{43}）	0.18	0.058

（2）模糊综合评价

由于不同生产规模主体所采取的渠道有所不同，故而针对不同主体的渠道绩效分别进行计算和对比（表3-20）。

表3-20　不同规模主体对销售渠道的选择情况

规模	进园采摘采购	商贩上门收购	产地附近零售	批量销售	微信零售	电商	果蔬店	超市	其他
小户（≤3个温室）	√	√	√	√	√				√
专业大户（≥4个温室）	√	√	√	√		√			√
合作社（≥4个温室）	√		√	√	√	√			√
公司（≥4个温室）	√			√		√	√	√	

3.2.6　渠道绩效评价结果

3.2.6.1　小户的采摘渠道绩效评价

（1）模糊权重的确定

依据评语集，对小户主要采用的6个草莓渠道绩效进行评价。通过计算各个渠道下的指标所对应的满意度评价人数占该途径总评价人数比例，确定各指标的模糊矩阵。小户采摘渠道满意评价情况见表3-21。

表3-21　草莓采摘渠道满意度评价结果

二级指标	三级指标	评价结果				
		优秀	良好	中等	差	较差
营销环境（B_1）	市场竞争（B_{11}）	0.106	0.146	0.391	0.305	0.053
	政府政策（B_{12}）	0.113	0.139	0.225	0.457	0.066
	平均价格水平（B_{13}）	0.205	0.199	0.311	0.212	0.073
	直销风险（B_{14}）	0.093	0.152	0.53	0.146	0.079
设施服务（B_2）	交通运输（B_{21}）	0.397	0.272	0.199	0.073	0.060
	信息服务（B_{22}）	0.066	0.258	0.152	0.331	0.193
交易行为（B_3）	劳动力耗费（B_{31}）	0.417	0.391	0.079	0.06	0.053
	关系的建立（B_{32}）	0.662	0.205	0.073	0.033	0.026
	交易稳定性（B_{33}）	0.669	0.192	0.066	0.04	0.033
	销售耗时（B_{34}）	0.126	0.391	0.318	0.126	0.04
产品特征（B_4）	种植规模（B_{41}）	0.066	0.152	0.331	0.258	0.192
	品质（B_{42}）	0.735	0.152	0.079	0.02	0.013
	包装及保鲜技术（B_{43}）	0.126	0.126	0.629	0.106	0.013

得到模糊矩阵如下：

$$R_{B_1} = \begin{bmatrix} 0.106 & 0.146 & 0.391 & 0.305 & 0.053 \\ 0.113 & 0.139 & 0.225 & 0.457 & 0.066 \\ 0.205 & 0.199 & 0.311 & 0.212 & 0.073 \\ 0.093 & 0.152 & 0.530 & 0.146 & 0.079 \end{bmatrix}$$

$$R_{B_2} = \begin{bmatrix} 0.397 & 0.272 & 0.199 & 0.073 & 0.060 \\ 0.066 & 0.258 & 0.152 & 0.331 & 0.193 \end{bmatrix}$$

$$R_{B_3} = \begin{bmatrix} 0.417 & 0.391 & 0.079 & 0.060 & 0.053 \\ 0.662 & 0.205 & 0.073 & 0.033 & 0.026 \\ 0.669 & 0.192 & 0.066 & 0.040 & 0.033 \\ 0.126 & 0.391 & 0.318 & 0.126 & 0.040 \end{bmatrix}$$

$$R_{B_4} = \begin{bmatrix} 0.066 & 0.152 & 0.331 & 0.258 & 0.192 \\ 0.735 & 0.152 & 0.079 & 0.020 & 0.013 \\ 0.126 & 0.126 & 0.629 & 0.106 & 0.013 \end{bmatrix}$$

（2）构建单项评价模糊矩阵

通过问卷调查法得到的结果，来确定评价集中各指标的统计结果，计算出权重。由公式 $B_{B_i} = U^{(B_i)} \times R_{B_i}$ 计算各二级指标层的模糊评价集 B_{B_i}。例如：

$$B_{B_1} = U^{(B_1)} \times R_{B_1} = [0.42, 0.15, 0.27, 0.16] \begin{bmatrix} 0.106 & 0.146 & 0.391 & 0.305 & 0.053 \\ 0.113 & 0.139 & 0.225 & 0.457 & 0.066 \\ 0.205 & 0.199 & 0.311 & 0.212 & 0.073 \\ 0.093 & 0.152 & 0.530 & 0.146 & 0.079 \end{bmatrix}$$

$$= [0.132, 0.160, 0.368, 0.276, 0.065]$$

由式 $Q_{B_i} = B_{B_i} \times P^T$ 计算各个得分，即：

$$Q_{B_1} = B_{B_1} \times P^T = [0.132, 0.160, 0.368, 0.276, 0.065] \times [5,4,3,2,1]^T = 3.020$$

$$B_{B_2}2 = U^{(B_2)} \times R_{B_2} = [0.67, 0.33] \begin{bmatrix} 0.397 & 0.272 & 0.199 & 0.073 & 0.060 \\ 0.066 & 0.258 & 0.152 & 0.331 & 0.193 \end{bmatrix}$$

$$= [0.287, 0.267, 0.183, 0.159, 0.104]$$

$$Q_{B_2} = B_{B_2} \times P^T = [0.287, 0.267, 0.183, 0.159, 0.104] \times [5,4,3,2,1]^T = 3.475$$

$$B_{B_3} = U^{(B_3)} \times R_{B_4} = [0.16, 0.47, 0.28, 0.10]$$

$$\begin{bmatrix} 0.417 & 0.391 & 0.079 & 0.060 & 0.053 \\ 0.662 & 0.205 & 0.073 & 0.033 & 0.026 \\ 0.669 & 0.192 & 0.066 & 0.040 & 0.033 \\ 0.126 & 0.391 & 0.318 & 0.126 & 0.040 \end{bmatrix} = [0.573, 0.249, 0.096, 0.048, 0.034]$$

$$Q_{B_3} = B_{B_3} \times P^T = [0.573, 0.249, 0.096, 0.048, 0.034] \times [5,4,3,2,1]^T = 4.278$$

$$B_{B_4} = U^{(B_4)} \times R_{B_4} = [0.27, 0.55, 0.18] \begin{bmatrix} 0.066 & 0.152 & 0.331 & 0.258 & 0.192 \\ 0.735 & 0.152 & 0.079 & 0.020 & 0.013 \\ 0.126 & 0.126 & 0.629 & 0.106 & 0.013 \end{bmatrix}$$

$$= [0.442, 0.147, 0.248, 0.101, 0.062]$$

$$Q_{B_4} = B_{B_4} \times P^T = [0.442, 0.147, 0.248, 0.101, 0.062] \times [5,4,3,2,1]^T = 3.804$$

根据所得各二级指标的单项评价结果,将 4 个二级指标隶属度向量组合后,得出模糊综合评价矩阵 R 如下:

$$R = \begin{bmatrix} B_{B_1} \\ B_{B_2} \\ B_{B_3} \\ B_{B_4} \end{bmatrix} = \begin{bmatrix} 0.132 & 0.160 & 0.368 & 0.276 & 0.065 \\ 0.287 & 0.267 & 0.183 & 0.159 & 0.104 \\ 0.573 & 0.249 & 0.096 & 0.048 & 0.034 \\ 0.442 & 0.147 & 0.242 & 0.101 & 0.062 \end{bmatrix}$$

$$B = U^{(B_i)} \times R = [0.18, 0.09, 0.41, 0.32] \begin{bmatrix} 0.132 & 0.160 & 0.368 & 0.276 & 0.065 \\ 0.287 & 0.267 & 0.183 & 0.159 & 0.104 \\ 0.573 & 0.249 & 0.096 & 0.048 & 0.034 \\ 0.442 & 0.147 & 0.248 & 0.101 & 0.062 \end{bmatrix}$$

$$= [0.426, 0.202, 0.201, 0.116, 0.055]$$

$$Q = B \times P^T = [0.426, 0.202, 0.201, 0.116, 0.055] \times [5,4,3,2,1]^T = 3.829$$

(3) 计算评价结果

依次计算出小户其他渠道类型的单项模糊评价结果,如表 3-22 所示。

表 3-22 小户不同销售渠道的绩效评价结果

参数	各销售渠道的评价得分				
	进园采摘/采购	商贩上门收购	产地附近零售	微信零售	批量销售
营销环境	3.020	3.417	3.456	2.836	2.817
设施服务	3.475	3.097	3.549	3.753	3.747

(续表)

参数	各销售渠道的评价得分				
	进园采摘/采购	商贩上门收购	产地附近零售	微信零售	批量销售
交易行为	4.278	3.315	2.721	3.667	3.666
产品特征	3.804	2.844	3.486	3.428	3.620
综合评价	3.829	3.163	3.173	3.449	3.506

由表3-22可见，小户渠道绩效排序：进园采摘/采购（3.829）＞批量销售（3.506）＞微信零售（3.449）＞商贩上门收购（3.173）＞产地附近零售（3.163）。因各类主体其他渠道销售所占比例均较小，故而都不再做分析。

3.2.6.2 各类草莓生产经营主体渠道绩效综合评价结果

依据评语集，分别针对专业大户及合作社主要采用的草莓销售渠道进行评价。通过计算各个渠道下指标所对应的满意度评价人数占该渠道总评价人数的比例，确定各指标的模糊矩阵，依次应用上述步骤，最后得出专业大户以及合作社的评价结果分别如表3-23、表3-24所示。

表3-23 专业大户不同销售渠道绩效评价结果

参数	各销售渠道的评价得分					
	进园采摘/采购	商贩上门收购	产地附近零售	微信零售	果蔬店	批量销售
营销环境	3.038	3.413	3.475	2.878	2.936	2.827
设施服务	3.480	3.121	3.556	3.765	3.784	3.769
交易行为	3.792	3.284	2.741	3.693	3.548	3.676
产品特征	3.516	2.789	3.498	3.459	3.577	3.669
综合评价结果	3.540	3.134	3.189	3.478	3.468	3.529

由表3-23可见，专业大户各销售渠道绩效排序：进园采摘/采购（3.540）＞批量销售（3.529）＞微信零售（3.478）＞果蔬店（3.468）＞产地附近零售（3.189）＞商贩上门收购（3.134）。

表 3-24　合作社不同销售渠道绩效评价结果

参数	各销售渠道的评价得分					
	进园采摘/采购	商贩上门收购	微信零售	果蔬店	批量销售	电商
营销环境	3.033	3.392	2.903	2.923	2.757	3.216
设施服务	3.516	3.179	3.741	3.761	3.848	3.788
交易行为	3.830	3.320	3.713	3.560	3.726	3.165
产品特征	3.555	2.793	3.501	3.571	3.714	3.631
综合评价结果	3.570	3.152	3.502	3.467	3.558	3.379

由表 3-24 可见，合作社各销售渠道绩效排序：进园采摘/采购（3.570）＞批量销售（3.558）＞微信零售（3.502）＞果蔬店（3.467）＞电商（3.379）＞商贩上门收购（3.152）。

3.2.7　渠道绩效评价主要结论

（1）对各类生产者而言，进园采摘/采购的渠道绩效都是最优的，交易行为对其影响最大

对生产者而言，消费者进园采摘/采购，一是可以省却自己采摘或外出销售所增加的劳动力投入，直接降低了销售环节的劳动力成本；二是采摘能够获得较高的销售价格，直接提高销售利润，进而可以有效提升渠道绩效。对消费者而言，进园采摘/采购过程，是家庭出游休闲、带孩子研习草莓等相关知识的亲子活动、缓解工作压力等多重乐趣的综合体验，对于参与采摘的消费者，能够并且愿意支付可接受范围的相对高价格。正常年份，北京市草莓销售渠道中采摘所占比例不可忽视。

各类生产者二级指标对绩效的影响排序均为交易行为＞产品特征＞设施服务＞营销环境。二级指标交易行为对小户、专业大户及合作社的采摘渠道绩效的评价分别得分 4.278、3.792 和 3.830。其中的三级指标，关系的建立和交易稳定性对采摘影响较明显。调研了解到，生产者与采摘中的部分消费者达成老客户关系，每年草莓采摘季，消费者直接去熟悉的草莓园进行采摘或采购时，生产者对老客户会给予 5~10 元/斤[①]的不同程度优惠，继而形成

---

① 1 斤＝500 克，全书同。

了互惠。三级指标劳动力的耗费对采摘影响不大，消费者自行采摘享受的是采摘过程中的乐趣。销售耗时对采摘影响也较小。

专业大户及合作社的采摘渠道绩效二级指标中，产品特征和设施服务对渠道绩效影响也较大，主要体现在产品品质和交通运输上。与小户不同的是，专业大户及合作社的生产规模比较大，相对而言可以一次性接待更多消费者，产生更高的销售额。消费者集中采摘的主要交通工具以大巴为主，因此交通工具的作用也较大。二级指标营销环境对绩效的影响较弱，专业大户及合作社的种植规模较大，销售渠道相对小户来说更多，市场竞争力也相对较强，同时政府扶持的主要对象一般也以规模生产主体为主，其产品滞销风险相对较低，综合作用致使规模化生产主体的营销绩效受营销环境影响相对较小。

（2）批量销售的渠道绩效高于微信零售，且二者仅次于采摘渠道绩效，设施服务对二者的渠道绩效影响最大

批量销售能够有效降低销售成本。有条件的生产者，在批量接单之后还能够自行批量送货，有效提高了渠道绩效并降低滞销风险。近年来，由于智能手机和微信在生产者中的普及，以及专业物流公司进入产地开展业务，促进部分能熟练应用微信和网络的生产者，逐渐重视和培养自己的忠诚客户，通过微信宣传提高接单量，然后通过专业物流完成配送。专业物流公司在给生产者提供便捷配送的同时，也增加了零售客单费用和包装成本，间接提高了消费者购买价格，导致其渠道绩效低于批量销售。

批量销售和微信零售渠道绩效的二级指标影响绩效的排序为设施服务＞交易行为＞产品特征＞营销环境。可见，二级指标设施服务对批量销售和微信零售渠道绩效的影响最大。有条件的生产者批量销售（团购）的草莓，会以礼盒方式直接送到消费者手中，在此过程中对交通便利的要求较高，且运输中必须尽可能减少损耗。二级指标交易行为对绩效影响也较大。团购与微信零售的相似之处，在于生产者与消费者之间形成一种稳定的交易关系。企事业单位等各种机构，向以往就有交易关系的生产者订购一定数量的草莓，该交易行为中的交易稳定性对绩效的影响就较大。二级指标产品特征的影响排在第三，但也比较重要。稳定良好的产品质量、有一定规模的供给和产后包装保鲜水平，对建立交易信誉和长期的稳定交易关系非常重要，基于此进行促销也能降低交易费用，进而提升渠道绩效。

(3) 产地附近零售的渠道绩效偏低，设施服务对其影响最大

小户和专业大户的产地附近零售渠道绩效值分别为 3.173 和 3.189，处于偏低水平，绩效低于进园采摘/采购、批量销售、微信零售及果蔬店。但产地附近零售对生产者来说也是一种渠道补充。该渠道销售的价格可以随行就市，一般会高于商贩收购，但会产生较大的劳动力和时间耗费，因此其渠道绩效排序相对靠后。产地附近包括路边、集市、村头等地。该渠道二级指标影响绩效的排序为设施服务＞产品特征＞营销环境＞交易行为。二级指标设施服务对产地附近零售影响最大，体现在交通运输上需要生产者动用自家交通工具将草莓运输到周边交通便捷的地点，且需要了解周边哪些地方有利于销售，因此对信息服务的要求也较高。二级指标产品特征对该种渠道绩效的影响较大，主要是产品品质影响最大，个头大、口感好、价格合适的情况下，对路过的消费者会产生一定影响。而品相不佳的草莓，相对来说购买者会变少。二级指标营销环境对产地附近零售的渠道绩效影响也较大，主要体现在三级指标的市场竞争因素和价格因素上。二级指标交易行为对产地附近零售的渠道绩效影响一般，该种方式的消费者有一些是临时路过的散客，大多是一次性购买，对关系的建立和交易稳定性要求不高。

(4) 商贩上门收购的渠道绩效较低，营销环境对其影响最大

通过商贩上门收购的渠道销售草莓，是生产者没有其他销售渠道或者没有多余劳动力外出销售产品而进行的被动选择。多数小规模生产者因为没有人脉和人力资源等支持，销售渠道有限。由于同时能供给的草莓商品量较少，或者自身无力开拓其他渠道或外出销售，对于已经成熟且其他销售渠道无法销售出去的过剩草莓来说，生产者不得不被动等待商贩上门收购。该渠道的最大缺憾是缺少定价权，一般情况下只能被动接受商贩给出的收购价格，生产者所得利润较低，满意度也较低。

(5) 从渠道绩效影响因素看，物流服务的发展及交通的便捷促进了渠道绩效的提高

微信零售、批量销售和电商等销售渠道都离不开物流业的发展，结合智能手机的普及，消费者能够通过手机直接与生产者进行联系，随时随地购买自己想吃的新鲜草莓，并且同城基本当天就可送达，增加了草莓购买的便利性，也减少了生产者销售的困难，对于供求双方来说是一种互利。在销售过程中，生产者除了要自己采摘耗费一定劳动力之外，还需要承担物流费，价

格相对较高。专业物流包装材料的改进，有效减少了销售过程中的产品损耗，提高了草莓销售绩效。

（6）交易行为与设施服务对渠道绩效影响很大，产品特征影响较大，环境影响最小

在绩效分析中发现，二级指标交易行为和设施服务对各类渠道的绩效影响最大。鲜食草莓采摘之后的常温保质期极短，且运输中容易因磕碰等产生损耗。因此，对销售时间的快捷性以及产品运输过程中的包装要求均较高。交易行为对进园采摘/采购、微信零售、果蔬店和批量团购等渠道影响较明显。建立稳定交易关系，有助于保质期较短的草莓很快销售出去。产品特征中的品质和口感对消费者来说相当重要，如果草莓口感差，即便有临时交易关系也无法长期维持其稳定性。营销环境相对而言对绩效的影响较小，主要在于北京草莓总体供给量相对于需求规模而言不大，总体上市场竞争压力不是很大，正常年份对草莓的销售冲击较小，滞销风险也相对较小。但是随着包装保鲜技术的提升和普及应用，以及交通运输的便捷性不断提高，周边外埠草莓进入北京市场的阻力相对不断减小，北京本地草莓销售的竞争压力也将不断增大。

3.3 提升北京生产者草莓销售渠道绩效的对策

3.3.1 以促销推广活动吸引消费者，扩大进园采摘/采购和批量销售比例，促进渠道绩效提高

从实证研究结果看，无论是小户，还是中大规模的生产者（专业大户、合作社、公司等），吸引消费者进园采摘/采购或向消费者批量销售，都是生产者提高渠道绩效的有效途径。因此，以各种宣传和促销活动吸引消费者参与休闲采摘、产地采购或批量销售，对各类生产者提高草莓经营收入就显得尤为重要。

北京市草莓休闲采摘客户群体中，长辈带孩子采摘以及团体采摘/采购所占比例较大。因此，生产者一方面可以尝试在采摘园设置一些吸引孩子的内容，例如，对采摘数量达到规定量的客户，赠送孩子喜欢且物美价廉的布娃娃或小卡通玩具等赠品，或者为孩子讲解草莓生产与采摘常识，向孩子普及草莓农耕文化，有条件的草莓园还可以通过让孩子与园区的宠物互动、采摘者品尝特色饮食、顺便选购其他农产品等方式，吸引家长或批量采购团体

的消费；另一方面也可以在定价上采取量大折扣或折让策略、赠送出产旺季的采摘券等营业推广策略来吸引团体的批量消费。同时，生产者还可以在朋友圈多方面展示自家草莓从种植到成熟的生产管理过程，让朋友们增加对草莓生产的了解并增强食用安全性信心，促进草莓零售订单的聚集和批量销售规模。

相关管理部门或农业推广机构可联合有关专家及媒体，举办北京优质草莓评选推广活动，从公益视角为草莓生产者搭建促销平台，提高草莓产区的产业影响力并宣传树立优质草莓园的品牌形象。北京市农业技术推广站草莓相关专家联合京郊各草莓产区农业技术推广站以及农民日报和北京相关媒体，连续多年举办的"北京草莓之星"评选活动，为推广京郊优质草莓品种和宣传北京优质草莓园，进而促进销售和生产者增收，作出了积极贡献。

3.3.2 注重从改善交易行为和设施服务的视角提升渠道绩效

研究表明，交易行为和设施服务对渠道绩效的影响比较明显。因而，改善交易行为和提升设施服务水平，是为渠道绩效提升创造良好条件的必经路径。

改善交易行为，一是要注重提高交易关系的稳定性，以良好的产品品质、周到的服务为消费者提供更高的顾客价值，进而提高消费者的满意度和忠诚度，据此稳定回头客和已有渠道关系的交易量。为此，生产者应尽己所能保证自家草莓口感好与健康安全，这是提高消费者忠诚度的关键因素。二是要注意选择适宜于自身资源禀赋的劳动力和交易时间。例如，虽然采摘有利于提高渠道绩效，但在草莓刚上市的供给淡季，许多草莓园并不愿意接纳采摘消费者，一方面是因为此时草莓产品供不应求而价格较高；另一方面是消费者采摘时，如果采摘技术不当会造成对草莓花果的过度破坏，且消费者田间品尝太多会导致收益的不当损失。同时，接纳批量采摘和采购，对草莓园短时间内劳动力的需求较大，增大的劳动力耗费间接提高了批量销售成本。因而，改善交易行为，一定要选择适宜于生产者自身条件的交易稳定关系，并充分考虑影响渠道绩效的劳动力耗费的平衡性和交易方式的经济性等相关影响因素。

提升设施服务水平，从生产者而言可以是提高自己批量送货因而获得规模经济的交通运输能力，同时注重收集和学习与草莓生产经营及产后销售的相关信息及知识；从相关管理部门的视角，应该不断强化公益培训、丰富供求信息公共服务平台内容、改善道路交通和网络设施等硬件环境，以此提供越来越优质、丰富的交通运输及信息服务等公共服务，为北京乡村产业振兴添砖加瓦。

3.3.3 将草莓分级分类销售的差异化销售渠道

不同渠道对草莓的产品要求也不同。故而生产者可在销售前将草莓商品进行分级，将不同品种、外形、大小、颜色、风味或成熟度的草莓，分配到各自适宜的渠道中。例如，为提高已有交易关系的稳定性，吸引住老客户，生产者对老客户的供货要尽量精挑细选，以此提高消费者忠诚度。再如，虽然商贩上门收购有压价现象而降低了渠道绩效，但商贩收购对没有多余劳动力和销售时间的小规模生产者而言，有时也是不可或缺的渠道之一，在该渠道销售的草莓，基本上也要按照收购商的要求供货。总之，以商品的差异化适应渠道的多样性，不仅可提高销售收入，还可以尽量减少损失。

由于草莓的耐贮性在鲜活农产品中是相对较差的，鲜活草莓商品对供求对接的时效性要求较高。因而，为实现鲜活草莓的快速销售，生产者需积极开拓渠道，主动利用多渠道来实现快速销售，以避免或减少因渠道宽度过窄造成的草莓滞销损失。据调查，北京市草莓销售渠道比较丰富，包括进园采摘/采购、批量销售、产地周边的路边或农贸市场销售、收购商上门采购、网上销售（包括微信、抖音、电商平台等）、给社区连锁果蔬店或连锁超市供货等渠道。虽然不同渠道，其销售绩效有所差异，但每一种渠道都没有绝对的好与坏，每种渠道都有其自身的优势与劣势以及各自的适应条件与范围。为此，草莓生产经营者需在不断开拓渠道的同时，注重利用丰富的差异化渠道来实现草莓的快速销售。

 4 北京市场草莓商品的价格特征

价格和渠道对于农产品的销售有着重要的意义。新冠疫情的出现使得北京草莓价格及销售渠道出现了明显的变化，进而影响着草莓生产者下一步的经营决策。

本研究重点选择18个不同规模的草莓生产主体作为典型代表，于2019年1—5月和2020年1—5月的两个草莓商品销售季节，分别进行每个销售季各18周的跟踪调查（包括电话调查和典型实地调研）。调研对象的类型包括7个小户（1~3个温室）、11个中大规模生产主体（包括4个专业大户、6个合作社和1个公司）。样本分布范围涵盖昌平、通州、平谷、大兴、房山、密云、延庆、顺义8个草莓产区。

4.1 北京生产者不同渠道销售草莓的价格特征

4.1.1 不同销售渠道的草莓价格整体呈下降的趋势

跟踪调研表明，2019年和2020年的1—4月，各销售渠道草莓销售价格整体上持续下降。其中，1—2月草莓销售价格总体上相对较为稳定，各渠道销售价格基本上都处于20~50元/斤的范围内，3—4月草莓销售价格开始明显走低。这表明随着草莓收获季节的进一步推移和供给增加，草莓价格的走低趋势也逐步显化。其中，礼盒销售价格在2月有所反弹，这与春节期间礼品消费需求增加以及草莓生产者在包装策略上的创新进而更适于快递销售等因素有关。

（1）采摘和礼盒销售价格最高，商贩上门收购和产地附近销售价格最低

在各销售渠道价格水平中，采摘、礼盒、批量团购、物流送货上门价格水平相对较高，其中，采摘和团购的销售价格最高，1月采摘价格达到54.3

元/斤，礼盒销售价格达到45.0元/斤；商贩收购的销售价格水平最低，4月收购价低至8.6元/斤；超市销售价格水平居中；产地附近销售价格水平处于中等偏下水平；电商销售价格处于中等偏上水平，但在收获季节价格波动幅度较大（表4-1）。新冠疫情期间，草莓销售价格下降幅度较大。2020年小规模草莓生产者和中大规模生产主体中，销售均价在20~50元/斤的比重分别为18%和44%，而2019年同期的相应比重分别为91%和77%。同期草莓价格下降与采摘销售受阻和新冠疫情导致的草莓滞销密切相关。

表4-1 调研期间不同渠道草莓销售价格　　　　　　（单位：元/斤）

时间	各销售渠道销售价格							
	采摘	礼盒	物流/送货上门	电商	超市	商贩收购	团购	产地附近零售
1月（1—5周）	54.3	45.0	45.6	34.9	29.4	20.0	40.0	29.9
2月（6—9周）	45.4	51.1	41.4	—	24.6	16.0	40.0	25.1
3月（10—13周）	37.5	41.5	30.0	12.0	17.6	11.0	—	18.4
4月（14—18周）	25.3	23.3	—	—	12.1	8.6	—	14.3
平均值	40.6	40.2	39.0	23.4	20.9	13.9	40.0	21.9

资料来源：根据项目的追踪调研结果整理。

（2）中大规模生产主体的售价总体高于小农户

中大规模生产主体在采摘、礼盒、物流送货上门、电商、超市5个渠道的销售价格均比小户的高。其中，中大规模生产主体在各个渠道的平均售价均在36元/斤以上，而小户在各个渠道的平均售价是27元/斤，明显不具备规模经济的价格优势。这一方面可能与草莓品质、依托的电商平台相关，小户主要利用微信平台发展电商业务；另一方面，中大规模生产主体相对较高的售价，则与其供给规模、生产营销成本、品牌影响力以及产品定位等因素相关（表4-2）。

表4-2 不同规模生产者不同渠道的售价比较　　　　（单位：元/斤）

生产主体	各销售渠道销售价格								
	采摘	礼盒	物流/送货上门	电商	超市	收购	团购	产地附近零售	平均值
小户	35.5	33.6	37.3	12.0	—	13.1	—	20.6	27.1

（续表）

生产主体	各销售渠道销售价格								
	采摘	礼盒	物流/送货上门	电商	超市	收购	团购	产地附近零售	平均值
专业大户	48.5	71.3	65.0	45.0	20.9	—	—	—	45.1
合作社/公司	45.0	27.7	46.3	45.0	—	12.8	40.0	29.8	36.9

注：表中是2019—2020年度被调查者各渠道售价均价。平均值为加权平均，权重为不同渠道销量的比例。

资料来源：根据项目的追踪调研结果整理。

(3) 专业大户和合作社渠道利用结构整体不均衡，影响草莓售价的稳定性

专业大户和合作社的渠道选择整体上属于复合渠道系统，具有"短、平、快"的特点，但在渠道利用结构上不够均衡，对采摘销售过于依赖。作为一种休闲型草莓消费方式，采摘销售受到消费者的大力追捧，又由于相对较高的价格和直接销售，采摘销售也成为草莓生产者，尤其是小户最青睐的销售渠道。调研发现，非新冠疫情的正常年份，专业大户和合作社采摘渠道的比重均接近一半，其中，专业大户采摘渠道的比重达到55.7%，合作社采摘渠道的比重达到48.5%。但不均衡的渠道利用结构必然会带来整体渠道利用效率的下降，同时也存在一定的运营风险。调研中多数农户表示，由于新冠疫情对采摘渠道的影响，草莓销量受到较大冲击，许多滞销草莓不得不丢弃或者贱卖处理。同时，采摘销售的"泛滥"导致该渠道竞争过于激烈，也难以保证整体的采摘服务质量，不利于采摘销售的长期良性发展。与此同时，礼盒、微信集单+物流等多样化渠道须进一步开拓空间。例如，在现代物流业日趋发展成熟和水果消费礼品化的需求下，物流配送和礼盒销售可进一步深挖潜在客户。此外，合作社利用收购和产地附近销售渠道的比例达到25.2%，存在一定程度的售价损失。

从根本上来讲，专业大户和合作社销售渠道利用结构的不均衡或低效率，与一些主客观因素相关。首先，草莓生产者缺乏一定的风险意识，出于对采摘销售"完美性"和经营成本的考虑，草莓生产者形成了对草莓采摘销售的"偏爱"，以至于低估了采摘销售的风险，在其他渠道开拓上缺乏足够的注意力。其次，由于经营能力和营销知识方面的差异，草莓生产者在草

莓质量、渠道开拓积极性和渠道开拓能力上也产生一定的差异，进而影响其渠道选择。实地调研发现，草莓经营时间长、经验丰富的专业大户和种植时间较短的小户相比，前者草莓种植质量较好，也更有可能采用电商或批量送货上门等渠道。对营销知识了解较多的草莓生产者，更有可能在包装策略上进行创新并采用较为合理的渠道结构和较为有效的渠道管理措施。此外，渠道准入门槛、经营成本以及生产能力等因素，也会对草莓生产者的渠道选择与利用产生较大的影响。例如，小户很难进入对草莓标准化要求较高的超市和平台等渠道。

4.1.2 生产者整体上认可电商和团购渠道的草莓售价水平

在草莓销售渠道利用结构中，生产者对电商和团购渠道普遍缺乏足够的开拓能力。小户、专业大户以及合作社在电商和团购渠道销售量的比重均在2%以下，公司在电商渠道销售比重相对较大，但在电商和团购渠道上也需要进一步开拓销量空间。农产品电商是指在农产品的生产、加工、流通等过程中，以网络为交易平台，依托农产品生产基地和物流配送系统，迅捷、安全地进行农产品的交易与支付的活动。作为近些年电商发展的热点领域，农产品电商具有良好的产业基础，2014年以来，连续多年的中央一号文件均明确提出要发展农村电商，新冠疫情期间农产品电商直播的兴起也进一步推动了农产品电商向着更好的势头发展。研究团队在2021年7月针对北京草莓产销的网络调研显示，58%的生产者愿意发展微信电商，通过微信群发展团购，并建立自己忠实的客户群，还有13%的生产者愿意以电商平台为载体发展"一站式"销售。多数农户对于发展农产品电商，尤其是微信电商具有比较强烈的意愿，也对微信订单+物流配送模式的售价水平比较认可。目前，草莓电商渠道销售发展迟缓，与电商平台的高标准要求、附加成本、压价现象以及鲜活草莓的不耐贮运特性密切相关。

新冠疫情进一步凸显了团购渠道的重要性。新冠疫情期间，团购销售在不同类型草莓生产者销售渠道中的比重仅次于批发。同时，以拼多多、聚划算为代表的"拼购"平台将团购模式引入电商平台，使得团购更加便捷、高效。但团购渠道的开拓意味着草莓生产者要有一定的经营规模和稳定的供货量，也考验着草莓生产者的客户管理能力和服务意识，对草莓生产者的整体经营能力有着较高的要求。调研中一些专业大户反应，疫情期间通过联系以前积累的老客户，积极开拓社区团购，使得自己的草莓销量和售价水平得到了一定程度的保障，可见，电商和团购空间的开拓对减缓草莓滞销和保障草莓售价具有重要作用。

（1）小户因销售渠道整体利用效率相对较低，导致商品售价稳定性较差

小户的销售渠道结构属于宽渠道，直接销售渠道较多，但整体利用效率较低。除了依靠采摘销售外，商贩收购和产地附近自销占较大比重，达到42%。商贩收购往往意味着最低的售价，产地附近销售除了价格偏低外，由于产地市场供过于求，对销量的带动也非常有限。此外，小户由于在人力、资金、运输能力等方面存在的不足，使得其服务能力有限，在激烈的采摘渠道竞争中并不占优势，采摘销售在正常年份最高比例也仅为1/3左右，低于中大规模生产主体。因此，小户的渠道利用效率和商品售价水平相对于合作社、专业大户和公司而言整体较低。与此同时，小户销售渠道的稳定性也较差，应对突发情况冲击的能力较弱。调研中多数小农户表示，由于新冠疫情的影响，采摘、礼盒、产地附近销售等多个主要销售渠道受阻，草莓滞销现象明显，相当部分的草莓都不得不通过收购渠道处理，草莓售价和经营收入受到很大影响。在疫情前期防控较为严格的村子，由于道路封锁，收购渠道也被阻断，大量草莓不得不赠送、自食甚至丢弃处理，农户草莓销售收入损失相对严重。

（2）生产者之间在渠道开拓上缺乏合作，无法形成集群效应，影响了草莓的整体价格水平

不同类型草莓生产者在渠道结构上有一些共通之处，但在渠道开拓利用过程中往往各自为政，缺乏相互的合作、对接或协调，无法形成集群效应。在草莓销售过程中，生产能力和知识经验较差的小户相对于专业大户、合作社以及企业往往处于弱势，在渠道充分利用和进一步开拓上也存在诸多的障碍，难免造成草莓售价降低乃至滞销。然而，小户实际上又属于大多数，必然产生较大的整体效益损失。中大规模生产者如果与小户在渠道开拓上合作，可以集合优势资源，为稳定供货进而拓展渠道提供更多可能。公司可以充分利用自己的产业影响力，吸收消化小户分散的草莓资源，引导其渠道升级并提升区域草莓品牌的影响力。总之，在销售渠道开拓过程中实现生产者之间的对接与联合，不仅可集中草莓销售资源，提高促销效率，还可整合其

他相关资源，实现优势互补，整体增强渠道开拓能力并稳定草莓价格水平。

4.2 北京市场草莓批发价格及其与其他代表性省（市）比较

本研究基于北京、安徽、河北、河南、辽宁、山东、天津和浙江 8 个省（市）不同区域 2016—2018 年草莓批发价格为基础，分析北京市场草莓价格波动特征及其与周边市场间的价格传导关系。

北京市草莓批发价格来自北京 6 个草莓贸易规模较大的代表性农产品批发市场（包括新发地农产品批发市场、岳各庄农产品批发市场、大洋路农副产品批发市场、石门农产品批发市场、八里桥农产批发市场和怀柔南华农贸批发市场）。外埠草莓批发价格来自天津、浙江、山东、安徽、河北、河南、辽宁等地的代表性批发市场（具体数据来源于北京市农业农村局信息中心）。

4.2.1 北京生产的草莓上市期间，北京市场草莓批发价格的波动特点

北京本地产温室草莓的上市时间，以 11 月到翌年 5 月为主。北京市场草莓价格因受供求等因素的影响而处于波动中。北京本地生产者的草莓销售渠道中，中间商上门收购的草莓，部分通过批发市场进入各类零售终端销售。

（1）北京市场草莓批发价格，在不同年度的相同月份间，波动幅度各不相同

由图 4-1 可见，从 11 月到翌年 5 月，北京市场草莓批发价格在不同年度的相同月份之间，变异系数大致在 10%~20%。其中，11 月批发价格在各年度间的变异系数最大，为 19.20%；1 月批发价格在各年度间的变异系数最小，为 9.89%。从生产供给角度看，草莓生产者在不同年度，因种植时间、种植品种、光热等气候条件的不同，导致草莓在上市淡季的 11 月供给量不够稳定，表现出批发价格的波幅较大。1 月处于春节前后，是草莓口感最好、需求稳定的旺季，批发价格波动幅度相对较小。

（2）北京市场草莓批发价格，呈冬季高、春夏秋季较低的特点，在月

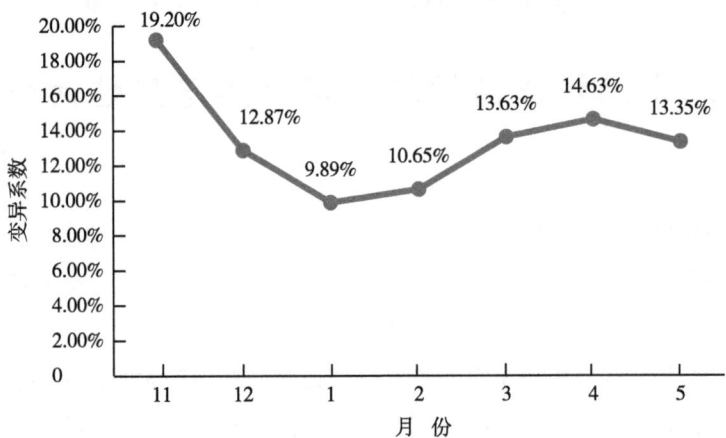

图 4-1 2016—2018 年北京草莓上市季节，北京批发市场草莓价格变异系数

际间差异也较大

以 2017—2018 年北京市场草莓批发价格走势为例（其他年份走势也类似），以 2017 年全年批发均价 22.78 元/千克为参照，秋冬季的 1—3 月和 9—12 月 7 个月高于平均价，春夏季的 4—8 月 5 个月低于全年平均价。同时，批发价格在不同月际间的波动也比较明显，从 6 月最低的 16.19 元/千克到 1 月最高的 29.37 元/千克，极差达到 13.18 元/千克，波动幅度达到 40.91%。总体上呈现价格波动较大的特征（图 4-2）。

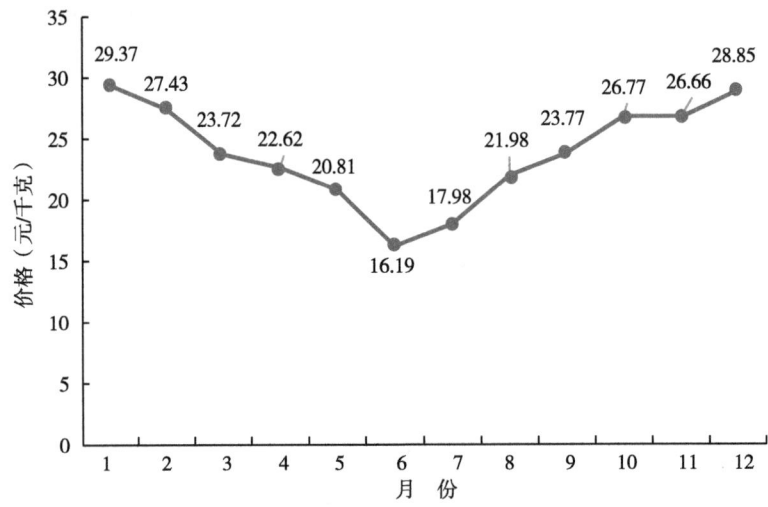

图 4-2 2017 年各月份北京市场草莓批发价格走势

草莓批发价格的波动，主要受市场上草莓供求、同类水果替代品丰富程度及其价格的影响。冬季是草莓供给量相对较小但风味最好的时段，市场上其他新鲜果品对草莓的替代程度也降低，草莓价格容易稳定在相对较高的水平；其他季节随着草莓供给量较大，草莓口感也不如冬季产品，加之市场上各类新鲜替代果品的上市，致使草莓价格下降。

4.2.2 2016—2018年北京与其他产区市场草莓批发均价比较

据国家统计局数据显示，近年来中国草莓主产区域处于第一梯队的是山东、安徽、辽宁、江苏及河北，这5个省份的草莓种植面积均在1.2万公顷以上，占全国总面积的98%左右；河南、浙江、四川和湖南处于第二梯队，草莓种植面积在5 000公顷左右；北京及天津的草莓种植面积相对较小，均不足700公顷。本研究选择北京、天津、河北、山东、安徽、辽宁、河南及浙江8个省（市）的草莓大宗批发价，作为比较分析的对象。

（1）不同区域草莓全年批发均价差异较大，北京市场草莓全年批发均价最高

以各个区域市场2016—2018年的草莓全年批发均价为参照，在被比较的8个省（市）中，北京和天津两个直辖市的草莓批发价格居于最高位。其中，北京市场的草莓全年批发均价是唯一突破20元/千克的地区，明显高于其他区域的市场均价（图4-3）。

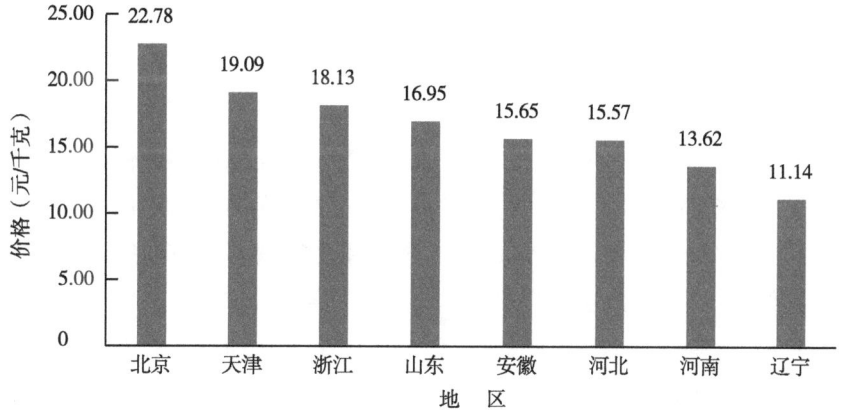

图4-3 代表性省（市）2016—2018年草莓全年批发均价比较

不同区域市场的草莓全年批发均价差异比较明显：最高的北京和最低的

辽宁，草莓全年批发均价分别是 22.78 元/千克和 11.14 元/千克，相差 1 倍多，均价极差达到了 11.64 元/千克。

（2）不同区域市场的草莓月度批发均价，1—5 月均呈下降态势，但降幅差异较大

在不同区域的市场上，草莓的月度批发均价虽然 1—5 月都是逐步走低，但降幅差异较大。用均价极差衡量，2017 年 6 月至 2018 年 5 月，所选省（市）草莓月度批发均价总体呈现先增后降的季节性波动态势。具体来看，山东价格变动幅度最大，最高价和最低价之间的价差为 16.54 元/千克；河南变动幅度最小，价差为 12.33 元/千克；北京价格整体高位运行；河北价格低于北京（图 4-4）。

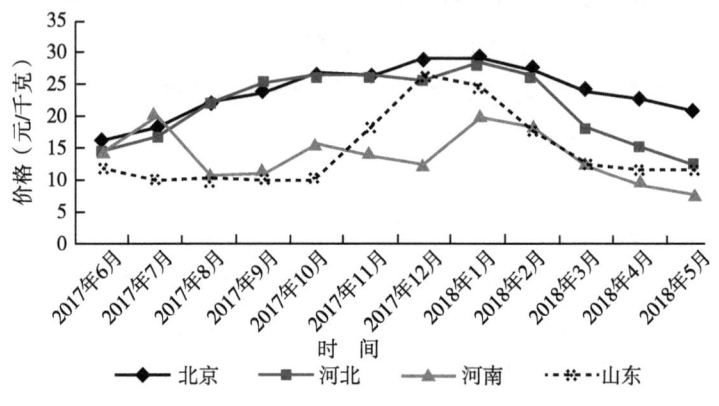

图 4-4　2017 年 6 月至 2018 年 5 月部分地区草莓月度批发均价走势比较

北京市场草莓全年大宗批发均价的高位运行，一是源于该市场需求群体规模较大；二是北京居民相对较高的收入水平所决定的购买力较高，由此决定了北京市场草莓的需求拉动力相对较强；三是草莓属于不耐长途贮运和保鲜的娇贵型水果，外埠货源入京，从运输、批发到零售环节的损耗和销售风险相对较高，这在供给层面为北京本地出产的草莓形成了一定程度上的供给竞争壁垒；四是北京本地出产的草莓，在生产过程中所投入的直接物质费用和人工成本相对较高，加之对质量安全的控制水平整体上也相对较严格，致使其生产成本高于京外区域，由此也成为价格偏高的影响因素之一。

4.3 北京及周边市场草莓批发价格的传导关系

研究选取北京（BJ）、安徽（AH）、河北（HB）、河南（HN）、辽宁（LN）、山东（SD）、浙江（ZJ）及天津（TJ）8个省（市）2016—2018年1—5月的草莓月度批发价格，形成北京及周边市场8组月度价格序列。为减缓价格时间序列的波动性并便于分析，分别对上述8组草莓价格取自然对数后构成新时间序列。

本研究遵循价格传导关系的分析方法，利用 Eviews 6.0 分析软件，通过建立 VAR 模型，对北京内外草莓价格的空间传导关系进行实证研究。

4.3.1 草莓价格的相关关系分析

从图4-5可大致看出，8个市场的草莓批发价格，总体变化趋势比较相似。

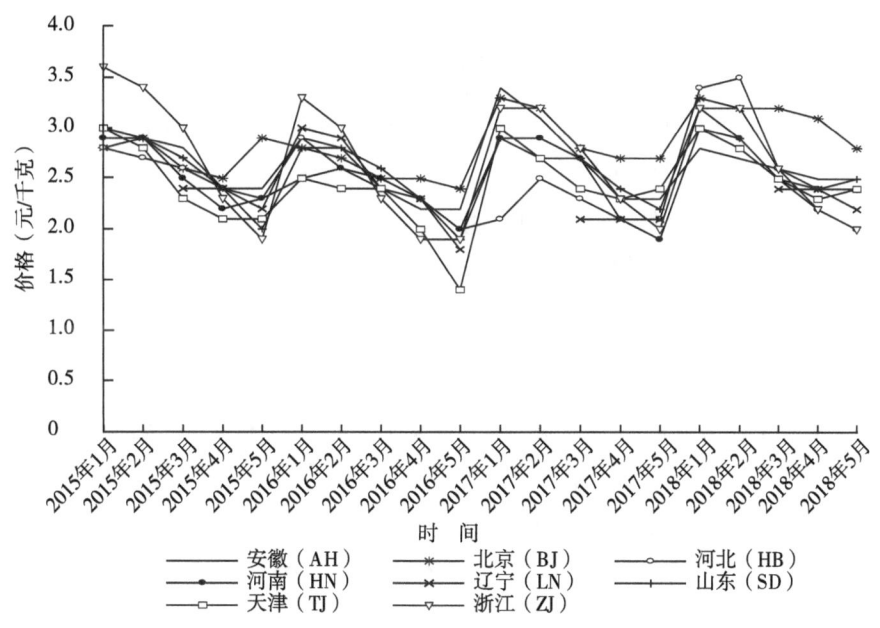

图4-5　8省（市）2016—2018年草莓价格序列相关图

利用相关系数（表4-3）进一步测算发现：北京除了与天津和安徽的相关系数分别为0.55和0.37而相对较高之外，与其他市场的相关系数较小。由此初步推测出北京市场的相对独立偏高。除北京外,其余的7个市场之间的相关系数多数在0.5以上,说明其他草莓市场在一定程度上存在相关关系,但是市场之间的影响力不如蔬菜等其他农产品市场的影响力大。

表4-3 8省(市)草莓价格序列相关系数

地区	安徽(AH)	河北(HB)	河南(HN)	辽宁(LN)	山东(SD)	浙江(ZJ)	天津(TJ)	北京(BJ)
安徽(AH)	1.00	0.85	0.71	0.73	0.83	0.92	0.61	0.37
河北(HB)	0.85	1.00	0.65	0.90	0.76	0.78	0.58	0.34
河南(HN)	0.71	0.65	1.00	0.57	0.71	0.75	0.42	0.18
辽宁(LN)	0.73	0.90	0.57	1.00	0.73	0.73	0.56	0.21
山东(SD)	0.83	0.76	0.71	0.73	1.00	0.86	0.74	0.16
浙江(ZJ)	0.92	0.78	0.75	0.73	0.86	1.00	0.54	0.17
天津(TJ)	0.61	0.58	0.42	0.56	0.74	0.54	1.00	0.55
北京(BJ)	0.37	0.34	0.18	0.21	0.16	0.17	0.55	1.00

4.3.2 草莓价格的平稳性检验及VAR模型建立

在进行时间序列分析时,传统上要求所用的时间序列必须是平稳的,否则将会产生"伪回归"问题。因此,先要对价格序列BJ,AH,…,TJ进行ADF单位根检验,以验证该序列平稳性。

由表4-4的检验结果可知,辽宁市场因缺失1—2月数据,无法进行一阶差分平稳性检验,山东、浙江市场二阶差分后平稳。安徽、河北、河南、天津和北京的价格序列为一阶单整序列。

表4-4 8省(市)草莓市场价格序列ADF单位根检验结果(1%临界值)

检验变量	水平变量		一阶差分变量		二阶差分变量	
	ADF统计量	P值	ADF统计量	P值	ADF统计量	P值
安徽市场价格	-4.88	0.00	-4.92	0.00		
河北市场价格	-3.47	0.02	-4.63	0.00		
河南市场价格	-4.32	0.00	-6.48	0.00		
天津市场价格	-3.64	0.01	-4.91	0.00		
北京市场价格	-4.26	0.01	-4.26	0.00		

(续表)

检验变量	水平变量		一阶差分变量		二阶差分变量	
	ADF 统计量	P 值	ADF 统计量	P 值	ADF 统计量	P 值
辽宁市场价格	-1.16	0.60				
山东市场价格	-0.07	0.94	-2.11	0.25	-16.28	0.00
浙江市场价格	-1.44	0.53	-1.07	0.69	-16.47	0.00

根据协整理论，可以就这 5 个地区的价格变量建立并估计出如下 VAR 模型：

安徽 $AH = 0.97 \times AH_{(t-1)} - 0.69 \times AH_{(t-2)} + 0.57 \times BJ_{(t-1)} - 0.30 \times BJ_{(t-2)} - 0.01 \times HB_{(t-1)} - 0.13 \times HB_{(t-2)} - 0.15 \times HN_{(t-1)} - 0.02 \times HN_{(t-2)} - 0.81 \times TJ_{(t-1)} + 0.46 \times TJ_{(t-2)} + 2.74$

北京 $BJ = 0.01 \times AH_{(t-1)} - 0.36 \times AH_{(t-2)} + 0.62 \times BJ_{(t-1)} + 0.16 \times BJ_{(t-2)} + 0.01 \times HB_{(t-1)} + 0.02 \times HB_{(t-2)} - 0.16 \times HN_{(t-1)} - 0.15 \times HN_{(t-2)} - 0.16 \times TJ_{(t-1)} + 0.02 \times TJ_{(t-2)} + 2.58$

河北 $HB = 0.30 \times AH_{(t-1)} - 0.13 \times AH_{(t-2)} + 0.11 \times BJ_{(t-1)} - 0.25 \times BJ_{(t-2)} + 0.12 \times HB_{(t-1)} + 0.11 \times HB_{(t-2)} - 0.66 \times HN_{(t-1)} - 1.43 \times HN_{(t-2)} + 0.51 \times TJ_{(t-1)} + 1.05 \times TJ_{(t-2)} + 3.33$

河南 $HN = 0.79 \times AH_{(t-1)} - 0.33 \times AH_{(t-2)} - 0.14 \times BJ_{(t-1)} + 0.01 \times BJ_{(t-2)} - 0.10 \times HB_{(t-1)} + 0.02 \times HB_{(t-2)} + 0.09 \times HN_{(t-1)} - 1.03 \times HN_{(t-2)} - 0.28 \times TJ_{(t-1)} + 0.68 \times TJ_{(t-2)} + 3.19$

天津 $TJ = 0.57 \times AH_{(t-1)} - 0.29 \times AH_{(t-2)} + 0.28 \times BJ_{(t-1)} + 0.45 \times BJ_{(t-2)} - 0.12 \times HB_{(t-1)} + 0.03 \times HB_{(t-2)} - 0.33 \times HN_{(t-1)} - 0.85 \times HN_{(t-2)} - 0.23 \times TJ_{(t-1)} + 0.38 \times TJ_{(t-2)} + 2.40$

由图 4-6 可见，被估计的 VAR 模型所有根模的倒数小于 1，位于单位圆内，该模型比较稳定。

根据 AIC 信息准则（Akaike Information Criterion）来判断上述 VAR 模型的最佳滞后阶数，得出草莓市场价格序列的最佳滞后阶数为 0 阶滞后。

4.3.3 草莓价格的因果关系分析

在断定 VAR 模型稳定，且最佳滞后阶数确定之后，利用 Granger 因果关

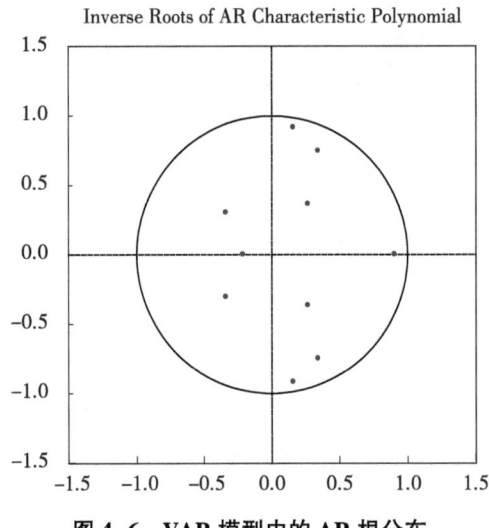

图 4-6 VAR 模型中的 AR 根分布

系检验分析安徽、河北、河南、天津、北京 5 地草莓市场价格是否存在因果关系。

表 4-5 可见,5 个省(市)市场价格均在 5%的显著水平上接受了原假设,即在这一显著水平上,5 个省(市)草莓市场相互之间没有明显的因果关系。在 10%显著水平上,"河南价格不能 Granger 引起河北价格""安徽价格不能 Granger 引起北京价格""天津价格不能 Granger 引起安徽价格"拒绝了原假设,3 对市场有着强弱不等的因果关系。

表 4-5　5 省(市)草莓市场价格 Granger 因果关系检验结果

原假设	F 统计量	P 值
北京价格不能 Granger 引起安徽价格	0.00	1.00
安徽价格不能 Granger 引起北京价格	2.66	0.11
河北价格不能 Granger 引起安徽价格	0.29	0.75
安徽价格不能 Granger 引起河北价格	1.39	0.28
河南价格不能 Granger 引起安徽价格	0.28	0.76
安徽价格不能 Granger 引起河南价格	0.34	0.72
天津价格不能 Granger 引起安徽价格	2.58	0.11
安徽价格不能 Granger 引起天津价格	0.66	0.53
河北价格不能 Granger 引起北京价格	0.04	0.96

（续表）

原假设	F 统计量	P 值
北京价格不能 Granger 引起河北价格	1.28	0.31
河南价格不能 Granger 引起北京价格	2.14	0.16
北京价格不能 Granger 引起河南价格	0.07	0.93
天津价格不能 Granger 引起北京价格	1.40	0.28
北京价格不能 Granger 引起天津价格	1.14	0.35
河南价格不能 Granger 引起河北价格	3.41	0.06
河北价格不能 Granger 引起河南价格	0.03	0.97
天津价格不能 Granger 引起河北价格	0.52	0.61
河北价格不能 Granger 引起天津价格	0.19	0.83
天津价格不能 Granger 引起河南价格	0.24	0.79
河南价格不能 Granger 引起天津价格	1.04	0.38

不同区域草莓市场间的价格传导关系如图 4-7 所示。

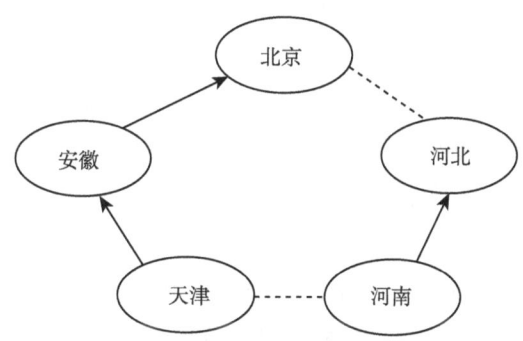

图 4-7　5 个省（市）草莓市场批发价格 10% 显著水平的传导关系

4.4　主要结论及经营管理建议与启示

4.4.1　主要研究结论

第一，各省（市）草莓价格变化趋势相似，一定程度上说明全国草莓上市供给和价格趋势类似。

第二，不同区域的草莓市场批发价格具有一定独立性，北京市场尤为明显。可能原因有两方面：一方面是因为近几年北京本地草莓种植面积增加，市场供应能力提高，本地草莓起到价格形成作用，自身内在价格传导动力较强；另一方面，各地草莓都有进入北京市场的机会，多个市场价格在北京彼此制约和平衡，消除了某一市场对北京的"寡头"影响。

第三，安徽市场草莓批发价格对周边市场具有参考性。在草莓价格传导过程中，安徽市场容易受天津市场价格影响且影响时间较长，同时又对北京市场产生影响，具有价格辐射作用。此外，通过分析河南、河北市场草莓价格传导动力发现，安徽市场是其主要贡献者之一，安徽市场对周边草莓市场价格形成有不容忽视的作用。

4.4.2 经营管理建议

草莓批发价格在不同季节的波动特征和在不同区域运行水平的差异性特征，将在一定时期持续存在。从草莓批发价格在不同区域之间的传导特点看，北京市场是一个相对独立的市场，虽然受安徽和天津市场批发价格的影响，但影响强度不大且持续时间也不长。可见，针对草莓产业而言，外埠草莓对北京市场批发价格的影响有限，对本地草莓生产经营者的价格冲击也相对有限。

草莓市场批发价格的区域传导特点，要求北京在监控本地草莓价格时，重点关注对北京有影响的安徽、天津等地的草莓批发价格走势即可。实时分析安徽、天津等地的草莓批发价格对北京的影响，从价格联合监测中，利用数据共享，做到既能指导产地生产，又能调控供应，确保北京市场草莓价格的总体稳定性，防止异常波动对生产者销售造成冲击。

对北京本地的草莓生产经营者而言，若想获取理想收益，则需要重点从发挥本地草莓竞争优势上着手，在上市供给时机、销售渠道开拓和产品质量提升等方面，以差异化策略扩大北京本地草莓在北京消费市场中的竞争壁垒优势。

（1）选择上市时机，尽量争取增加淡季供给来获取较高价格和利润

北京市场秋冬季特别是每年的12月到翌年春节前后的2月，本地产草莓因上市供应量较少、口感好、没有本地其他鲜果上市带来的替代竞争压力，草莓需求量相对较大等原因，市场价格相对较高，且在不同年份之间波幅较小，这是生产者获取理想收益的最佳保障期。因而，若想增加草莓种植收益，生产者可考虑在条件允许情况下，通过适当早播、选取早熟品种、应

用新技术提高栽培管理水平、改善草莓前期生长环境等手段，争取产品尽早上市，从错峰供应中实现高收益。

(2) 开拓采摘销售空间并丰富渠道类型来争取更大收益与减少损失

生产者的草莓通过采摘销售，特别是中后期扩大采摘销售量，能够与来自批发市场上的产品形成有效的竞争壁垒。采摘销售既可减少人力采摘和零售环节的成本费用，也同时能够获得较高的销售价格，更是扩大自身知名度的直接途径，这是实现草莓高收益的重要渠道。然而，提高采摘销售比例，需要生产者具备的条件也相对较高：一是从宣传上，需要有一定的知名度、回头客认可和新消费群体的陆续扩大；二是从地理位置上，需要有便利的交通条件和停车空间；三是从生产规模和多样化经营上，需要有一定的接待容量、持续的产品供给能力，最好还要有其他丰富的搭配产品能够被采摘、观赏或购买，以提高消费者休闲感知的丰富性，特别是接待团体采摘的能力；四是从生产经营者素质上，需要有示范和教育采摘者避免或减少秧苗损伤而实施正确采摘方法的能力，需要有一定普及草莓知识的能力等；可见，生产者应通过持续改善上述条件来不断扩大采摘销售空间。

(3) 产品质量提升方面，积极应用全程绿色防控技术促进草莓安全生产，强化差异化竞争

随着消费者对于食品安全关注度的日益上升，提供外观、风味和口感上满足消费者需求的高质量安全产品越来越重要。生产经营者需要重点应用科学有效的病虫害防治手段，保障产品质量安全。生产者可尝试应用"产前土壤消毒+脱毒种苗+产中综合防控+产后残体无害化处理"等全程绿色防控技术体系，有效实现安全生产。积极应用电热硫黄熏蒸、天敌防虫、高效低毒/生物农药等绿色防控手段，综合保障草莓的质量安全，以高品质产品树立"安全草莓"品牌，逐步培育和扩大满意度及忠诚度较高的消费群体规模，最终通过差异化竞争实现生产者和消费者双赢。

5 草莓消费市场研究

本部分在简要分析北京城乡居民消费支出动态的基础上,从微观上针对电商渠道和采摘渠道影响消费者选择的因素进行分析,并对北京城镇居民进行了消费者市场细分,以便为草莓生产经营主体更好地提升渠道绩效和经营收益,并在准确选择目标市场的前提下逐步提高自身竞争力提供管理启示。

5.1 北京居民人均可支配收入及支出结构

需求拉动是促进产业持续发展的关键动力。因此,宏观上应了解需求端消费者可支配收入及其支出结构与动态。

5.1.1 2017—2021年,北京全市居民人均可支配收入一直呈增长态势

据北京市统计局公布的数据显示,在2017—2021年,除2020年受疫情冲击较大而导致北京全市居民人均可支配收入比2019年仅增长2.5%,处于较低水平之外,其他年份该指标较上年的增长幅度均在8%以上(图5-1)。收入的稳定和逐步提高,是形成消费市场需求拉动的主要支撑动力。

5.1.2 2021年,北京全市居民人均消费支出中食品烟酒类占比仅次于居住

北京全市居民人均消费支出中,2021年1/3以上支出用在了居住上,占比最大。其次就是食品烟酒类支出,占比21.3%,人均支出达到9 307元(图5-2)。2020年,北京全市居民家庭人均干鲜瓜果消费量82千克,高出全国平均水平(56千克)的46%。可见,北京居民干鲜瓜果的消费处于较高水平,显示了北京市场具有包括草莓等鲜果消费的较高需求拉动能力。

5 草莓消费市场研究

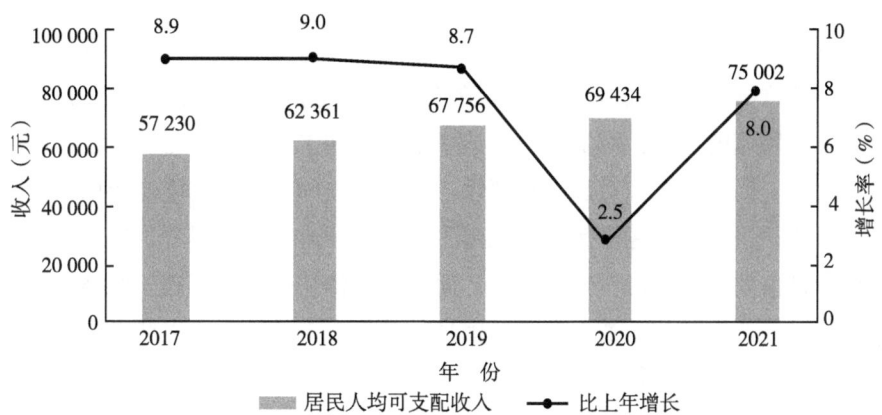

图 5-1 2017—2021 年北京市居民人均可支配收入及增长率

（资料来源：北京市统计局）

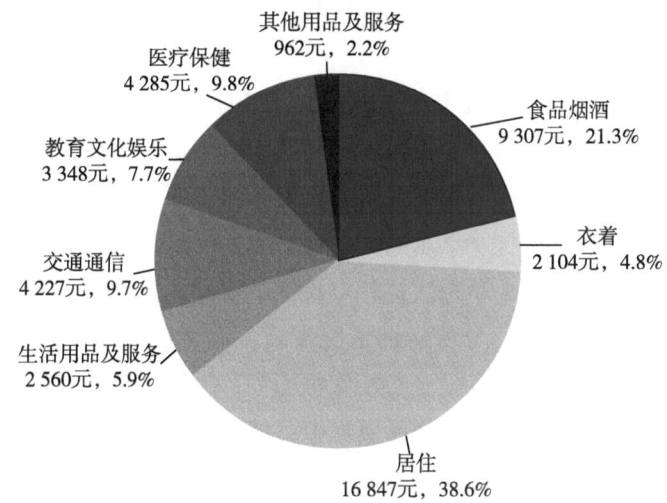

图 5-2 2021 年北京市居民人均消费支出水平及构成

（资料来源：北京市统计局）

5.2 消费者网购草莓的需求感知特征分析

需求导向是生产经营者必须重视的经营理念。故而，微观上则需要分析消费者在不同渠道消费草莓的影响因素，这对促进北京草莓产业的可持续良性发展以及草莓生产经营主体实现预期收益具有重要意义。

电商作为一种新兴的线上销售方式可以直接对接消费者与生产者与销售者，伴随着物流业的快速发展，市场形成了相较于实体商店更为低的成本、效率更为快速的业态，对实体店铺造成了一定冲击的同时，也提高了社会的运行效率。同样，电商对提高草莓供求对接范围和效率具有重要作用。通过电商渠道销售草莓，越来越受到规模生产主体的重视。消费者也通过网购能够更加自由地选择自己所需的商品，而且由于信息壁垒的打破，使得许多小型商铺被迅速地替代，消费者筛选信息的成本极大的降低；生产者也能够及时发掘用户需求，获得有益的在线评论，进而改进产品和服务，并通过控制产品质量赢得消费者信任。评论作为消费者直接的反馈媒介，能够直接反应消费者关注的产品和服务特性，使生产者有精力集中于消费者关注的特性进行产品和服务的改进。草莓作为一种鲜活农产品，其消费者评论暴露出的感知特征反映了消费者的关键需求，而提及较少的特征也反映了消费者感知较弱、具有较强挖掘潜力的特征。

基于此，本研究在对淘宝、京东两大主流平台的商家进行分析的基础上，对这两大平台草莓消费者聚集度较高的店铺草莓评论进行集中分析，并通过人工筛选，识别出了其中的消费者关键感知需求。

本研究通过收集淘宝及京东两大电商平台生鲜草莓消费者的网购数据和相关评论，分析了平台上草莓店铺分布及竞争情况，并研究了相关草莓网购消费者的感知需求特征。分析店铺情况发现：草莓店铺主要分布区域为丹东；店铺间竞争较为激烈且呈现垄断竞争态势；生鲜草莓的主要销售品种是红颜。分析消费者评论发现：产品属性中，消费者对草莓味道的感知强度和积极态度最大，其次是产品大小和新鲜度；物流环节，消费者对网购草莓的包装、物流感知强度中等偏高，态度相对积极，但对坏果的消极评价相对较多；店家售后服务质量对消费者的感知强度和态度均有影响。提升消费者网购体验和满意度的参考建议包括逐步以多样化产品满足消费者的差异化需求、采取综合措施有效降低配送过程中的破损坏果率、与消费者及时沟通、不断改进售后服务质量等。

从研究动态看，根据 eMarketer 发布的《电子商务 2020》报告显示，2020 年全球零售电商的预期销售总额将达 3.914 万亿美元，增速达 16.5%。由于全球新冠疫情的周期性发展，电商将可能成为世界经济发展的一个潜在增长点。中国是草莓生产大国，由于生鲜草莓出口较少，草莓商品大部分依靠国内需求消化，而传统的草莓供应链涉及上游生产，中游分销到下游零售消费，较长的供应链条造成草莓销售成本的提高与多次转运导致的浪费。产地与市场之间的壁垒不仅在于运输的壁垒，而且也在于信息的壁垒，如何能够疏通产品与消费者之间的信息壁垒是草莓销售的一个难题。廖建辉（2014）对生鲜农产品网购与传统销售模式的经济学分析显示，网购模式的商品价格更低，网购有利于减少企业与消费者之间的信息交换障碍，并促进企业创新。李育民等（2014）认为，传统供应链存在合作成本高，准入门槛低，产品质量不稳定的问题。王胜和丁忠兵（2015）认为，农产品电商能在产销之间建立对称开放透明的交换渠道。

国内对于生鲜农产品网购的研究主要围绕消费者网购行为展开。例如，刘景景等（2016）研究显示，产品质量和配送时间是阻碍消费者网购生鲜农产品的主要原因；孙永波和刘晓敏（2014）研究认为网店信誉、商品性价比和物流服务是影响消费者消费的主要因素；吉沐祥等（2017）调查了江苏草莓消费需求，发现消费者对于草莓品牌认知度低，销售以本地集贸市场为主而且价格随季节变化明显；而 Qi 等则认为，消费者网购评论能够为产品设计提供一定的参考思路。国内针对草莓电商的研究还相对较少，唐立强等（2019）研究了农户的不同电商入驻渠道选择行为，李玉勇等（2020）调查了北京昌平区生产者对于电商的认知与基本采用情况。本研究则利用网络数据，在对两大平台商家进行总体分析的基础上，进一步针对草莓消费者聚集度较高的店铺，分析其消费者草莓网购评论，识别消费者关键感知需求，以期为草莓产业发展与草莓商家提供一定的参考。

5.2.1 京东、淘宝平台草莓电商销售的基本特征

根据草莓生产供给的时段特征，本研究在多地草莓处于收获空档期的 9 月底进行网购信息收集。调研发现：网上平台的草莓店铺，少数店铺具有较强的品牌效应，坐拥大量的消费者，而多数店铺则只能获得少量消费者青睐。这种分化已经成为草莓电商的常态。淘宝数据显示，在草莓产出大省的辽宁，丹东是电商发展最为蓬勃的基地；红颜品种的草莓是市场上最受生产者与消费者欢迎的产品。

(1) 草莓电商店铺的地域和销量分布均以辽宁丹东为主

受限于淘宝仅显示 100 页店铺信息,每页 40 个店铺,本研究通过淘宝平台共筛选得到 68 家草莓店铺。以付款人数作为销量的指标,虽然不能精确表示真实的销量,但能够表示店铺的受欢迎程度。该平台上全国范围内生鲜草莓店铺和销量(受欢迎程度)的分布中,以来自辽宁丹东的店铺数量及其销量遥遥领先,分别占全国店铺数量和销量的 41.18% 和 65.47%;其次是来自上海和山东的草莓店铺,数量和销量合计分别占全国店铺的 25.00% 和 21.54%;其余的店铺数量及销量,则分别占全国的 33.82% 和 12.99%。北京本地出产的草莓,由于具有短距离达到本地消费者的优势,网上跨区域销售的比例较低,主要销量不在电商平台上实现(表 5-1)。

表 5-1 2020 年 9 月淘宝生鲜草莓店铺区域分布

地区	店铺数量(个)	区域占比	销量占比
辽宁丹东	28	41.18%	65.47%
上海	9	13.24%	12.66%
山东烟台	8	11.76%	8.88%
广东广州	5	7.35%	4.15%
江苏徐州	2	2.94%	3.91%
云南昆明	3	4.41%	2.69%
广西南宁	2	2.94%	1.02%
安徽合肥	1	1.47%	0.53%
云南曲靖	1	1.47%	0.19%
山东临沂	1	1.47%	0.18%
北京	2	2.94%	0.17%
江苏无锡	1	1.47%	0.06%
河南郑州	2	2.94%	0.05%
陕西西安	1	1.48%	0.02%
安徽蚌埠	1	1.47%	0.01%
辽宁大连	1	1.47%	0.01%

数据来源:根据 2020 年 9 月淘宝网采集的数据整理。

(2) 店铺之间的销量差异总体呈垄断竞争态势

通过比较淘宝和京东的店铺数据发现,少量店铺坐拥大量消费者的情况普遍存在，但在淘宝和京东平台发生的程度有所不同。本研究利用基尼系数指标来刻画这种不平等的程度。本研究采用了叠加每个店铺的销量差距与平均销量作比计算基尼系数。

$$G = \frac{\sum_{i=1}^{n} [P(\text{aver\_sum})_i - P(\text{cons\_sum})_i]}{\sum_{i=1}^{n} P(\text{aver\_sum})_i} \quad (5-1)$$

式（5-1）中，$P(\text{aver\_sum})_i$ 代表第 i 个店铺平均销量的累积比例，$P(\text{cons\_sum})_i$ 代表第 i 个店铺的实际销量的累积比例。

G 越接近 0 代表店铺之间的销量越平等，G 越接近 1 则越不平等。计算结果显示，淘宝和京东两个平台上，草莓商户销量的不平等程度分别是 0.82 和 0.89。虽然淘宝平台草莓商户销量的不平等程度稍小，但二者都超过 0.80，表明这种销量的不平等程度都比较大。

由此可见，较少的店铺拥有大量客源的现象普遍存在。少量店铺形成了一定的品牌强度，具有一定的消费者黏性，其消费者忠诚度较高。产生这种销量垄断的原因，一方面可能是由于平台推荐机制，它会将销量高、信誉度较好的商铺，放置在较为靠前的页面，使其显示的信息更容易被消费者选择，这对于一些店铺名气不是很大的商家会形成一层信息阻断；另一方面，消费者也倾向于主动寻找销量较好、口碑较好的店铺，以减少其购买坏果的风险，这又形成了消费者层面的另一层信息阻断。在这种双向的信息阻断机制下，一些购买量较少或口碑较差的店铺，会因此难以积累客源。

（3）电商平台以红颜草莓和白雪公主草莓为主要的销售品种

本研究以店铺量占比（销售某种草莓的店铺占店铺总数的比例）与购买量占比（评论数或付款人数占总评论数或总付款人数的比例）来分别表示供给与需求的特征。以店铺量表示供给是基于供给量越多就会有越多生产者售卖某个品种的考虑，而以购买量占比表示需求是基于某个品种需求量越大，其消费者欢迎程度越高。

研究显示，两大平台主要的草莓品种都是以红颜和白雪公主（淡雪白草莓）为主。两个品种的供给和需求都占据了总量的 95% 以上。淘宝数据显示，红颜草莓主要产地为辽宁，而白雪公主草莓的主要产地为山东。另外，淘宝有店铺售卖酸草莓，京东有店铺售卖章姬草莓和酸甜草莓，其中，京东销售的酸甜草莓也较为受欢迎（表 5-2）。通过对两大平台的草莓供求对比可见,京东平台相较于淘宝平台,其供需匹配较差。

表 5-2　淘宝和京东平台草莓品种的供需分布

草莓品种	淘宝平台		京东平台	
	供给占比	需求占比	供给占比	需求占比
红颜草莓	86.76%	86.61%	80.90%	97.73%
白雪公主(淡雪白草莓)	11.76%	13.13%	16.85%	0.84%
章姬草莓	—	—	1.12%	0.00%
酸甜草莓	—	—	1.12%	1.43%
酸草莓	1.47%	0.26%	—	—

数据来源:根据 2020 年 9 月淘宝平台和京东平台采集的数据整理得到。

5.2.2　消费者网购草莓的感知强度及态度

消费者对电商销售草莓的感知需求基于消费者评论,通过分析消费者的评论信息,可以获得消费者的消费行为特征。同时,消费偏好也能从另一个侧面反映产品特征与消费者满意度。因而,消费者的感知需求对于店铺具有较强的指导意义。分析消费者反馈,可以为产品改良提供参考方向,进而提升店铺匹配需求和满足需求的市场竞争力。

5.2.2.1　消费者网购草莓的感知强度与态度衡量的关键词筛选方法

消费者感知需求以感知强度与感知态度进行测量。感知强度表示了消费者对于草莓某种特征的需求强度。感知态度反映了消费者对于草莓某种特征的满足程度。当消费者对商品的某种特征需求强烈时,就会更加频繁地涉及相关的内容;而消费者对于某种商品的预期满足程度则会反映在其情绪的表达上。

本研究聚焦于具有一般意义的店铺和具有代表意义的有限样本,针对有限的评论数量采用了人工筛选关键词的方式,提取评论的有效信息(表 5-3)。

表 5-3　消费者感知强度及态度指标的关键词筛选示例

评论	筛选的关键词
超级好吃!这是第二次购买,而且个头还是那么大,口感非常好	口感(+),大小(+)

(续表)

评论	筛选的关键词
特别的赞！在这个特殊的时期也没有耽误吃水果。个人感觉这个是最好吃的草莓！特别爱！一次买两盒别控制！不然不够吃	口感（+）
草莓收到，顺丰就是快，包装也很用心，个头也很大，很新鲜，超好吃	物流（+），包装（+），满意度（+）
每年冬天都要买很多丹东牛奶草莓，这次是第一次尝试在网上购买，很满意	新鲜（+），口味（+）
草莓味道很浓，快递过来还能保持这么新鲜，真难得	物流（+）
身边朋友看到了都跟我要链接，绝对好评，等吃完继续回购	忠诚度（+）
酸甜可口，物流快，草莓超大，没有一个坏果，超级赞	味道（+），物流（+），大小（+），无坏果（+）
下次想吃还来购买	忠诚度（+）

数据来源：2020年9月淘宝平台和京东平台采集数据。

关键词的筛选办法：首先是基于筛选得到的消费者较为欢迎且销量较好的店铺，采集其消费者评论。然后通过阅读消费者评论提取其关键词组合。每阅读一个评论就会提取出其中有意义的关键词，随着评论的增加，关键词会不断增加，直到最后得到一套关键词组合，能够对所有的评论做出解释。本次筛选过程在第365个评论时达到了最大数目的关键词，解释了之后的500多条评论，保证了关键词的解释能力。删去无意义的评论和未作出明确评价的评论，最终得到912条有效信息。

5.2.2.2 消费者网购草莓感知强度和态度的衡量维度

本研究从产品、价格、物流和服务等维度衡量消费者网购草莓的感知强度和态度。不同消费者通常对产品感知较强的特点会重复强调。因此，研究中将消费者对草莓产品某类特征的感知强度，定义为消费者重复提到的某特征的频率，并通过式（5-2）计算。

$$F_i = \frac{\text{Density}_i}{\text{Total}} \times 100 \quad (5\text{-}2)$$

式（5-2）的意义：在100名消费者进行评论时，涉及相关特征的评论频率。其中，F_i代表第i个特征感知强度，Density_i代表第i个关键词在评论中出现频率，Total代表总评论数。

通过对感知特征关键词进行统计，得到各个特征的感知强度。消费者感知强度反映了消费者在评价草莓的时候，体验到的草莓产品某类特征的频率。将感知强度大于50的关键词视为消费者感知的草莓特征处于"强"等级（100个消费者中有半数以上会提及这种特征）。感知强度处于10~50的关键词，视为消费者感知的草莓某特征处于"中"强度。将感知强度小于10的关键词视为"弱"等级。

关于消费者对网购草莓某类特征的感知态度，以消费者对产品某种特征的评价是否积极来反映：当消费者对某种产品特征较为积极时，会有相应的正面评价，反之则会给出相对消极的评论。不仅如此，当消费者对于某种关键特征没有得到满足时，会选择性地聚焦于产品特征的消极部分形成差评。本研究在对感知态度的关键词进行筛选时，针对消费者针对产品某特征下的积极态度与消极态度进行了识别：当消费者对产品某特征满意时记为1，不满意时则记为0，当消费者对某特征没有提及的时候不予计数。由此得到消费者针对产品某特征的三种态度：积极态度，消极态度，不关心态度。

对于消费者不关心态度的设定，是基于本研究认为消费者倾向于以最少的语言表达较多的信息。对于某些产品特征，有的消费者可感知到并做出积极或消极判断，有的消费者则没有注意或者注意了但认为不值得评论。因此，将消费者没有感知到或认为不重要的特征认定为消费者不关心态度，并将其设置为空值，以区别于消费者积极态度或消极态度，符合现实情况。

5.2.2.3 消费者网购草莓感知强度和态度的衡量结果

消费者对网购草莓产品各类特征的感知强度见表5-4。

表5-4 消费者网购草莓的感知强度分级

	关键词	感知强度 F_i	分级
	味道	53.1	强
	香味	17.3	中
	大小	30.3	中
	新鲜	19.5	中
产品属性	口感	9.5	弱
	颜色	9.8	弱
	成熟度	3.7	弱
	果形	2.9	弱
	分量	2.1	弱

(续表)

关键词		感知强度 F_i	分级
价格属性	便宜	7.2	弱
运输属性	物流	19.2	中
	包装	24.7	中
	无坏果	24.2	中
售后服务	店家服务质量	11.7	中

数据来源：根据2020年9月淘宝平台和京东平台数据整理得到。

消费者对网购草莓某类特征的具体感知态度见表5-5。

表5-5 消费者网购草莓的感知态度

	关键词	积极态度	消极态度	不关心态度
产品属性	味道	44%	9%	47%
	大小	26%	4%	70%
	新鲜	19%	0%	80%
	香味	14%	3%	83%
	口感	8%	1%	90%
	颜色	6%	3%	90%
	成熟度	1%	3%	96%
	果形	2%	1%	97%
	分量	2%	0%	98%
运输属性	物流	18%	1%	81%
	包装	24%	0%	75%
	无坏果	14%	11%	76%
售后服务	店家服务质量	12%	0	88%

数据来源：根据2020年9月淘宝平台和京东平台采集的数据整理得到。

结合表5-4和表5-5的计算结果有如下结论。

（1）产品属性中，消费者对草莓味道感知强度最大、态度积极，其次是产品大小和新鲜程度

草莓的产品属性，包括味道、大小、新鲜、香味、颜色、口感、成熟度、果形和分量等内容。其中味道是消费者对草莓感知最强且最为核心的特征。在味道特征评论中，消费者的积极态度占44%，消极态度仅占9%。有

的消费者为了追求味道会对红颜草莓产地提出较为严格的要求。其中丹东99便是产于辽宁丹东的红颜草莓，因其味道更符合多数消费者需求，其本地草莓电商销量规模也较大，个别商户月销量可达1万单以上。此外，还有四川省成都市双流区特产的双流草莓。丹东草莓和双流草莓均是国家地理标志农产品。

草莓外形的大小和本身的新鲜程度，处于消费者感知中等偏上的强度，消费者的积极态度也相对较高。消费者对香味则感知不高，关注态度也不算大。

消费者对网购草莓感知较弱、态度表现为不关心的特征，包括了颜色、口感、成熟度、果形和分量。很多消费者没有过多提到颜色，可能与红颜品种本身颜色较为鲜红而符合消费者预期有关。

（2）消费者对草莓价格属性感知强度弱

多数消费者对草莓价格便宜的感知强度最弱。可见，草莓在大部分消费者心中的定位，属于娇贵的高档高价水果。

（3）运输属性中，消费者对网购草莓的包装、物流感知强度中等偏高，态度相对积极，但对无坏果的消极评价相对较多

包装、物流和无坏果这三个特征之间具有一定的影响关系，消费者会将包装是否适当、物流是否快速与草莓坏果率联系起来。包装较为仔细且物流速度较快，会明显减少草莓在运输途中的果实破损率。虽然降低成熟度能够使草莓承受较长在途时间并降低坏果率，却会造成草莓味道的下降，使消费者满意度降低。

运输属性中，多数消费者对网购草莓的包装与物流表达了积极态度，而"无坏果"的消极态度则占11%，相对比率较高。可见，尽管包装和物流在一定程度上降低了草莓的坏果率，但损伤问题仍没有得到彻底解决。

（4）店家售后服务质量对消费者的感知强度和态度均有一定影响

商家对草莓销售的服务，售前有客服与消费者的信息互动，其间商家的耐心解说会增加消费者购买意愿。售后客服对消费者反映问题的处理，如消费者反映有坏果时，商家对坏果的赔偿方式与赔偿态度，最终会决定消费者评价是否积极。

由表5-5可见，消费者对店家的服务质量以积极态度为主。实际上大部分店家对草莓坏果的售后赔付，能提高消费者满意度，直接增强消费者对

商家售后服务质量的感知强度和积极态度。但对于消费者认为草莓味道不如意的质量问题,买卖双方无法通过有效交流获取草莓味道等信息,评判标准难以统一导致店家没有赔付根据,影响了消费者的满意度和忠诚度。

5.2.3 提升消费者网购体验满意度的建议

(1) 逐步以多样化产品来满足消费者的不同需求

草莓的同质化竞争严重,实际上这种现象存在于电商销售的各个领域,杨晶晶(2015)也提出同质化竞争从传统零售业向电商零售业蔓延。虽然消费者对草莓味道的感知强度和积极态度最大,但味道是一种模糊的概念,不同消费者对味道的界定和理解各异,不像果形、大小和新鲜度属性这样容易辨识。因此,可以逐步以口味的多样性适应消费者需求的差异性。同时,通过售前与消费者的积极互动,提高产品对多样化需求的满足程度。

(2) 采取综合措施有效降低配送过程中的破损和坏果比率

张夏恒(2014)认为生鲜产品难贮存,损耗大,配送要求高,而且物流成本较高,冷链物流资源不足等问题较为严重。而消费者对坏果率的消极态度较明显,是因为草莓作为"水果皇后",是水果中价格较高、带有一定奢侈性的娇贵果品。消费者以较高的价格网购,如果遇到破损和坏果,其负向感知和态度会明显上升。因此,线上商家应该在保证产品质量的前提下,从果品成熟度选择、防破损包装应用、遴选物流快捷的合作伙伴等多方努力,降低运输过程的损耗,以此提升产品形象和商家信誉,培养消费者满意度和忠诚度。

(3) 积极与消费者沟通,不断改进售后服务质量

在线评论中,商家在对好评积极反馈的同时,更应该对差评进行积极沟通。过度专注于好评,可能对改进产品及服务的督促力度有限。商家若能耐心从差评中反思不足,积极对消费者的反馈进行售后跟踪服务,对维持与提升店铺形象更有益处。

本研究基于在线评论分析消费者网购草莓需求特征,重点针对以草莓味道为核心的产品属性、以运输为核心的物流包装属性和以服务为核心的买卖双方互动属性来展开,进而探讨了消费者网购草莓不同属性的态度及其形成原因。由于草莓作为一种鲜活农产品,不同消费者对其网购产品不同属性的评价标准有出入,无法像手机等标准化产品那样能够得到一致性较强的态

度，尤其是在不同季节或物流时间较长时，消费者对网购到的草莓感知可能会截然不同，这在较大程度上影响了在线评论的有用性，但在评论中所包含的消费者对草莓产品及其运输和售后的主要诉求信息，仍然对线上商家开拓市场具有重要参考意义。

5.3 北京儿童及其家长的草莓采摘行为与满意度分析

随着北京尤其昌平区草莓采摘业的形成与发展，消费者开始利用假日前往草莓园参与采摘活动，其中以儿童及其家长是主要采摘群体。由于北京郊区的草莓采摘园，在产品种类、经营规模、服务质量、地理位置、交通便利性和周边基础设施等方面存在差异，会不同程度地影响采摘者特别是儿童及其家长的满意度，深入调研草莓采摘过程中儿童家长的需求与期望，以及对采摘经历的评价，分析草莓采摘园提供的草莓产品、服务等现状与儿童及其家长期望之间的差距，明晰儿童及其家长的潜在需求，对有针对性地提高消费者对草莓采摘的满意度，促进草莓采摘市场的进一步开拓并提升经营者收益，显得至关重要。

理论上，消费者的满意涵盖了三个层次：消费者感知产品或接受服务的功效；消费者对这类功效的期望；消费者对于获取和应用该产品及接受服务成本的认可。因此，"顾客满意"就源于顾客对这三个要素之间的主观相比较与衡量后所产生的情感和心理感知。满意度的衡量方法是"满意度＝消费后感知−消费前期望"或者"满意度＝消费后感知/消费前期望"。顾客对某些产品或服务在消费前有事先的期望。消费完毕后，顾客会将感知实绩与消费前的期望进行对比，比较结果如果不一致，就会出现差额。顾客满意度大于零的正差异（感知实绩＞消费前期望），顾客感到满意；顾客满意度小于零的负差异（感知实绩＜消费前期望），顾客会感到失望。

研究表明，满意度的影响因素具有多样性与复杂性特性，既包括顾客自身因素（职业、年龄、收入、教育背景等），也包括旅游目的地的软件和硬件条件（采摘园现有的景观内容及其丰富性、果品品质、周边游憩选择机会、游憩费用、住宿及餐饮设施、价格、交通拥堵感及商业化水平等），还包括环境条件（如气候、地理地势等）。

本研究以分析北京采摘草莓的主体——儿童家长作为立足点，以问卷为依托，经过在采摘现场和非采摘现场的面对面访问与电话访谈，对儿童家长来草莓采摘园的满意度进行系统调研，期望根据影响消费者满意度的因素，为草莓生产经营主体通过提升消费者草莓采摘感知价值提供建议，以吸引更多采摘者进而提升草莓采摘收益。

5.3.1 调研背景及样本特征

5.3.1.1 调研背景

由于北京草莓产量和采摘量都是以昌平为主。因此，调研样本的选取以参与昌平区域草莓采摘的儿童家长为代表，据此展开全方位调研。

本调研时段主要集中在草莓采摘期的2018年2月至2019年4月底。样本选择中，一是以来到昌平区的草莓种植代表性区域——兴寿镇草莓采摘园消费的儿童及其家长为主；二是以北京市昌平区回龙观镇北农儿童园为依托，针对有过京郊草莓采摘经历的儿童家长，发放调查问卷。总计发放调查问卷545份，收回520份，其中有效问卷511份，问卷有效率93.8%。本部分所有统计图表的数据，都是根据调研数据整理而得。本研究中的儿童家长不仅仅指儿童的父母，还包括儿童的爷爷奶奶、外公外婆或者叔叔姑姑等亲属长辈，主要考虑儿童父母工作比较忙，儿童的其他近亲属也是家长群中的重要组成部分；本研究中的儿童主要指4~6岁的学龄前幼儿园在读儿童。

5.3.1.2 被调查样本的主要特征

（1）被调查的儿童家长以女性为主，占比约2/3

被调查的儿童家长中男性占39.83%，女性占60.17%。性别差异不影响儿童家长选择草莓采摘这种休闲农业旅游方式。女性所占比例略高于男性的原因可能是在调查过程中，女性比男性更愿意接受调查，同时女性完成调查问卷的质量较高。

（2）被调查儿童家长中，家庭月收入以1万~3万元者最多

采摘草莓的儿童家长，家庭月收入以1万~3万元的中等收入家庭最多，占总被调查样本的60.61%，这部分人群是经济压力不是很大，且有相应消费能力和休闲时间的群体；月收入不超过5 000元的家庭和月收入大于等于5万元的家庭所占比例最少，分别占总被调查样本的6.49%和3.03%。收入水平相对较低的家庭，一是可能忙于生计无暇顾及带孩子休闲采摘，二是受制于自身经济能力，采摘价格、附近餐饮、交通工具以及其他消费等，都是

他们在选择采摘时重点考虑的敏感因素；而高收入家庭成员，又可能工作比较忙，属于有钱无闲者，鲜有空闲时间陪孩子采摘。月收入5 001~9 999元的家庭占被调查总样本的19.05%；月收入3万~5万元的家庭占总被调查样本的10.82%（图5-3）。

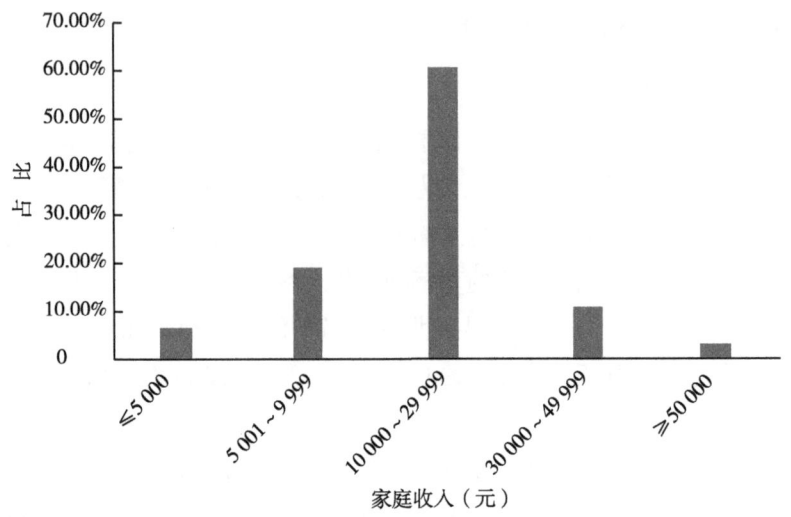

图5-3 被调查样本的家庭月收入水平分布

（3）被调查的儿童家长学历以大专及以上为主，总体受教育程度较高

接受调查的儿童家长拥有专科及以上学历的占到94.37%。其中，本科学历人数最多，占被调查总样本的47.19%；大专学历占被调查总人数的24.67%；研究生学历的人数占被调查总人数的22.51%，仅次于专科学历；而高中及以下学历仅占样本总人数的5.63%。其中，高中/技校学历占被调查总人数的2.60%；初中及以下学历的人数仅占被调查总人数的3.03%。可见，带儿童前来采摘的家长，大多数都是大专及以上学历，越来越多的高学历人群参与到休闲农业尤其是草莓采摘行列（图5-4）。

（4）有固定工作的家长是草莓采摘消费的主体

有固定工作的家长在采摘草莓的样本组成中，占总人数66.68%；其余包括自由职业、个体等非固定工作者加在一起占总人数的33.32%（图5-5）。

（5）被调查的儿童家长中，年龄段在30~39岁的占比最大

30~39岁年龄段的被调查者占总样本的68.83%；19~29岁年龄段的占19.48%；40~49岁年龄段的占8.66%；50岁及以上的占3.03%。可见，带

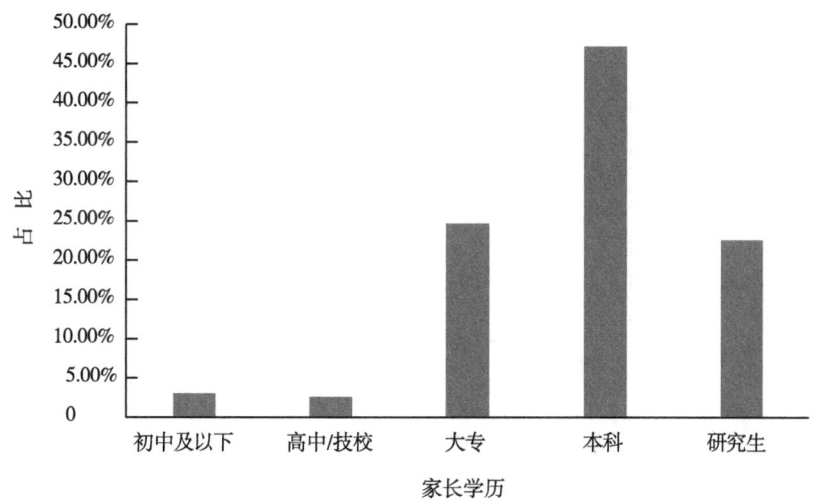

图 5-4　被调查样本受教育程度分布

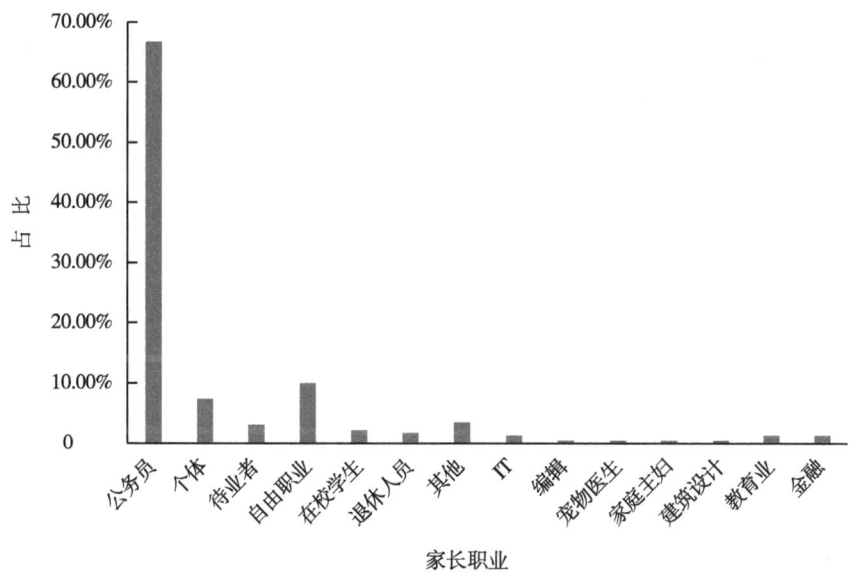

图 5-5　被调查样本的行业分布

儿童前来采摘草莓的家长，大部分是处在 30~39 岁的年轻家长，由老年人带着出来采摘的比例不高（图 5-6）。

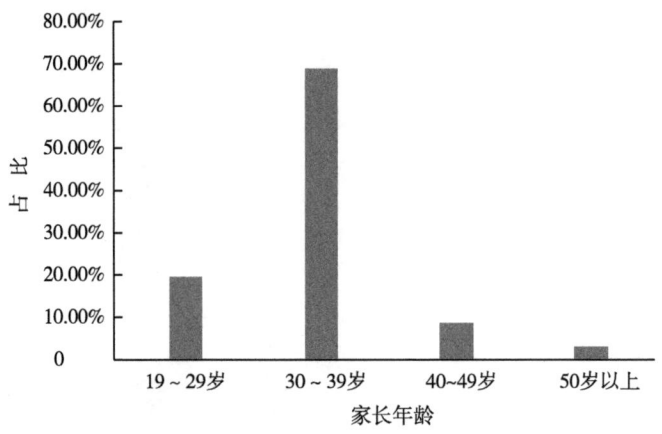

图 5-6 被调查样本的年龄分布

5.3.2 北京儿童家长的草莓采摘行为分析

(1) 选择草莓采摘主要考虑孩子的意愿

选择草莓采摘时,根据孩子需求决策的样本所占比例为 80.09%;决策者为配偶、长辈、自己、亲朋、同事等的选项加起来占 19.91%(图 5-7)。所以,需要草莓采摘园的经营者在环境设计上应充分考虑到儿童及其家长的需求特点。

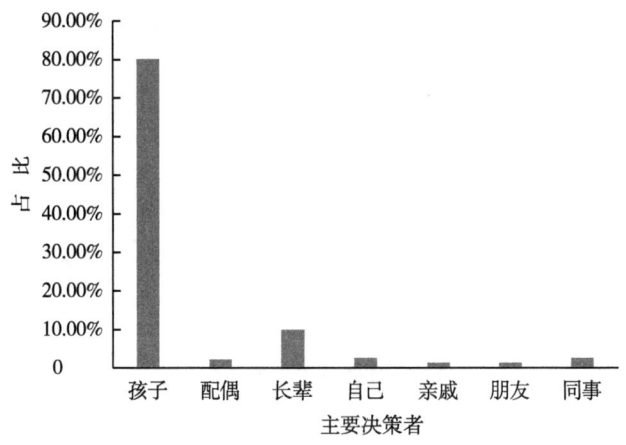

图 5-7 影响草莓采摘的主要决策者角色分布

(2) 获取采摘园信息的渠道,以亲友或同事推荐和网络查询占比最大

儿童家长通过亲友或同事推荐占总被调查人数的 30.74%,可见,口碑

传送是草莓采摘信息传播的好方式;网络信息占 25.54%,互联网是消费者普遍应用的信息搜寻媒介;其他信息渠道占比均不超过 10%(图 5-8)。

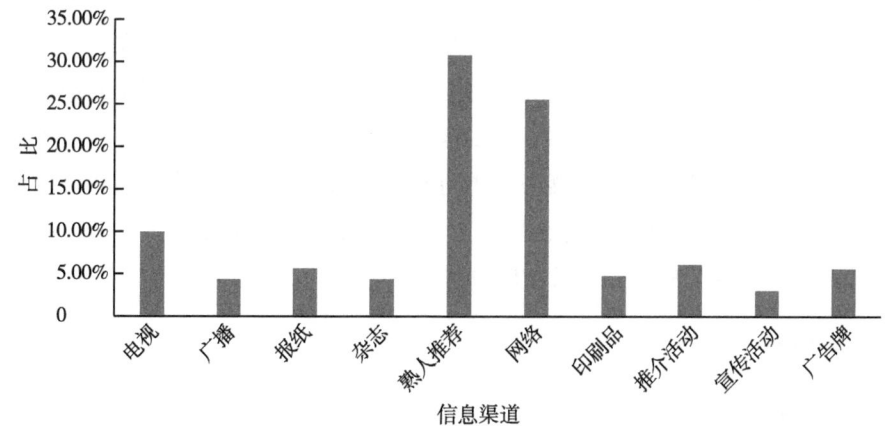

图 5-8 被调查者了解草莓园信息渠道占比

(3) 自驾车是采摘出行的主要交通方式

家长带儿童采摘群体中,81.82% 是自驾车出游的。选择公交车和出租车方式出行的比例分别是 16.88% 和 1.30%。自驾车快捷并便于草莓采摘后的携带和选择餐饮地点。

(4) 一半以上儿童家长在园内采摘逗留 1~2 小时

儿童家长带领儿童在草莓采摘园逗留的时间在 1~2 小时的比例为 55.41%;2~3 小时所占比例为 32.90%;一小时以内仅占 3.03%。可见,家长带儿童体验采摘活动,以 1~3 小时为主。时间过长,草莓温室内温度过高,儿童身体会受不了;如果少于 1 小时或者时间过短,儿童还不能充分体验采摘的乐趣。

(5) 采摘人均消费 51~100 元的人数最多

儿童及其家长在草莓采摘园内人均消费以 51~100 元的占比最大,为 40.27%;人均消费 101~200 元的占总被调查人数的 35.06%;人均消费 50 元以下的消费者占总被调查人数的 15.58%;人均消费 200 元以上的占总被调查人数的 9.09%。可以看出,来草莓采摘园的儿童家长,在草莓园里的总体消费水平不算高。另外,北京市的所有草莓采摘园是不收门票的,即消费者免费进入,自由采摘后按所采摘草莓的重量结算。

(6) 儿童家长选择采摘的时段以春节前后到 3 月底为主

儿童家长带领儿童采摘草莓的时段，22.51%选择在春节假期，一是因为这个时段草莓果形及品质都是最好的，二是春节前采摘后还可以作为礼品送人。选择春节后到 3 月采摘草莓占总被调查人数的 21.65%，这个时期天气刚变暖，户外少有适合儿童玩乐的活动，带儿童采摘草莓是家长的最佳选择。4—5 月采摘占总调查人数的 15.58%，该时段天气暖和了，公园里各种赏花、踏春等户外活动对草莓采摘活动的替代越来越强。草莓采摘期可以从每年的 11 月底延续到翌年的 5 月中下旬，虽然采摘期比较长，但是采摘高峰时段主要在春节前后到 3 月之间（图 5-9）。

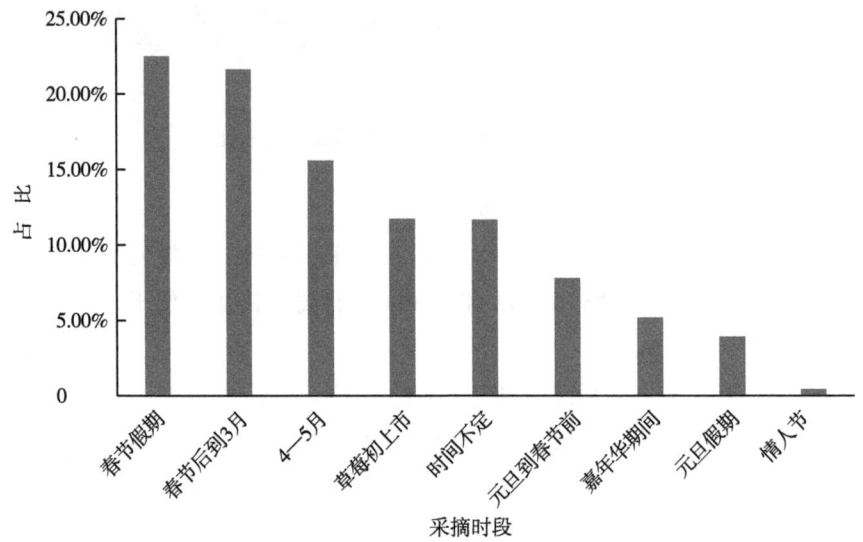

图 5-9 被调查者选择采摘草莓的时段分布

5.3.3 北京儿童家长草莓采摘满意度分析

调研从草莓产品本身属性、产品采摘服务水平、采摘价格、采摘园交通及地理位置、周边餐饮住宿及环境条件等方面，了解儿童家长对草莓采摘的满意度。

根据 5 级 liket 量表，把"很不满意"和"不满意"归为不满意类型，把"满意"和"非常满意"归为满意类型。由于"中立部分"占一定比例，导致满意与不满意的比例之和不是 100%。

评价对某项指标是否满意的标准：≥50%的被调查者对某项指标的评价达到满意水平，则该项指标总体上就达到了消费者的满意水平。据此标准，得出被评价指标的采摘者满意程度。

(1) 产品属性上，消费者对草莓口感与外观满意度较高，对草莓品种丰富性满意度较低

儿童家长对草莓口感和外观感到满意的分别占72.29%和61.90%；对品种丰富性感到满意的占42.42%（图5-10）。根据评价满意度的标准，草莓的口感和外观为消费者满意，品种丰富性为不满意。主要是北京市草莓种植品种目前红颜和章姬最多，儿童家长认为品种较单一，希望能够增加品种选择的多样性。

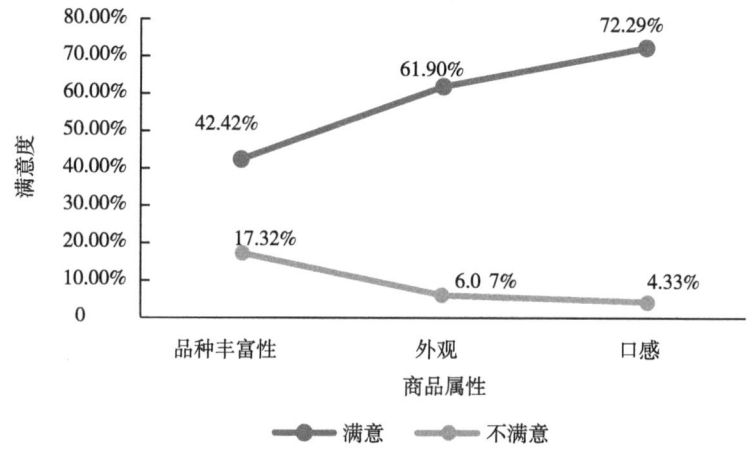

图5-10 被调查者对草莓商品属性的满意程度评价

(2) 产品安全性上，儿童家长对所采摘的草莓安全性满意

儿童家长对草莓安全性能选择满意的比例占51.08%，他们对草莓的安全性总体上放心。由于草莓是直接入口的鲜果，每个儿童家长都关心安全问题。提高草莓安全性，是提高采摘满意度的关键。

(3) 交际功能上，儿童家长对草莓的礼品功能满意

被调查的儿童家长把草莓作为礼品感到满意的占总人数的60.17%，也达到了满意标准。随着人们越来越注重食品安全，送礼也会讲究送健康。草莓被称为"水果皇后"，尤其是刚采摘下来的草莓，作为礼品是一种较好的选择。自己动手采摘的草莓，装入草莓礼盒作为交际礼品，能够获得多数儿

童家长的认可。

(4) 儿童家长对采摘园提供的相关服务不满意

儿童家长对草莓知识宣传感到满意的占 25.11%；对采摘园工作人员的服务意识感到满意的占 36.80%；对采摘园主经营能力感到满意的占 37.23%（图5-11）。根据评价满意度水平的标准，消费者对于采摘园内的服务总体上不满意。采摘园的工作人员在采摘前没有对儿童家长进行任何采摘技巧等教育，就直接让家长带儿童进入温室内采摘，家长和儿童都有可能因为摘草莓的方法不对，而损伤到草莓的秧苗或花果，使双方出现矛盾；采摘园经营者文化程度普遍偏低，又多数都是个人经营，经营者对草莓采摘知识的教育能力有限，发生矛盾会直接影响消费者满意度和忠诚度。

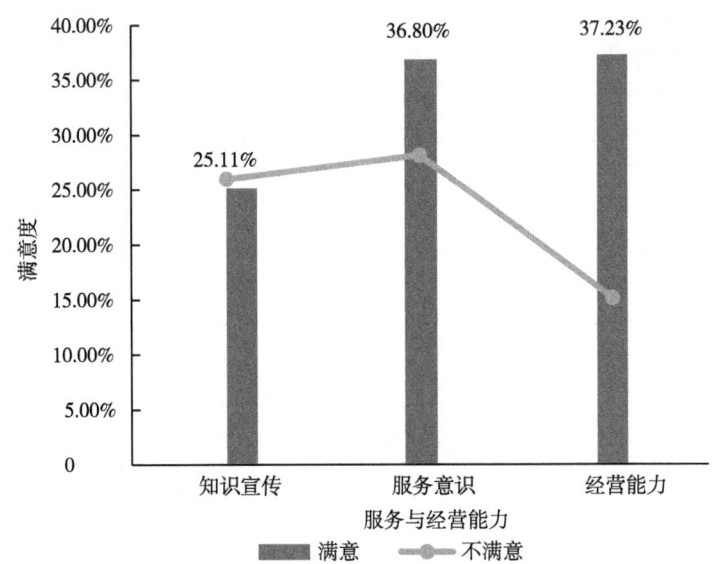

图5-11 被调查者对经营者服务与经营能力的满意程度

(5) 儿童家长对草莓园的地理位置及交通条件总体上不满意

儿童家长对采摘园的地理位置及交通便利性感到满意的仅占总参与调查人数的 32.47%。

(6) 儿童家长对采摘园停车便利性相对满意，但是对周边餐饮住宿及景观环境不满意

儿童家长对停车的方便性感到满意的占比为 52.38%，对周边景观丰富性感到满意的占比为 17.75%，对周边餐饮和住宿条件感到满意的占比分别

是 14.72%和 11.69%。可见，儿童家长对采摘园周边的环境总体上不满意（图 5-12）。

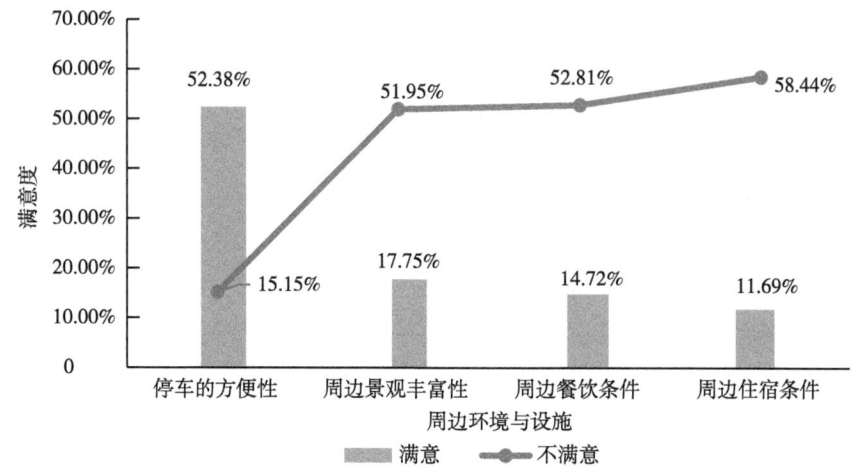

图 5-12　被调查者对采摘园周边环境与设施满意程度

采摘园内停车位多，进入采摘园不会出现找不到停车位置的现象。但由于草莓采摘园内没有正规的停车场，经常出现车辆随处乱停的现象，大部分采摘园的出口和入口是一个大门，出入没有专人指挥，容易出现秩序混乱。采摘园周围没有其他丰富的景观，基础设施也不到位，草莓采摘园附近就餐环境及卫生不易得到保证。

表 5-6 系统整理了总体上影响儿童家长草莓采摘满意程度的主要因素，可以发现，草莓园周边的住宿和餐饮条件以及景观的丰富性，是采摘者整体上最不满意的因素。其次，交通的便利性、草莓园与常住地距离、经营者的服务意识和知识宣传等服务质量，也是采摘者不满意程度相对较大的因素。

表 5-6　影响儿童家长草莓采摘满意度的主要因素

被评价的指标	消费者满意情况		
	满意的比例	不满意的比例	中立的比例
周边住宿条件	11.69%	58.44%	29.87%
周边餐饮条件	14.72%	52.81%	32.47%
周边景观丰富性	17.75%	51.95%	30.30%
交通便利性	32.47%	31.60%	35.93%

(续表)

被评价的指标	消费者满意情况		
	满意的比例	不满意的比例	中立的比例
与常住地的距离	26.41%	29.00%	44.59%
服务意识	36.80%	28.14%	35.06%
知识宣传	25.11%	25.97%	48.92%
草莓采摘价格	28.57%	22.51%	48.92%
品种丰富性	42.42%	17.32%	40.26%
经营能力	37.23%	15.15%	47.62%
停车的方便性	52.38%	15.15%	32.47%
安全性	51.08%	13.42%	35.50%
礼品功能	60.17%	12.12%	27.71%
外观	61.90%	6.07%	32.03%
口感	72.29%	4.33%	23.38%

5.3.4 提升北京儿童家长草莓采摘满意度的建议

（1）针对草莓园生产经营者的建议

第一，继续在生产环节提高产品的安全性，增加品种的丰富性，满足儿童家长选择的多样化需求。

第二，提高自身的知识水平和沟通能力，注重对采摘者增加草莓生产和采摘知识的宣教，提高顾客消费过程中的感知价值。

第三，价格方面，依据消费心理差异而实施灵活的差异化定价策略。

（2）针对政府相关管理部门的建议

第一，科学引导和优化草莓主产区公共设施及食宿布局，提高草莓采摘附加消费的广度和深度，继续提升草莓产业观光休闲的吸引力。

第二，加大公共宣传力度。通过网络、微信等新媒体，以及适宜的路标指示导引、宣传牌等传统媒介加大对草莓园的宣传推广力度。

第三，公共投资上，在政策许可范围内，继续改善草莓园周边的配套环境及交通便利性，不断优化产业发展的外部环境。

5.4 北京城区草莓消费者市场细分研究

为了对北京城区草莓消费者市场进行有效细分，并帮助草莓生产经营者更有效地选择目标市场和精准定位，本研究在实地调查和研读文献的基础上，应用因子分析和聚类分析等方法，根据消费行为变量，将北京城区草莓消费者细分为情感动机型和理性动机型两个子市场，进而分析每个细分子市场的消费特征，以利于草莓生产经营者针对不同细分市场的特征和自身经营的实际条件，更便捷地选择适宜的目标市场，并针对目标顾客完善有关产品、渠道、定价和促销等营销策略，集中优势资源来形成各自独特的市场竞争力。

5.4.1 概念界定及理论基础

5.4.1.1 相关概念界定

（1）市场细分

市场细分指的是按照某一类标准，生产经营者将消费者划分为不同群体，每一个消费群体为一个子市场。同一个子市场中的消费者具有某种或某类共性，而不同的子市场之间，则存在需求差别。市场细分是实施营销 STP 战略和营销组合策略的基础工作和前提。

（2）感情动机

感情动机指的是因为消费者的感情需要引发的购买欲望。感情动机分为两种情况，情绪动机和情感动机。其中，情绪动机指的是人们由于自身喜怒哀乐的变化所引起的购买欲望，情绪动机容易引发冲动消费，例如，看见新鲜漂亮的草莓而心生欢喜，于是引发购买行为并产生幸福的情绪。情感动机指的则是人们因为友谊等情感交流需要所引发的动机，例如，给朋友购买礼品，给孩子买零食，等等。

（3）理智动机

理智动机指的是消费者对于产品的特性等有着比较清醒的了解，对于此产品有着清楚的认知，在很熟悉这个产品的基础上，进行理性的判断斟酌之后做出的购买行为。理性动机消费者往往是一些有生活阅历的人，他们会在购买前进行理性思考，思考后再进行购买，并形成一种习惯。

5.4.1.2 相关理论基础

（1）消费者行为理论

消费者行为领域的涵盖面广阔，它研究个体或者群体为满足需要而抉择、购买、使用或处置产品、服务中所涉及的过程。消费者行为学发展初期，此领域经常用来指购买者行为，强调在购买过程中消费者与生产者的相互影响。消费者行为学发展至今，学者认为消费者行为不仅仅是消费者购买一瞬间的行为或者那一刻发生的事情，而是一个持续的过程。消费的全过程包括购买前、购买中、购买后。

在消费过程的三个阶段中消费者会产生需要或欲望，实施购买并处置产品，但在最常见的情况下，产品的购买者以及使用者很可能不是同一个人，比如家长为孩子购买草莓。在其他情况下，并不真正购买特定产品的人则可能扮演影响者的角色，他们提出支持或者反对这个产品的建议。例如，在购买水果时，朋友跟消费者提出草莓购买建议，会比促销员的话更有影响力。

依据消费者对产品的了解程度、使用情况或者态度等，把消费者划分为不同的子市场。通常情况下营销者是可以确定大部分购买决策者的，但有些产品的购买决策者则不能轻易确认，就需要营销者根据消费者行为特征进行引导，实现消费者购买决策的转变。

（2）市场细分理论

市场细分是指通过市场调研，根据消费者对某种或某类产品在欲望和需求、购买行为和购买习惯、地理和人文、个性动机、社会阶层以及生活方式等方面的不同，选定某种或某类细分标准，把消费者整体市场分为若干个具有某种或某类相似性的不同购买群体的子市场，使生产经营者依据不同市场的消费者群体不同的特征，从中选择其目标市场的过程及策略。

市场细分为一种以人为本、满足人的需求作为目标的营销观念。在如今激烈的竞争环境中，企业或者生产者经营者通过对市场进行细分，之后确定目标市场，并依据市场定位制定营销组合策略。STP战略的首要前提是市场细分，它是目标市场选择以及市场定位的基础。

市场细分的基础主要包含以下三点：消费者需求的差异性、消费者需求的相似性、企业有限的资源。消费者需求的差异性即表示不同的消费者之间需求不同。同质性需求和异质性需求的区分是依据消费者需求差异性的大小而定。同质性需求代表着消费者的某种或某类需求差异可以忽略不计，因此不需要进行市场细分。例如，一个产品的市场培育期，消费者不了解产品特性，因此不能表现出需求的差异性，为了节省成本，厂家就不会分散精力进行市场细分。但这种情况较为少见。异质性需求表示的是消费者的地理位置、社会环境、心理健康及购买动机等方面存在不同之处，造成各个消费者对产品价格、质量、款式的需求差异性。这种异质性需求被分为一般异质性需求和完全异质性需求。

消费者的需求存在绝对差异，也存在对应的同质性。在同样的地理、社会环境和文化背景下的消费者会形成类似的人生观、价值观等，而需求特征和消费情况也大致相同。这是因为消费者需求中的部分同质性。因市场中存在绝对差异的消费者，才能按一定细分标准将消费者划分成不同的细分子市场群体。

市场细分变量（或标准）一般是不固定的，需要根据研究目的和研究对象灵活选择，有时需要创新性地开发适宜的新标准。多数情况下，市场细分中经常采用以下4类变量：地理变量、人口统计变量、心理变量以及行为变量。在这4类变量当中，消费者需求差异的重要原因为地理变量、人口统计变量、心理变量，消费者需求差异的表现为行为变量。完成市场细分后，生产经营者需要依据有效性、可行性、吸引力和竞争力对不同的子市场进行分析，进而依据自身条件和面临的内外部环境而选择目标市场，并以适宜的定位满足该市场中消费者的产品和服务需求。

本研究将依据市场细分理论，结合草莓自身特点，选择人口统计、社会文化、消费者产品偏好、消费者行为这4个细分变量，设计相应的调查问卷，进而开展相关调研和分析。

(3) STP 理论

STP 营销中不同字母指代不同的意义：S 是指 Segmenting market，即市场细分；T 是指 Targeting market，即选择目标市场；P 为 Positioning，即市场定位。营销大师菲利普·科特勒认为，当代战略营销的核心，可被定义为 STP。

STP 营销有3个主要步骤：第一步是市场细分，是市场营销人员根据市场研究过程消费者（包括生活中的消费者和生产中的消费者）的需求和欲望，以及购买行为和购买习惯等方面的明显差异，将某种产品市场划分为不同种类的消费者子市场。第二步是目标市场选择，生产经营者根据划分出的不同细分子市场的特征，结合自身资源禀赋条件及其内外部环境，从若干子市场中选择一个或几个子市场作为营销活动需要满足的主要目标。第三步是市场定位，它基于竞争对手现有产品在市场上的位置，并着眼于消费者或用户对此类产品某些特征或属性的关注程度，塑造生产经营者自身与众不同且令人印象深刻的产品。市场定位的重点是把产品的个性或形象表达出来，并生动地将这种形象传达给客户，从而使产品确定到市场上的适当位置。换句话说，市场定位是要塑造产品在市场上的位置，而这个位置取决于消费者或用户如何识别产品。

(4) 营销组合理论

1960 年，美国市场营销专家麦卡锡（E. J. MaCarthy）教授根据人们的营销实践，提出了著名的"4Ps"营销策略组合理论，即产品、价格、地点、促销。"4Ps"是流行的经典营销策略组合的缩写，奠定了营销策略组合在营销管理中的重要地位。市场营销组合的概念是由美国哈佛大学教授尼尔·鲍顿（N. H. Borden）于 1964 年最早采用的，并确定营销组合的 12 个要素。

营销组合指的是公司在选定的目标市场中，综合考虑竞争环境、自身能力等影响公司自身经营的诸多因素，以最佳的策略组合与匹配方式来完成公司的目的和任务。营销组合是企业营销活动的重要组成部分，是将基本的可控营销手段集成到整体营销中。

5.4.2 北京城区消费者草莓消费特征分析

研究团队于 2019 年 6—11 月，针对在北京城六区（东城区、西城区、朝阳区、丰台区、石景山区、海淀区）的常住居民，以问卷为工具，采用典型调研结合随机抽样的方法确定调研对象，以问题导向型研讨、一对一互动面访和电话调研相结合的形式，完成有关草莓消费的数据收集，重点分析消费者对草莓的需求偏好及消费行为特征。共发放问卷 667 份，收回的有效问卷有 579 份，问卷的有效回收率为 87%。

5.4.2.1 被调查样本的基本特征

被调查样本的主要信息特征，如表 5-7 所示。

表 5-7 调查样本的基本特征

项目	特征	样本比例	项目	特征	样本比例
城区	东城区	25.4%	宗教信仰	无	66.0%
	西城区	10.2%		伊斯兰教	7.6%
	朝阳区	31.8%		道教	7.4%
	丰台区	13.5%		佛教	16.0%
	石景山区	9.1%		天主教	2.6%
	海淀区	10.0%		基督教	0.4%
性别	男	28.5%	家庭人口	1人	1.9%
	女	71.5%		2人	8.1%
年龄	14~22岁	2.4%		3人	38.7%
	23~35岁	82.4%		4人	35.1%
	36~45岁	13.8%		5人	13.1%
	46~59岁	1.4%		其他	3.1%
	≥60岁	0.0%	收入	3万元及以下（含3万元）	8.4%
学历	初中及下	1.1%		3万~8万元（含8万元）	27.1%
	高中/中专/高职	14.9%		8万~15万元（含15万元）	31.3%
	大专	27.3%		15万~80万元（含80万元）	28.0%
	本科及以上	56.7%		80万~200万元（含200万元）	4.5%
民族	汉族	80.3%		200万~500万元（含500万元）	0.0%
	满族	5.4%		500万元以上	0.8%
	回族	8.3%	职业	全职	61.7%
	藏族	2.9%		兼职	6.6%
	壮族	1.9%		失业及无业者	4.7%
	其他（土家族、蒙古族）	1.2%		其他	11.0%

（1）来自朝阳区和东城区的样本占比较大

被调查者中，来自朝阳区的样本占比 31.8%，来自东城区的样本占比 25.4%，二者合计占比达到 57.2%。丰台、西城、海淀和石景山区的样本占比则分别为 13.5%、10.2%、10.0% 和 9.1%。

(2) 样本群体以女性为主，年龄集中在中青年，文化程度总体偏高

总体样本中，女性占比 71.5%；年龄在 23~35 岁和 36~45 岁的中青年占比分别为 82.4% 和 13.8%，二者合计达 96.2%。文化程度上，大专及以上学历的占比达 84.0%，其次是高中/中专/高职文化程度的被调查者占 14.9%。可见，被调查者的文化层次相对较高。

(3) 被调查样本的家庭人口数以 3~4 人为主

被调查者的家庭人口数量是 3 人和 4 人的占比分别为 38.7% 和 35.1%，二者合计约占总样本的 3/4。其次是 5 人和 2 人，分别占比 13.1% 和 8.1%。

(4) 被调查样本以全职工作者为主，收入在中等偏上水平

被调查者的年收入水平，在 8 万~15 万元的占比 31.3%，在 15 万~80 万元和 3 万~8 万元的则分别占比 28.0% 和 27.1%。更低或更高收入水平的样本则较少。工作状态方面，全职的被调查者占比达 61.7%，职业上教师、企事业/公司基层管理者、私营业主、公务员等全职工作者分别占比 10.9%、12.4%、10.0% 和 13.7%。

(5) 被调查样本以汉族居多，多数没有宗教信仰

被调查样本的民族属性中，80% 以上是汉族，回族和满族所占比例均不足 10%，其他民族不足 5%。2/3 左右的被调查对象没有宗教信仰。其次是佛教信仰者占 16.0%；伊斯兰教和道教信仰者占比均不足 8%。

5.4.2.2 消费者对草莓产品本身特性的需求偏好

(1) 多数消费者最重视口味，其次是口感、颜色和果型

调查显示，1/3 的被调查者最重视草莓口味，占比最高；其次重视的是口感、颜色和果形，分别占比 23.4%、23.1% 和 20.4%。

口味上，2/3 以上的消费者以甜或酸甜适中的草莓为主要偏好，占比分别是 44.7% 和 24.2%；口感上，软硬适中的草莓更受消费者欢迎。

颜色上，喜欢深红或浅红的被调查者占比超过 67%，而粉色、白色、黄色和黑色草莓的偏好度则较低。

果形方面，偏好大个头椭圆形或扁平状的占比 63.6%，喜欢小个头椭圆形的占比 27.2%。

(2) 多数消费者更在意草莓的新鲜度、安全性、营养价值、应季消费和品种

根据李克特量表调查结果，至少有 2/3 消费者对草莓产品新鲜度、安全

性、营养价值、应季消费和品种等特性的重视程度,选择在"非常重要"和"重要"档次。其中,重视产品新鲜度和安全性的被调查者占比分别为84.6%和80.5%;营养价值、应季消费和品种被重视的比例,分别是78.6%、70.5%和66.0%。在认为品种非常重要和重要的被调查者中,清楚地了解草莓品种的被调查者占比为88.30%,他们所熟知的草莓品种为红颜、圣诞红、白雪公主和章姬。

5.4.2.3 消费者草莓购买行为偏好

(1)购买便利是多数消费者很在意的因素,农贸市场和连锁超市是主要购买场所,其次是采摘、社区超市和网上购买

调研结果表明,78.41%的消费者认为"购买便利"是影响其选购草莓的重要因素。半数以上消费者采购草莓的渠道,以农贸市场和连锁超市为主,占比分别为54.8%和51.0%;产地采摘、社区超市和网上购买草莓的占比则依次是40.4%、36.4%和20.8%。被调查者从批发市场和街边商贩购买草莓的比例较低。采购量小和不方便是消费者很少从批发市场采购的主要原因;从街边商贩处采购比例低,一是街边商贩的销售地点和时间无规律不利于采购,二是认为临时商贩资质不足,担心草莓的安全及质量无法保证(图5-13)。

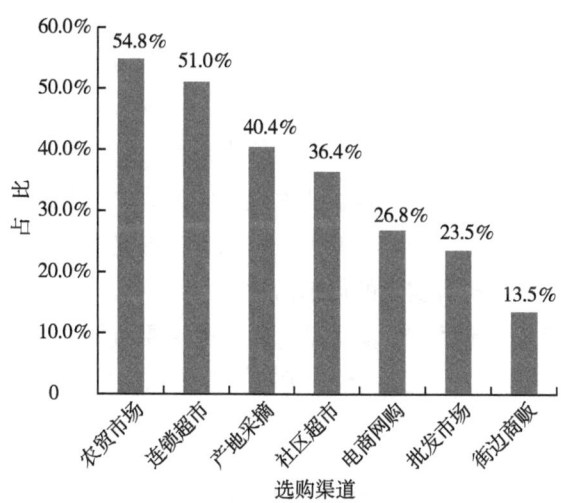

图5-13 消费者选购草莓的渠道分布

购买时段和频率上,2/3左右的被调查者选择在草莓上市主要时段采购,3/4以上的消费者购买草莓的频率在每月1~4次。

(2) 消费者青睐的价格区间以 20~60 元/千克为主

近 60% 的被调查者购买草莓的价格区间在 20~60 元/千克。20 元/千克以下和 60 元/千克之上的价格，消费者购买的比例较小。低价草莓多数是季尾产品，口感等大打折扣，明显影响消费者购买意愿；高价草莓，特别是价格高于 120 元/千克时，普通消费者会觉得价格太贵而影响购买。因此，120 元/千克是消费者承受的高价极限（图 5-14）。

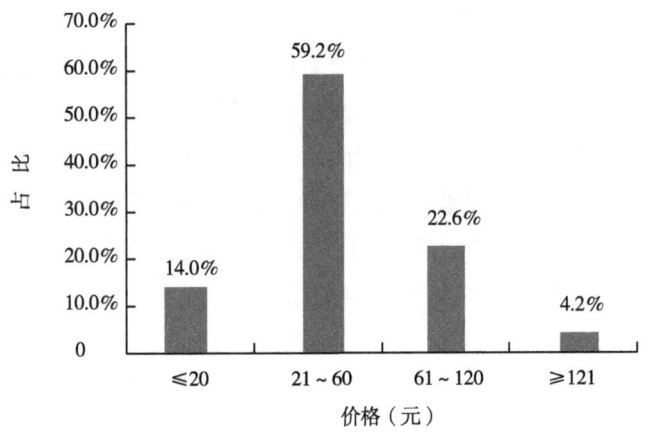

图 5-14 消费者面对草莓不同价格的选购比例分布

(3) 消费者更易受促销活动吸引而购买草莓，但对广告宣传重要性的认可比例不高

面对商家的不同促销方式，消费者的购买行为更容易受直接促销活动的影响。调查显示，近 3/4 的消费者认为直接促销活动对草莓购买的影响比较重要或者很重要。只有不到半数的消费者认为广告宣传重要。可见，消费者更看重能够直接带来经济实惠的促销活动。

消费者在产品上市季节，购买草莓的频率主要为每月 1~2 次和每周 1~2 次。在草莓销售淡季，苹果、梨、香蕉、樱桃和桃等果品成为主要替代类果品。

5.4.3 北京城区草莓消费者的市场细分

(1) 细分变量选取

本研究选取人口统计变量、社会文化变量、消费者偏好变量和消费者行为变量作为细分变量的基础进行消费者市场细分。本研究选用的人口统计变量包括性别、年龄、受教育程度、家庭人口、家庭收入、就业状态和职业；社会文化变量包括民族和宗教信仰；消费者行为变量包括购买时间、购买频率、购买价格、购买渠道等；消费者偏好变量包括颜色、果形、口味和口感。总计选用20个细分变量（表5-8）。

表5-8 消费者市场细分变量

一级细分变量	二级细分变量	一级细分变量	二级细分变量
人口统计	性别	消费者行为	购买时间
	年龄		购买频率
	受教育程度		购买金额
	家庭人口		追求利益
	家庭收入		购买渠道
	就业状态		营销影响因素
	职业		购买时机
社会文化	民族	消费者偏好	颜色
	宗教信仰		果形
			口味
			口感

表5-8中的部分二级细分变量由于难以测量或不易被北京城区草莓市场的消费者理解，通过对调研数据的进一步分析，最终选用其中的部分变量而形成一个新的变量表（表5-9）。

表5-9 消费者市场细分测量变量

变量代码	变量名称	变量代码	变量名称
$X1$	购买时机	$X8$	价格
$X2$	购买频率	$X9$	包装
$X3$	购买金额	$X10$	营养价值
$X4$	新鲜	$X11$	购买便利性
$X5$	应季	$X12$	广告宣传
$X6$	安全	$X13$	促销活动
$X7$	品种		

(2) 细分变量赋值

由于选取的细分变量是分类变量，研究中需对其取值范围应用李克特量表进行具体赋值。对人口统计变量及社会文化变量的李克特 5 级赋值结果如表 5-10 所示。

表 5-10 人口统计变量及社会文化变量的李克特 5 级赋值结果

编码结果	X1 购买时机	X2 购买频率	X3 购买金额	X4 新鲜	X5 应季	X6 安全	X7 品种	X8 价格	X9 包装	X10 营养价值	X11 购买便利性	X12 广告宣传	X13 促销活动
1	11—12 月	每月 1~2 次	≤10 元	非常不重要	非常不重要	非常不重要	非常不重要	非常不重要	非常不重要	非常不重要	非常不重要	非常不重要	非常不重要
2	11—12 月,1—2 月	每周 1~2 次	11~30 元	不重要	不重要	不重要	不重要	不重要	不重要	不重要	不重要	不重要	不重要
3	11—12 月,3—4 月	2~3 天 1 次	31~60 元	一般	一般	一般	一般	一般	一般	一般	一般	一般	一般
4	1—2 月	一天 1 次	61~100 元	重要	重要	重要	重要	重要	重要	重要	重要	重要	重要
5	1—2 月,3—4 月	一天多次	101 元以上	非常重要	非常重要	非常重要	非常重要	非常重要	非常重要	非常重要	非常重要	非常重要	非常重要

(3) 信度与效度分析

信度是指测验结果的一致性或稳定性，即某一测验多次施测后所得结果的一致程度。如同一张问卷在一定时段内多次施测，消费者给出的分数维持在相对稳定的范围，那么就可以说这张问卷的信度较高。信度既包括测验结果在时间上的一致性，也包括在不同回答者之间的一致性。如针对同一份问卷，同类细分市场的消费者给出的评分相差不大，就可以说这个问卷测量的信度不错。

为了验证问卷中所应用的李克特量表测量的一致性、稳定性及可靠性。本研究以内部一致性来加以表示该调研变量测量信度的高低。信度系数越高即表示该测验的结果越一致、稳定与可靠。采用检测 Cronbach's α 值的方法检测量表测量的信度，应用 579 份样本数据，整体量表信度值为 0.73，说明本次问卷的量表对于分析目的而言信度较好。

效度（Validity）即有效性，它是指测量工具或手段能够准确测出所需测量事物的程度。对本研究中的各个非量表题型，为检查其合乎现实情况的效度，本研究请草莓业内具有多年生产经营经验的人士帮助回答相关问题。

效度检验采用探索性因子分析中的 KMO 值来测度。该值越接近 1 就表示越符合所测事物的实际情况。一般要求 KMO 值在 0.6 以上。本研究中所得 KMO 为 0.697，Bartlett 球形检验的结果为 2 356.476（大于 100）。显著性 P 值<0.01，变量之间差异极显著。表明各测量项目可以进行因子分析。

共同度反映了每个测量项目的方差被公因子所解释的比例，共同度高于 0.4 时是可以接受的。因子分析结果显示，各测试项目的共同度均大于 0.441，同时，公因子的累积方差贡献率为 63.588%，在可接受程度 60% 以上，可以认为本问卷具有较好的效度。

综上所述，本研究问卷具有较好的信度和效度。

（4）因子分析与提取

为了用最少的变量解释尽可能多的方差，对各测量项目运用主成分分析法进行因子提取，并保留特征值大于 1 的因子。测量变量在 Spss 软件上运行因子分析，在提取 5 个因子后，其累计方差贡献率达到 63.588%，说明这 5 个因子对 13 个变量有 63.588% 的解释力。这也表明 5 个因子已经能表达大部分原有信息（表 5-11）。

表 5-11　因子分析中的旋转成分矩阵

变量	因子				
	1	2	3	4	5
$X7$（品种）	0.672				
$X9$（包装）	0.776				
$X11$（购买便利性）	0.525				
$X12$（广告宣传）	0.789				
$X5$（应季）	0.475				
$X4$（新鲜）		0.788			
$X6$（安全）		0.824			
$X10$（营养价值）		0.646			
$X1$（购买时机）			0.851		
$X8$（价格）			0.301		

（续表）

变量	因子				
	1	2	3	4	5
X2（购买频率）				0.466	
X3（购买金额）				0.646	
X13（促销活动）					0.953

数据来源：根据测量变量数据整理。

回顾已有 13 个变量的含义，结合北京城区消费者对草莓消费的需求，对这 13 个变量得到的 5 个因子进行详细解释，并用因子载荷较高的一个或几个变量对因子进一步总结出新因子名称如下。

因子 1："物质需求与宣传"因子。该因子中品种、包装、购买便利性、应季和广告宣传这 5 个变量的载荷最高。前 4 个变量反映北京城区消费者对草莓物质层面的食用需求，广告宣传变量表明北京城区消费者受营销宣传的影响程度。

因子 2："安全健康"因子。该因子中新鲜、安全、营养价值 3 个变量载荷较高。这表明北京城区消费者在满足日常消费的前提下对草莓的安全健康方面有了新的要求，消费者更加注重草莓的新鲜、安全和营养价值，以满足消费者安全层面的需要。

因子 3："时机与价格"因子。该因子中购买时机与价格两个变量载荷较高。表明消费者对草莓的购买时机和购买价格都有较高的要求。不同时节草莓价格和消费者对草莓的需求都不同，且购买时机与价格的关系较大。

因子 4："忠诚度"因子。该因子中购买频率和购买金额两个变量载荷较高。这两个变量反映北京城区消费者购买草莓的忠诚度。消费者重复购买次数反映其对草莓商品的偏好稳定性及忠诚情况；购买金额反映了消费者对草莓商品的支出力度。

因子 5："经济"因子。该因子中促销活动这一变量载荷较高。这表明北京城区草莓消费者受草莓促销活动影响较大。由于草莓是被誉为"水果皇后"的相对高价的鲜活水果，促销可以给消费者带来较明显的实惠，因此导致部分消费者容易因促销活动而产生冲动购买行为。

（5）K-means 聚类分析

在进行 K-means 聚类之前，需要先进行系统聚类，目的是找出样本适合的聚类数。此处系统聚类中,采用 Ward 聚类方法,使用平方 Euclidean 距离作为距离计算方法,对前面提取的 5 个因子,利用 Spss 软件进行系统聚类。根据系统聚类谱系的可视化结果可知,将样本分为 2 类或 3 类的特征不明显。在此基础上进一步做 K-Means 聚类分析。

应用上述提取的 5 个新因子,用 K-means 聚类分析样本数据,以得出草莓消费市场细分的大致画像。应用 Spss22 聚类分析的最大迭代次数设置为 25,收敛准则设置为 0.02。

聚类结果显示,样本被分为两个最终聚类中心,即两个细分市场(表 5-12)。

表 5-12　5 个不同因子的聚类分析结果

子市场分类名称	因子	聚类 1	聚类 2
感情动机型子市场	安全健康	0.495 68	-0.522 04
	购买时机与价格	0.443 85	-0.467 46
	购买忠诚度	0.023 87	-0.025 14
理智动机型子市场	经济	-0.380 75	0.401 00
	物质需求与宣传	-0.126 84	0.133 59

聚类 1 与"安全健康"因子、"购买时机与价格"因子和"购买草莓忠诚度"因子为正相关;与"物质需求与宣传"因子和"经济"因子为负相关。

聚类 2 与"物质需求与宣传"因子和"经济"因子正相关;与"安全健康"因子、"购买时机与价格"因子和"购买忠诚度"因子负相关。

由此表明,聚类 1 主要是对安全健康、购买时机与价格、购买草莓忠诚度方面有明确要求的消费者群。聚类 2 主要是对物质需求与宣传、经济方面有明显需求的消费者群。因此,将聚类 1 和聚类 2 分别定义为感情动机型子市场和理智动机型子市场。

5.4.4　北京城区草莓消费者的细分子市场特征

北京城区居民草莓消费市场细分成两个子市场,分别是感情动机型子市场和理智动机型子市场。两个细分子市场特征在主要细分指标上有明显不同。

（1）感情动机型细分子市场特征

感情动机型消费者与"安全健康"因子、"购买时机与价格"因子和"购买草莓忠诚度"因子的正向关联度较高。可见，该子市场的消费者更注重草莓的安全健康和购买时机，对草莓商品的偏好和忠诚度较高。他们消费草莓一般不容易被草莓属性、季节或者消费环境影响，购买目的较强，消费黏性比较高。感情动机型细分子市场的消费者差异化特征主要体现在以下方面。

第一，家庭年收入在15万元以上的被调查者占2/3左右；消费者职业以企事业各级管理者、教师、私营业主这三种职业占比较高。这部分消费者整体上消费水平偏高，对提高生活质量的需求高于满足日常温饱的基本需求。

第二，购买渠道以连锁超市和草莓采摘园为主。连锁超市商品质量安全性较高；草莓采摘园更有自主选择权和趣味性。

第三，消费者更重视草莓商品自身的营养价值和安全新鲜，最不在意价格和广告促销，属于价格不敏感且受促销影响较小的群体。

第四，购买时机上以应季新鲜草莓为主，消费黏性较高，消费上因受预算约束小而具有冲动消费等较大的感情动机自由度，想吃则买，是草莓的忠诚爱好者，多数偏向于选择口味甜的草莓。

（2）理智动机型细分子市场特征

理智动机型消费者与"物质需求与宣传"因子和"经济"因子正相关。该类消费者更关注草莓的物质需求层面，受营销因素影响较大。消费者对于草莓品种、包装、购买便利性、促销等因素较为重视，偏向于较为理性的选择状态，重视性价比，希望购买物美价廉的产品。

理智动机型细分子市场的消费者差异化特征主要体现在以下方面。

第一，家庭年收入在15万元及以下的被调查者占2/3左右；消费者职业以行政、财务工作等严谨性职业占比较高。这部分消费者整体消费水平中等，基本需求和理性消费特征明显。

第二，购买渠道以农贸市场和社区超市为主，偏重渠道的便捷性和经济性。

第三，消费者比较重视草莓促销和价格等外在因素，不太在意营养价值等商品内在属性，属于价格相对敏感且受促销影响偏大的群体。

第四，购买时机上对是否应季的要求总体不高，购买草莓时更重视产品的性价比。如果价格过高则会以其他水果进行消费代替，具有较大的理智消费倾向，冲动购买较少。此类细分市场的消费者更在意草莓的果形及口味。

5.4.5　草莓生产经营者深耕北京消费市场的建议

（1）重点开拓适宜于自身条件的细分市场

由于不同的消费子市场需求特征有所差异，各类草莓生产经营主体在选择草莓目标市场时，就需要根据自身的生产规模、人财物等资源禀赋以及生产经营管理水平与能力，针对不同的子市场有所侧重。例如，生产规模较大、有条件接待更多人同时采摘或有能力给电商及超市等供货的生产经营主体，可重点选择感情动机型细分子市场作为首要目标市场；而规模有限的普通草莓种植户，可重点选择理智动机型细分子市场。

（2）针对不同目标市场采取差异化定位策略

感情动机型市场定位为中等偏高收入群体，重视草莓的营养价值和安全新鲜，对应高质高价的果品。因而，针对感情动机型市场的定位策略，以强化自身产品在消费者心目中的地位为主，树立品牌意识，强调自己能够作为行业先锋的资格，消费者会因此提高对该经营主体的信任度。

理智动机型市场定位为中等偏低收入群体，对于草莓品种、包装、购买便利性、促销和性价比较为重视。因此，针对理智动机型市场的定位策略，可以尝试寻找空白的定位策略，即寻找还没有被占据且为消费者当下所重视的市场位置，并争取抓住机会渗透市场。

（3）针对不同的目标市场，选择适宜的营销组合策略

产品策略：针对感情动机型消费市场，生产经营者须注重提升草莓商品的营养价值和安全新鲜，优化草莓品种、提升产品质量、精细化商品包装，打造草莓的优质品牌形象，不断提升消费者忠诚度。理智动机型目标市场的消费者对产品营养与新鲜的关注度稍弱，生产经营者可对供应市场的商品进行分类分级，然后针对不同目标市场的需求重点分别投放不同分级的商品。

价格策略：注重在需求导向定价的基础上，根据消费者需求差异和对商品感知价值的不同，采用差别定价策略。感情动机型细分子市场的消费者对高价格承受力较高，价格不敏感但对产品质量要求偏高，可采取高质量商品的高定价策略；理智动机型目标市场的消费者对价格相对敏感，购买决策过

程中反复权衡的理性成分较多,可适当采取随行就市的定价策略。

渠道策略:由于草莓鲜活易腐、不耐贮藏和不易远途运输,生产经营者无论选择哪个目标子市场,都需要采取扁平化的密集分销渠道策略,将短渠道策略与宽渠道策略相结合,通过最大限度地提高消费者的购买便利性,来推动供求的顺畅对接和商品的快速销售。针对感情动机型子市场,草莓生产经营主体可重点关注采摘、团购、线下连锁商超和线上电商等对供货批量要求偏大的渠道,尽量拓宽商品的市场覆盖率。针对理智动机型目标市场的消费者,生产经营者则可通过收购商、农贸市场等渠道销售。

促销策略:根据消费者行为阶段划分的 AIDA 模型(即注意 Attention、兴趣 Interest、欲望 Desire、行动 Action),在消费者购买行为的注意和兴趣两个阶段,应用营业推广的促销方式,有效性较高;而在欲望和购买行动阶段,人员推广的促销方法则有效性较高。理智动机型细分市场的消费者受促销因素的影响较大,可采用赠品、折扣折让等营业推广策略来突出商品的物美价廉经济性,有利于吸引追求性价比的消费群体。

 中国草莓进出口结构及贸易竞争力分析

中国是世界最大的草莓生产国。虽然中国的草莓产出水平不断提升,但近年来出口水平却不断下降。为进一步开拓国际草莓市场,本研究在分析世界草莓生产现状的基础上,首先,统计分析中国草莓进出口规模及市场结构;其次,通过国际市场占有率、显性比较优势指数、贸易竞争力指数、互补性指数以及贸易强度指数等指标,判断中国草莓在国际市场上的竞争力水平;再次,以 2019 年出口前十位的草莓进口国为重点研究区域,通过 CMS 模型分析 2000—2019 年中国草莓出口波动成因,并从中国草莓产业自身发展以及贸易结构、贸易壁垒等方面进一步分析影响其竞争力的主要因素;最后,根据上述研究结果提出中国优化草莓出口结构和开拓国际草莓市场的相关参考建议,以期促进中国草莓产业的外向型可持续发展。

6.1 国内外相关研究的简要回顾

6.1.1 关于国际贸易竞争力的研究

Markusen(1992)认为,在国家对进出口贸易不进行干涉的条件下,如果一国某产业的进口总额在世界进口总额中所占的比重上升或出口总额所占比例下降,则说明该产业缺乏国际竞争力。姜爱林(2003)在前人研究的基础上,系统地总结了国际竞争力的定义、来源、分类和评价方法,指出测算某国国际竞争力的常用方法包括 WEF 评价法、IMD 评价法等。胡珊(2020)通过实证分析测算出老挝农产品的出口竞争力,认为区域经济合作、世界经济发展以及政策因素对国际竞争力的形成产生了显著的影响。

6.1.2 关于贸易指数及 CMS 模型应用的研究

利用贸易指数研究两国或多国在农产品贸易方面的问题已十分普遍。陈志恒和孙彤彤（2019）通过国际市场占有率等贸易指数对美国农产品的国际竞争力水平进行了探究，并进一步分析影响其竞争力高低的主要因素，结果表明农产品的国际需求、农业生产体制和经营体制以及相关的农业政策对美国农产品国际竞争力的形成具有重要影响。李金锴等（2019）利用显性比较优势指数、贸易竞争力指数等指标测算了中国和美国农产品国际市场出口竞争水平，研究显示资源密集型的农产品在美国具有出口优势，而蔬果类及水产品等劳动密集型产品是中国具有出口优势的农产品。

CMS 模型即恒定市场份额模型，是研究贸易变动成因的较为成熟的模型之一。目前已有许多学者通过该模型对进出口波动的影响因素进行研究。张莹和张雯丽（2020）在对 CMS 模型进行实证分析的基础上，研究了中国向日葵产品贸易变化的成因。结果表明，结构效应是中国葵花籽出口增加的主要原因，而葵花籽油的进口结构有待进一步优化。张弛和徐佳慧（2016）根据联合国贸易数据库数据，利用 CMS 模型，分析了影响中国对俄罗斯出口农产品的主要因素，并根据研究结果提出加强对目标市场调研跟踪、关注进口国进口政策等对策建议。赵亮和穆月英（2018）以 1992—2009 年为研究时段，选取东盟的 10 个国家以及中日韩三国农产品分类出口额作为研究对象，利用 CMS 模型分析了各国在不同时期进出口变动的主要影响因素。

6.1.3 关于草莓贸易的相关研究

韩振兴等（2019）通过对比中国草莓和世界草莓的总体出口均价，指出中国草莓出口价格优势在不断弱化，而且出口贸易流向区域集中度较高。王雯慧（2016）回顾了中国草莓发展的三个阶段，指出因地制宜的栽培技术以及科研力量为中国草莓产业的发展做出了突出贡献，发展前景可观。王忠和（2008）在对世界草莓产业发展情况进行梳理后，指出目前中国在草莓市场开拓方面仍存在宣传力度小、市场调研不充分等问题。李天红和王岚（2004）在对中国草莓生产及贸易现状进行详细分析后，提出可以通过建立草莓产业示范园区、完善草莓运输流通渠道等方式来促进中国草莓产业的有效发展。

韩振兴等（2018）运用 CMS 模型研究中国草莓出口的影响因素。结果表明，在 1—2 期市场规模效应为促进中国草莓出口起到了关键作用，而在 2—3 期及 3—4 期分别是市场分布效应和竞争力效应促进了出口的增加，就此提出拓宽草莓加工产品种类、延伸草莓产业链等方式以进一步挖掘国际市场出口空间等建议。王维金，李铭军和李铭军（2017）、李威（2007）均以中国冷冻草莓出口受阻为例，指出中国草莓的出口会受到国外反倾销及技术性贸易壁垒的影响，并提出中国农产品出口应对国外贸易壁垒的对策建议。舒锐等（2019）通过分析中国草莓生产及加工消费情况，指出中国冷链运输体系不完善是制约中国草莓出口的主因素。

吉沐详等（2012）通过分析江苏草莓产业现状与存在问题，认为走草莓绿色可持续发展道路是中国草莓产业未来发展的长久之计，应着力打造自己的绿色品牌，以期在国际贸易中拥有自己的市场地位。罗延军（2017）、王翔（2018）也提出以品牌化路径推进草莓产业发展的观点。董辉等（2017）主要从草莓加工制品方面对中国草莓产业的发展现状进行了剖析，指出草莓深加工品是未来草莓产业发展的主要竞争推动力。张吉良等（2013）认为，随着国外食品检验检疫要求的不断提高，提高草莓生产管理水平，规范草莓生产基础设施建设，提高草莓产品质量，对扩大中国草莓出口贸易量具有重要影响。

6.1.4 研究述评

通过对已有文献的分析发现，国内外对草莓产品贸易和国际竞争力方面的研究，多集中在宏观层面的描述性统计及比较分析上，微观角度的实证研究较少。运用 CMS 模型研究影响产品出口绩效的因素，已在其他农产品的贸易研究中得到广泛应用，但在草莓产品贸易和国际竞争力研究中的应用却较少。本研究将在借鉴前人研究成果的基础上，采用近年来的生产及贸易数据，通过对系列贸易指数的计算，定量分析中国草莓的贸易竞争力水平，并利用 CMS 模型分析近 20 年来中国草莓出口波动成因，分别从理论及实证角度对影响中国草莓出口竞争力的因素进行探讨，并据此提出进一步优化中国草莓贸易结构及提升草莓贸易竞争力的参考建议。

6.2 概念界定及理论基础

6.2.1 概念界定

(1) 国际竞争力

本研究所指的国际竞争力,是指从国家的层面对竞争力进行分析评价及比较。亚当·斯密等人从国际贸易的角度出发,将国际竞争力视为一种比较优势,认为某国或某个企业在生产要素方面存在的比较优势,是他们相比于其他国家或企业具有更强劲的竞争力的主要原因。狄昂照(1992)认为,国际竞争力是指一国允许商品在不同国家间进行自由流动的条件下开发市场、占领市场并为特定行业的商品获取利润的能力。2001 年《中国国际竞争力发展报告》认为,"国际竞争力是通过竞争形成并促进一个国家的总体发展的能力,以实现持续和最大程度地改善人民生活质量的目标"。

(2) 进出口贸易结构

进出口贸易结构是指一定时间内某国或某地区,各类商品在其进出口贸易中所占的比重。国际上对进出口商品的分类一般分为两类,一类是联合国根据国际贸易分类标准(SITC)将产品划分为两大类,即初级产品和工业制成品。另一类是海关对进出口商品的分类,即海关 HS 编码,共计 21 类。考虑到 HS 编码分类对商品的区分更为细致详细,本研究采用了海关 HS 编码分类方法。

6.2.2 理论基础

6.2.2.1 古典国际贸易理论

(1) 绝对优势理论

绝对优势理论又称为绝对成本理论,是由英国古典经济学家亚当·斯密于 1776 年提出的。他认为不同国家之间生产成本的绝对差异是进行国际贸易往来的根本原因,如果某国在某种产品生产上的成本绝对低于另一国,则具备该产品生产的绝对优势。每个国家都应该集中精力生产具有绝对优势的产品用于出口,并与其他国家交换具有绝对劣势的产品,通过这样的专业化分工可以提高劳动生产率,增加国民财富。绝对优势理论深刻地指出了国际分工对提高劳动生产率的影响,但不能解释在各种产品生产上都具有绝对优势的国家与在各种产品生产上都具有绝对劣势的国家进行贸易往来的原因,具有一定局限性。

（2）比较优势理论

比较优势理论是对绝对优势理论的继承和发展，进一步完善了古典国际贸易理论的内容。该理论由英国古典经济学家大卫·李嘉图提出。该理论认为，如果两国之间在不同产品上生产效率存在差异，假设其中一国在两种产品上的生产效率都小于另一国家，但只要该国在这两种商品上的生产劣势程度不同，那么当低生产效率国家出口劣势较轻的产品，进口劣势较重的产品，而高生产效率的国家出口优势较大但进口优势较小的产品时，可提高国际化分工水平，双方都可以从中受益。该理论解释了各国进行国际贸易的基础并非来自绝对成本差异，只要各国在不同产品上的劳动生产率存在相对差异，就可以通过出口比较优势大的产品而进口比较优势小的产品来进行国际贸易分工合作，从而使各国在国际贸易中获益。

6.2.2.2 要素禀赋理论

要素禀赋理论又称 H-O 理论。该理论认为，国家之间生产要素丰裕程度的差异以及利用这些要素禀赋强度的不同是进行国际贸易的基础。要素禀赋是指一国所拥有的所有可以用来生产商品和劳务的各种生产要素的总量。包括先天的自然资源以及后天获得性资源（如资本、技术等）。在不考虑需求和其他因素的情况下，不同国家生产要素的丰裕程度决定了要素的价格，而要素价格的差异又使得各国的生产成本存在不同。该理论认为，一个国家应该出口由其相对丰富的要素生产的商品，而进口由其相对稀缺的要素生产的商品，以实现双方贸易的利益最大化。

6.2.2.3 竞争优势理论

美国经济学家迈克尔·波特在1990年出版的《国家竞争优势》中，将企业竞争理论上升到国家层面，提出了国家竞争优势理论（也称国际竞争力钻石体系）。根据这一理论，影响一个国家产业竞争力的因素主要包括4个关键因素，即生产要素、国内需求、相关和支撑产业，企业的战略结构和竞争程度，还包括一国所面临的机遇与政府的作用（政府行为）这两个辅助因素（图6-1）。生产要素是一国进行生产的要素条件，包括自然资源、气候、土壤等先天拥有的基本要素以及通过后天开发获得的要素（如人才、技术等）。国内需求是指某行业生产的产品在国内市场上的需求状况。通常一国对某产品的需求规模越大,开放贸易的程度越高,国际竞争力就越强。

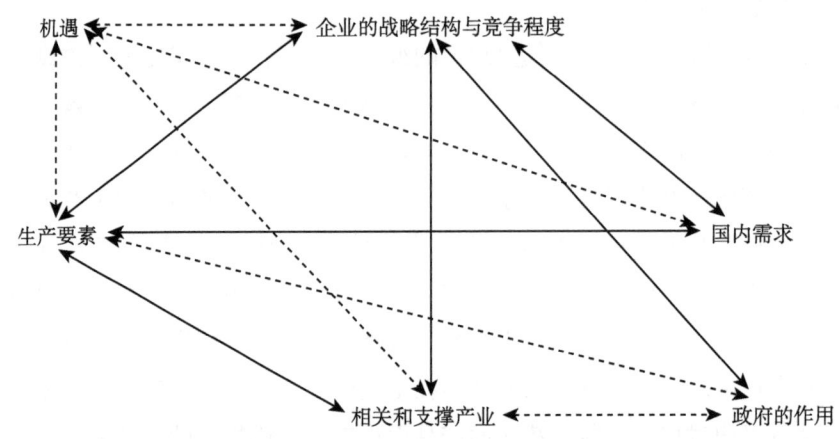

图6-1 迈克尔·波特的国际竞争力钻石(菱形)体系

相关及支持性产业主要是指其上游产业及相关产业的发展对该产业竞争力的影响。

企业战略、结构和同业竞争,是指不同的企业组织模式、管理模式和行业环境等对一国竞争优势的形成所起到的帮助或妨碍性作用。此外,政府在企业参与国际竞争中的行为以及所面临的机遇,对于国家整体竞争优势的形成也起到了不可忽视的作用。

6.3 中国草莓贸易结构分析

6.3.1 世界草莓生产规模及区域分布

(1) 总体上,世界草莓生产规模和单产水平不断提高

草莓适应能力强、营养水平高,素有"水果皇后"的美称,在世界大多数国家均有种植。据联合国粮食及农业组织(FAO)统计局数据显示,世界草莓种植面积在2019年已达到39.64万公顷,和2000年相比增长了7.93万公顷,平均每年增长1.67万公顷。随着草莓产业技术的不断提升,世界草莓平均单产水平也在逐步提升。2019年世界草莓单产水平为2.24万千克/公顷,与2000年相比增长了57.75%。产量方面,在2000—2019年,世界草莓年总产量从457.84万吨增长到888.50万吨,年均增长率达到了3.55%。

(2) 世界草莓生产区域以欧洲、亚洲和美洲为主

从栽种范围来看，草莓的种植范围很广。以2019年数据为例，播种面积最大的洲为欧洲，占世界草莓播种总面积的41.89%；其次为亚洲、美洲和非洲，分别占比为40.70%、12.50%和4.18%。总产量最高的洲为亚洲，占世界草莓总产量的46.97%。其中，中国是亚洲草莓主产国，同时也是世界上草莓产量最高的国家；其次为美洲、欧洲和非洲，产量所占比例分别为25.24%、19.67%和7.31%。2019年欧洲草莓的单产水平位于五大洲之末，可见，虽然欧洲的草莓播种面积最大，但总产量仍不足世界总产的1/5。从产量角度来看，世界草莓种植中心已从欧洲转移至亚洲。

欧洲过去一直是草莓生产的主要区域，但近年来受劳动力成本提高的影响，生产规模开始出现萎缩态势。目前西班牙是欧洲草莓产量最高的国家，2019年达到了35.20万吨；从种植面积来看，波兰在2019年栽培面积近5万公顷，但其单产水平相对较低。

美洲草莓主产国包括美国、墨西哥和加拿大等。美国是世界第二大草莓产出国，2019年产量达到102.15万吨。中美两国草莓总产量接近世界草莓总产量的50%。2019年墨西哥草莓产量为86.13万吨，其中以美国为主要目标出口市场。

亚洲草莓的生产在中国的带领下逐渐走向世界中心。中国自1999年总产超过了一直居世界首位的美国后，中国草莓生产继续迅猛发展，增长势头强劲。到2019年种植面积已达到12.61万公顷，较2000年增长了近1倍。产量也由2000年的118.61万吨增长至2019年的322.16万吨，平均每年增加10.71万吨。从具体省份来看，山东、河北、辽宁、江苏、安徽为中国前五大草莓主产区，2018年上述五大产区草莓产量合计占中国草莓总产量的64.67%。其中，山东省草莓总产量达到54.85万吨，占比为17.92%，位居全国第一。除中国外，土耳其、韩国和日本也是亚洲的草莓主产国。

近年来非洲草莓产业发展迅速并以埃及为首。2019年埃及草莓产量在46万吨左右，约占世界草莓总产的5.18%。

(3) 世界草莓种植规模、产出规模和单产水平位居前列的国家

从2019年的统计数据来看，世界草莓种植面积前五位的国家分别是中国、波兰、俄罗斯、美国以及墨西哥，这5个草莓主产国的种植面积占世界草莓生产总面积的60.85%（图6-2）。

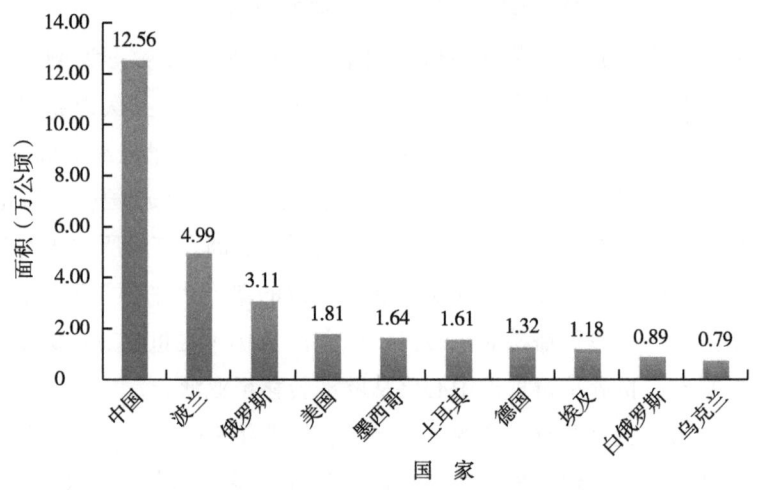

图 6-2 2019 年世界草莓主产国种植面积比较

（数据来源：FAO）

总产量位于前五位的国家分别是中国、美国、墨西哥、土耳其和埃及，这五大草莓产出国的草莓总产量占比达到世界草莓总产量的 68.01%（图 6-3）。可见，虽然草莓种植涉及的区域范围广，但有越来越向生产大国聚集发展的趋势。

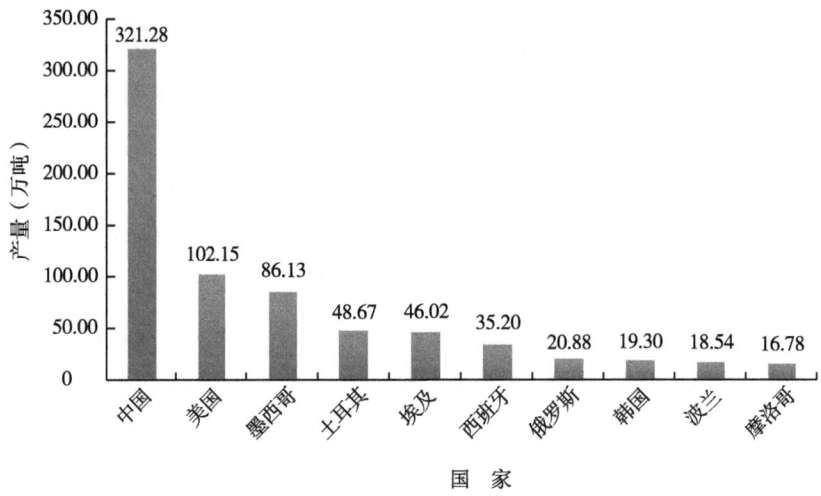

图 6-3 2019 年世界草莓主产国产量比较

（数据来源：FAO）

从单产水平看,美国、墨西哥的单产水平较高,2019年均超过50吨/公顷;中国草莓的单产水平则未进世界前十位,2019年中国草莓单产水平为25.54吨/公顷(表6-1)。

表6-1 2019年单产水平在世界前十位的国家

国家	单产水平(吨/公顷)	国家	单产水平(吨/公顷)
美国	56.34	荷兰	46.09
墨西哥	52.43	以色列	45.43
摩洛哥	48.58	阿尔巴尼亚	43.58
西班牙	48.48	科威特	41.60
希腊	46.23	埃及	39.10

数据来源:FAO数据库。

6.3.2 中国草莓及其制品总体进出口规模

(1)进口规模总体呈波动中上升态势

据统计,2019年中国草莓进口总量为19 527.67吨,进口总额为3 597.75万美元。较2018年分别增加了5 094.33吨和805.94万美元,增幅分别达35.30%和28.87%。进口总量和进口总额双双创近年来历史新高。由图6-4可知,中国草莓进口总量大致呈波动中上升的态势。在2000—2002年,中国草莓进口总量较少,进口数量位于5 000吨以下。2003年草莓进口总量大幅上升至17 597.04吨,和2002年相比增长了近3倍,而后又开始下降,并在2006年降至7 944.51吨。2015—2019年,除2017年中国草莓进口数量略有下降外,其余年份草莓进口总量均呈现逐步增长趋势。与之对应,中国草莓进口额的变化趋势也与进口量基本相同。

(2)出口规模呈波动中先升后降态势

与进口规模相比,中国草莓的出口规模相对较大,图6-5显示了2000—2019年中国草莓出口的基本情况。据统计,2019年中国出口草莓62 595.20吨,出口额13 479.07万美元,较2018年分别减少了13 619.53吨和1 589.52万美元,减幅分别达17.87%和11.79%;与这十年最高出口量(2011年,154 260.15吨)相比,下降了59.42%;与这十年最高出口额(2011年,20 507.28万美元)相比,下降了34.27%,出口量与出口额均为

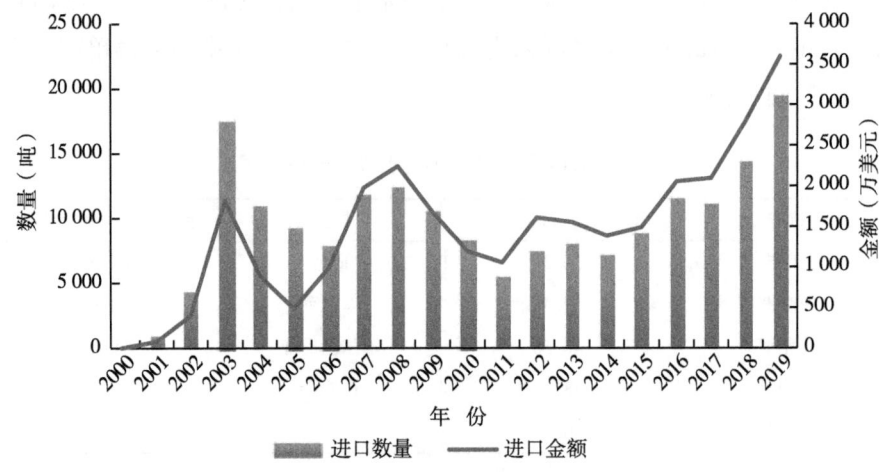

图 6-4　2000—2019 年中国草莓进口情况

数据来源：UN COMTRADE 数据库

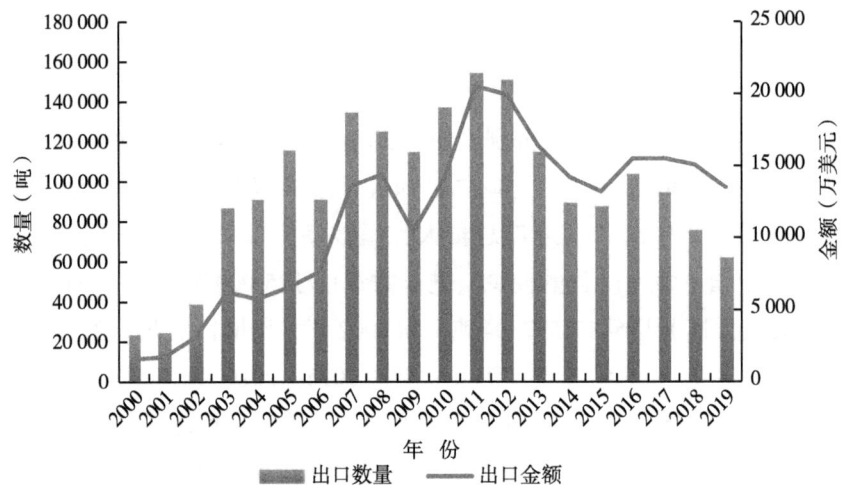

图 6-5　2000—2019 年中国草莓出口情况

（数据来源：UN COMTRADE 数据库）

这十年最低。

（3）因进口规模明显较低，贸易顺差随出口走势而呈波动中先升后降态势

长期以来，中国草莓贸易一直处于贸易顺差的状态，但近年来两者的差距有逐步缩小的趋势。由图 6-6 可知，2000—2019 年中国草莓贸易差额的

变化走势与草莓出口的变化走势基本相同,同样经历了先上升后下降的变动。2019年中国草莓进出口贸易量差额为43 067.54吨,贸易额差额为9 881.32万美元。在过去的20年里,2011年中国草莓贸易顺差额达到峰值,为19 455.50万美元,顺差量为148 703.47吨。

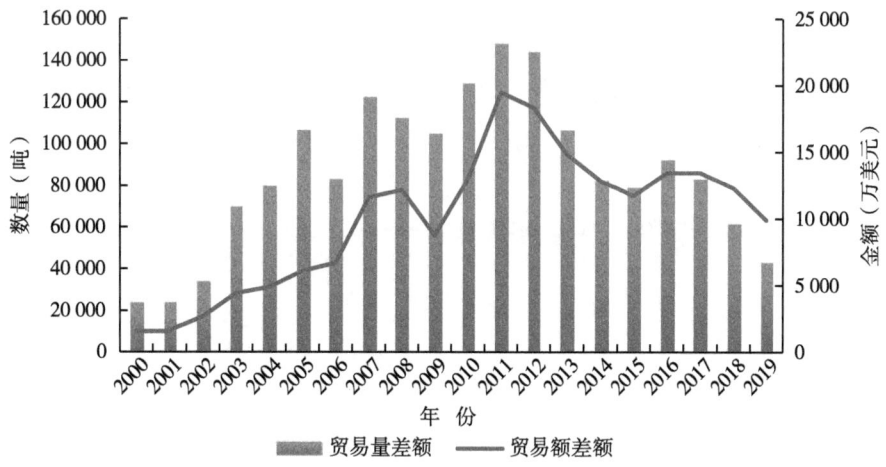

图6-6　2000—2019年中国草莓贸易差额情况

(数据来源:UN COMTRADE 数据库)

6.3.3　中国草莓进出口的产品结构

中国草莓进出口产品种类主要有鲜草莓(HS081010)、冷冻草莓(HS081110)和草莓罐头(HS200880)三大类。因为草莓外皮娇嫩、容易腐坏,运输困难大,所以鲜草莓进出口比重较小,主要以冷冻草莓和草莓罐头的贸易为主。

(1)鲜草莓进口规模较小,出口规模近年来有逐步扩大趋势

由于中国鲜草莓的进口量过小,故多数年份中 UN COMTRADE 数据库对这部分数据并未做统计。从现有的数据可以看出,在2000—2002年间中国仅有少量鲜草莓进口,进口数量在20吨以下。2003—2015年进口数量几乎为零。2016年进口数量仅为0.34吨。2017年进口量有较大增长,突破了45吨,但2018—2019年又再次回落至1吨以下。除2017年进口金额为24.5万美元以及2002年达到2.85万美元外,其余年份进口金额均小于1万美元。

依据出口规模及增幅可将2000—2019年以来的中国鲜草莓出口发展情况分为3个阶段：第一阶段（2000—2006年），除2005年受到来自波兰的低价竞争，草莓出口数量大幅下降外，其余年份出口数量不断上升，在2006年出口量达到了2 279.06吨。第二阶段（2007—2009年），中国鲜草莓出口规模逐渐下降，2009年出口量已降至202.53吨，出口额降至50.20万美元。第三阶段（2010—2019年），中国鲜草莓出口贸易规模呈现波动增长趋势，除2013年有所下降外，其他年份出口额、出口量均呈现不断上升的趋势，且增幅较大（图6-7）。

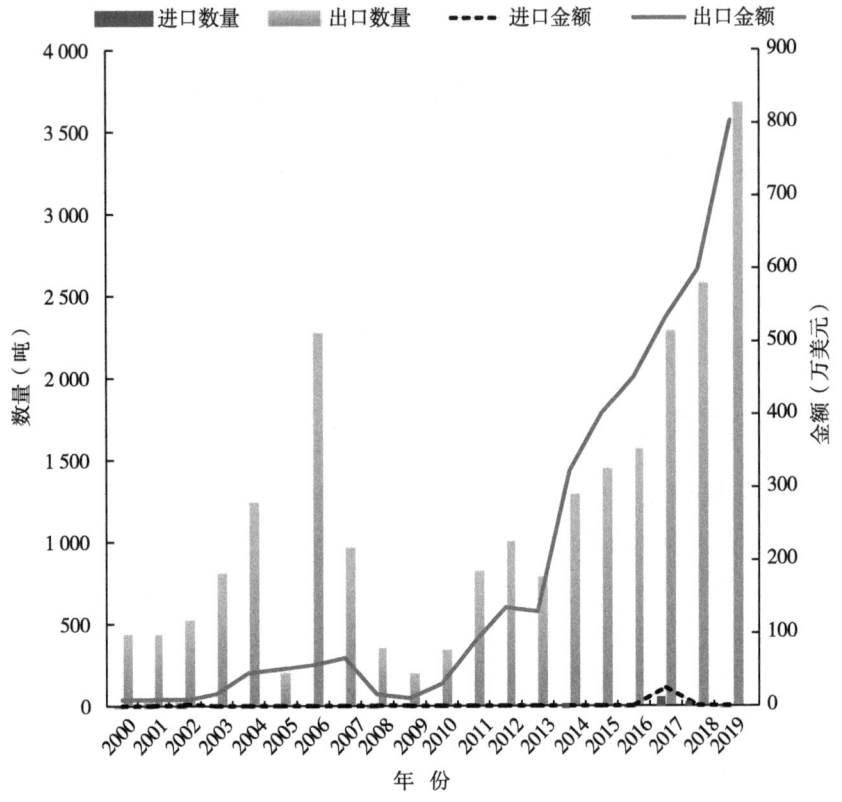

图6-7　2000—2019年中国鲜草莓进出口情况

（数据来源：UN COMTRADE 数据库）

（2）冷冻草莓进口规模扩大，出口规模先升后降且降幅较大

从图6-8可以看出，中国冷冻草莓近年来进口规模呈小幅扩大趋势。

具体来看，中国冷冻草莓在 2003 年以前，每年进口数量均在 5 000 吨以下，每年进口金额均小于 400 万美元。到了 2003 年，冷冻草莓进口数量大幅增加至 17 595.81 吨，和 2002 年进口量 4 383.81 吨相比，增长了 4 倍多。究其原因，这主要是因为当时欧洲市场对草莓加工品需求旺盛，中国因此通过将进口的冷冻草莓进一步加工再转售至欧洲市场以赚取利润。而 2004 年进口量回落，则是因为当年美国草莓的价格太高，造成对中国出口量的下降。2011—2019 年，中国冷冻草莓进口规模基本呈稳步扩大趋势。

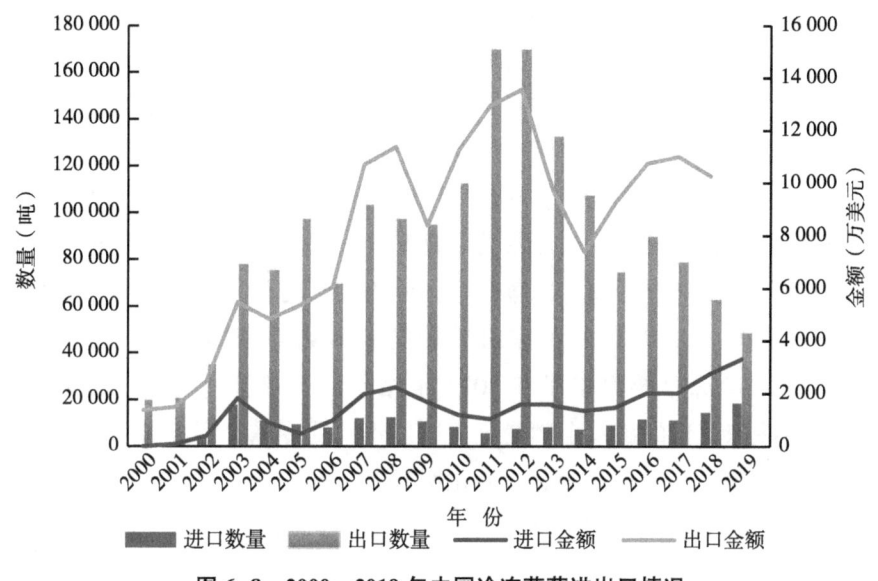

图 6-8 2000—2019 年中国冷冻草莓进出口情况

（数据来源：UN COMTRADE 数据库）

出口方面，中国冷冻草莓的出口规模波动较大。在 2000—2010 年，中国冷冻草莓出口数量升中有降，出口总量从 2000 年的 20 433.19 吨上升至 2010 年的 112 390.38 吨，平均每年增长近 1 万吨；出口总额由 1 484.13 万美元攀升至 11 275.38 万美元，增长超过 7 倍。具体来看，2006 年中国出口冷冻草莓的数量与 2005 年形成了鲜明的对比：在 2005 年，中国冷冻草莓的出口达到 97 831.36 吨，为创纪录水平。而在 2006 年，出口总量下降至 70 250.46 吨，是自 2002 年以来出口量的最低点。出口下降主要有两方面原因：一是欧盟开始对从中国进口的冷冻草莓征收进口关税，二是受波兰冷冻草莓低价竞争的影响，许多原来从中国进口冷冻草莓的欧洲国家开始纷纷转向从波兰进口。

2011年和2012年相比2010年，出口总量有较大幅度提升，主要是因为在这两年世界草莓主要出口国之一波兰受天气影响，产量大幅降低，出口量也由此大幅下降。据FAO数据统计，2011年波兰草莓产量降至40年来的最低水平，和2010年相比下降了约40%。从2013年开始，中国冷冻草莓出口数量开始呈现出逐年下降的趋势，由2013年的132 578.17吨下降至2019年的3 308.34吨，下降幅度达到了97.50%。特别是近年来中国冷冻草莓屡次被国外怀疑携带病毒，对其出口造成了极为恶劣的影响。如在2015年，新西兰初级产业部曾公开表示怀疑其境内暴发的甲肝病毒与从中国山东进口的冷冻草莓有关。而之前在德国发生的学生集体中毒事件中，也有人怀疑可能是中国冷冻草莓中携带的诺瓦克病毒导致了这样的结果。虽然最终的检验证明，这些猜测完全是捕风捉影，但中国相关的冷冻草莓企业信誉却已经受到严重的不良影响。据相关报道，受各种冷冻草莓质量事件的影响，中国冷冻草莓在国际市场上的形象大打折扣，许多曾经从中国进口冷冻草莓的国家纷纷转向从乌克兰等国进口，而这也是2015年中国冷冻草莓出口量和2014年相比，下降超过3万吨的主要原因。观察冷冻草莓的出口金额变化可以发现，受冷冻草莓出售单价变动趋势不定的影响，其出口总额起伏变化明显。

(3) 草莓罐头进口规模小，受单价上升影响，出口量与出口额变化相反

草莓罐头是中国出口规模最大的草莓加工类产品。在2000—2019年，除2019年中国草莓罐头进口量达到1 151.65吨，进口额达到288.97万美元以外，其余年份进口量均在100吨以下，进口额在50万美元以内，进口规模变化不大且绝对数量很小，两者均远低于草莓罐头的出口量和出口额。

出口方面，在2007年以前，中国草莓罐头的出口规模逐渐扩大，出口量和出口额稳步上升。但从2008年开始，草莓罐头的出口量开始下行，由2008年的27 500.53吨波动下降至2019年的10 425.31吨，这也和人们开始追求健康饮食，更热衷于消费鲜食水果的趋势一致。与草莓罐头出口量的变化态势不同，草莓罐头的出口额一直处于波动上升的趋势。特别是2010—2019年，在草莓罐头出口量变化不大的情况下，出口总额不断攀升，由2010年的2 848.84万美元波动上升至2019年的4 462.60万美元。说明中国

草莓罐头的出口价格近年来整体上呈稳定上升趋势。这表明中国草莓罐头在出口价格方面的优势已经在逐渐增强,目前来看对出口数量虽有影响但影响不大(图6-9)。

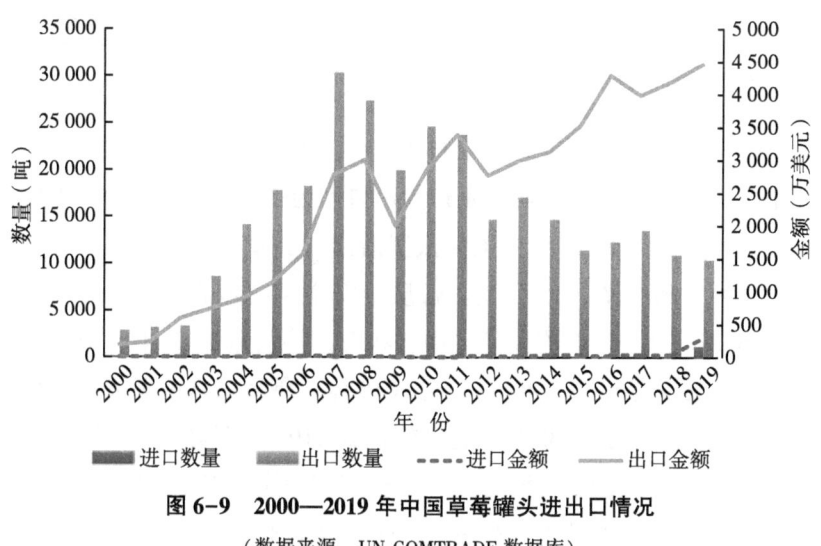

图6-9　2000—2019年中国草莓罐头进出口情况

(数据来源:UN COMTRADE 数据库)

6.3.4　中国草莓按产品分类的进出口区域结构

(1)鲜草莓进口国家较为单一,出口具有明显贸易流向

由于鲜草莓不易贮存、不耐运输的特点,中国从国外进口鲜草莓的数量很少,2010—2019年来中国鲜草莓进口目标市场只有两个国家,即美国和墨西哥。在2010—2013年,中国对外无鲜草莓的进口。在2014年,从墨西哥进口0.18吨鲜草莓,进口额为0.09万美元,而2015年继续维持零进口。中国从2016年开始由美国进口鲜草莓,并由2016年的0.34吨过渡到2019年的0.50吨,2019年进口额为0.44万美元。在2016—2019年,除2017年进口数量超过4万吨,进口总额超过20万美元外,其余年份进口数量都在1万吨以下,进口额在0.6万美元内,总体来看,中国鲜草莓进口国家较为单一,存在一定的进口风险(表6-2)。

表 6-2　2010—2019 年中国从不同国家进口鲜草莓的进口额变化情况

进口国家	进口额（万美元）									
	2010 年	2011 年	2012 年	2013 年	2014 年	2015 年	2016 年	2017 年	2018 年	2019 年
墨西哥	—	—	—	—	0.09	—	—	—	—	—
美国	—	—	—	—	—	—	0.55	24.50	0.53	0.44

数据来源：UN COMTRADE 数据库。

受草莓自身特点及运输条件限制的影响，中国鲜草莓的出口具有明显的贸易流向。具体来看，中国鲜草莓最大出口国为俄罗斯，而且出口规模呈现出逐步扩大的趋势。2010 年中国向俄罗斯出口鲜草莓 269 万吨，出口额为 12.77 万美元，随后除 2015 年受草莓质量安全风波影响，出口量及出口金额略有下降外，其余年份均呈稳定增长状态，特别是 2013 年的出口额相较于 2012 年增长幅度超过了 400%。到 2019 年，俄罗斯从中国进口鲜草莓的进口量已经达到了 2 324.38 吨，进口额达到 519.55 万美元。俄罗斯由于气候寒冷，冬季严寒而漫长且没有用于种植草莓的照明温室，特别是在秋季、冬季和春季，国内生产几乎不存在，因此草莓主要依赖于进口，是草莓进口的主要国家之一。

越南仅次于俄罗斯，为中国鲜草莓的第二大出口国。在 2010—2016 年，除 2013 年出口额有所下降外，其余年份出口规模都呈现逐步上升的趋势。2016 年，在越南和韩国的检疫机构商定了食品卫生安全标准并完成相关审查后，越南开始允许从韩国进口草莓，挤占了部分中国市场份额，因此在 2017 年及 2018 年中国向越南出口鲜草莓的数量有所下降。而 2019 年由于越南向老挝的进口量大幅下降，因此中国对越南的鲜草莓出口量有所回升。2019 年中国向越南出口鲜草莓 1 230.39 吨，出口额为 266.94 万美元，占中国鲜草莓出口总量和出口总额的比例分别为 33.45% 和 33.25%。

除上述两国外，中国对泰国、韩国、新加坡等国家也有少量出口。在 2019 年，对 "一带一路" 共建国家（如哈萨克斯坦、吉尔吉斯斯坦、印度尼西亚）也开始出口鲜草莓。但通过数据不难发现，中国向俄罗斯和越南出口鲜草莓的金额占比合计达到 97.97%，而向其他国家和地区出口的金额占比仅为 2.03%，这说明中国鲜草莓出口的区域集中度较高，出口风险自然也随之提升（表 6-3）。

表6-3　2010—2019年中国鲜草莓对不同地区与国家出口额变化情况

出口国家与地区	出口额（万美元）									
	2010年	2011年	2012年	2013年	2014年	2015年	2016年	2017年	2018年	2019年
俄罗斯	12.77	16.94	36.01	106.57	181.76	158.77	206.57	380.93	467.08	519.55
越南	17.42	68.34	97.19	21.44	127.01	241.96	243.74	142.65	125.00	266.94
中国澳门	—	0.23	1.54	0.18	—	—	—	1.14	2.73	1.94
英国	—	—	—	1.27	—	—	—	—	—	—
韩国	—	—	—	—	0.10	—	—	4.60	1.38	1.56
泰国	—	—	—	—	13.41	—	0.48	2.04	0.68	—
新加坡	—	—	—	—	0.07	—	—	—	0.41	4.48
阿联酋	—	—	—	—	—	—	0.05	—	—	—
哈萨克斯坦	—	—	—	—	—	—	—	1.03	1.31	3.67
印度尼西亚	—	—	—	—	—	—	—	—	—	2.78
加拿大	—	—	—	—	—	—	—	—	—	1.74
吉尔吉斯斯坦	—	—	—	—	—	—	—	—	—	0.07

数据来源：UN COMTRADE 数据库。

（2）冷冻草莓进口区域集中，对欧洲市场出口力度减弱

表6-4列出了2010—2019年中国冷冻草莓的主要进口国家。中国冷冻草莓的主要进口国有埃及、智利、摩洛哥、美国和波兰等。中国从埃及进口冷冻草莓的金额一直处于稳中上升的趋势，且近年来增长速度较快。2019年进口金额突破1 000万美元，达到了1 232.73万美元，和2018年相比增长了136.19%。

表6-4　2010—2019年中国从不同国家进口冷冻草莓金额

（单位：万美元）

进口国家	进口额（万美元）									
	2010年	2011年	2012年	2013年	2014年	2015年	2016年	2017年	2018年	2019年
埃及	68.13	150.89	36.46	268.30	341.47	266.83	317.72	387.35	521.93	1232.73
智利	688.07	412.69	1065.58	568.55	248.71	285.48	559.66	457.51	505.88	959.90
摩洛哥	222.08	162.35	254.10	324.52	220.75	634.36	659.47	717.17	836.62	739.19
美国	29.77	19.12	20.57	14.52	6.98	2.74	0.75	187.30	346.03	260.06
波兰	62.11	—	—	53.24	—	88.25	362.66	129.82	153.41	79.60

(续表)

进口国家	进口额（万美元）									
	2010年	2011年	2012年	2013年	2014年	2015年	2016年	2017年	2018年	2019年
墨西哥	0.19	62.73	10.07	—	5.92	0.45	—	118.89	364.19	34.43
阿根廷	90.80	150.22	92.84	—	—	—	—	—	—	—
突尼斯	13.10	20.56	22.49	97.62	119.50	55.93	71.32	35.55	—	—
秘鲁	3.87	50.78	83.60	142.88	294.03	103.91	42.83	—	4.57	—
法国	2.32	3.63	7.85	6.28	1.69	0.61	1.06	1.84	1.74	2.06
荷兰	0.20	—	—	—	25.52	31.68	—	—	—	0.01
比利时	—	0.34	—	0.01	—	—	—	—	—	0.22

数据来源：UN COMTRADE 数据库。

中国从智利进口冷冻草莓的进口额变化无明显规律，进口金额由2010年的688.07万美元波动上升至2019年的959.90万美元，2019年中国从智利进口冷冻草莓的金额占进口总额的29.01%。

在2010—2014年，中国从摩洛哥进口冷冻草莓的金额一直在350万美元以下，2015年进口金额大幅上升，达到634.36万美元，接近2014年从摩洛哥进口总额的3倍。2019年进口金额达到739.19万美元，占中国冷冻草莓进口总额的22.34%。虽和2018年相比进口金额有所下降，但降幅不大，总体上仍呈现上升态势。2019年中国从上述三国进口冷冻草莓的进口额合计占中国冷冻草莓进口总额的88.62%。

美国是世界草莓的生产和消费大国，在2016年以前，中国从美国进口冷冻草莓的比重较小，进口额一直处于30万美元以下。但从2017年开始，由于加利福尼亚州在2016年获得了准入中国市场的权利，因此中国从美国进口冷冻草莓的进口金额由2016年的0.75万美元大幅上升至2017年的187.30万美元，并在接下来的两年内仍保持250万美元以上的高位。但在2018年，受中美贸易摩擦的影响，中国对原产于美国的包括草莓在内的多种进口商品加征关税。后随贸易摩擦的进一步加剧，加征的关税税率由15%上升至25%，这对中国从美国进口冷冻草莓的数量产生了一定影响。据UN COMTRADE 数据库可知，2019年中国从美国进口冷冻草莓的数量为1 294.33吨，进口金额为260.06万美元，与2018年的进口数量和进口金额相比分别下降了24.37%和24.84%。

波兰是世界最大的冷冻草莓出口国，同时也是与中国一同竞争冷冻草莓国际市场份额的主要国家之一。在2010—2015年的个别年份，中国从波兰进口一定数量的冷冻草莓，进口金额稳定在100万美元以内。从2016年开始，进口规模有了明显提升，进口金额由2015年的88.25万美元大幅上升至2016年的362.66万美元。此后开始波动下降，并在2019年降至79.60万美元，和2010年相比，进口金额增长幅度为28.16%。波兰的许多供应商都从东欧雇佣工人，由于新冠疫情的影响，许多工人逐渐返回乌克兰和白俄罗斯。自波兰政府宣布从2020年3月17日起关闭边境后，许多外国工人决定离开波兰，这造成了劳动力短缺问题，因此预计2020年波兰向中国出口冷冻草莓的规模将进一步缩小。

除上述五国外，中国也从墨西哥、突尼斯、秘鲁、法国等国家进口冷冻草莓，但与上述五国相比，进口规模相对较小。

表6-5显示了2010—2019年中国冷冻草莓出口额排名前二十位的国家，可以看出，日本是中国冷冻草莓的最大出口国，出口规模波动不大，近年来对日出口量在1万吨左右，出口金额基本稳定在2 000万美元左右，占中国冷冻草莓出口总额的13%~23%。日本虽然是亚洲草莓主产国之一，但每年生产的草莓基本全部用于内销，对外极少出口，而且冷冻草莓的产量很少，每年大量依赖进口，年进口量约为3万吨。中国是日本冷冻草莓的最大供应国，约占其1/3的进口额。

表6-5 2010—2019年中国冷冻草莓出口到不同地区及国家的金额

出口国家	出口额（万美元）									
	2010年	2011年	2012年	2013年	2014年	2015年	2016年	2017年	2018年	2019年
日本	1 994	2 472	2 510	2 523	2 336	2 233	2 254	2 130	2 174	2 145
泰国	522	684	703	1049	603	717	978	910	1402	972
韩国	398	762	932	772	713	604	685	792	897	753
英国	562	1 095	1 138	732	633	396	544	719	805	608
俄罗斯	1 086	1 503	1 611	1 300	1 565	1 172	1 337	1 144	813	482
加拿大	270	370	303	325	367	415	408	435	354	429
澳大利亚	502	730	633	677	722	486	386	403	462	394
德国	1 366	2 117	2 064	1 124	674	444	531	873	354	244
美国	342	363	300	139	478	408	523	322	305	128

(续表)

出口国家	出口额（万美元）									
	2010年	2011年	2012年	2013年	2014年	2015年	2016年	2017年	2018年	2019年
荷兰	1 891	2 947	2 494	1 745	638	406	520	742	279	148
新西兰	76	104	86	110	141	161	185	199	307	267
沙特阿拉伯	301	362	656	643	406	418	464	172	293	101
巴西	149	210	195	206	259	144	448	312	166	213
比利时	210	526	440	297	107	66	108	114	98	128
波兰	117	450	574	153	59	87	116	215	233	114
印度尼西亚	37	54	61	59	115	89	77	114	125	245
丹麦	214	362	333	280	172	112	137	161	127	44
意大利	262	290	332	107	29	82	62	060	57	36
菲律宾	53	47	62	60	66	69	61	110	122	136
越南	24	36	32	38	37	26	32	55	95	85

数据来源：UN COMTRADE 数据库。

中国也是泰国冷冻草莓的最大进口国，每年占泰国冷冻草莓进口总额的 90% 以上，处于绝对的领先地位。近年来中国向泰国出口冷冻草莓的金额在波动中处于上升趋势，由 2010 年的 522.28 万美元上升至 2019 年的 972.20 万美元。2019 年泰国从中国进口冷冻草莓 6 079.78 吨，占泰国冷冻草莓进口总量的 93.55%。埃及、波兰、新西兰、美国等国家每年也向泰国出口冷冻草莓，但所占市场份额合计不足 8%。

韩国在 2019 年世界草莓产量排行中排在第八位，年产量在 15 万吨以上，产出的草莓主要用于国内销售。因口味原因，韩国人不喜食外国草莓，而且由于韩国对于农产品的保护较为严格，所以韩国对外几乎没有鲜草莓的进口，而主要是进口冷冻草莓用以加工、混合和制成甜糖浆。韩国每年从中国进口冷冻草莓的数量约占其进口总规模的 75%，但近年来有下滑趋势。2019 年中国向韩国出口冷冻草莓 5 460.80 吨，占韩国冷冻草莓进口总量的 64.41%，出口总额达到 753.24 万美元。美国是韩国冷冻草莓的第二大进口国，2019 年中美两国合计占韩国冷冻草莓进口总量的 83.87%。

欧洲占世界冷冻草莓进口总量的 70% 以上，从中国冷冻草莓出口的欧洲国家来看，对英国出口总额的变化总体上呈波动上升趋势，出口总额由 2010 年的 562.04 万美元上升到 2019 年的 608.16 万美元，增幅为 8.21%。

然而向俄罗斯、德国、荷兰等欧洲国家出口冷冻草莓的规模却在逐年下降，且下降幅度较大，这主要是因为近年来中国的冷冻草莓受到了来自波兰的竞争。如德国在2010—2013年，从中国进口冷冻草莓的金额一直在1 000万美元以上。但从2014年开始，中国向德国出口冷冻草莓的金额在波动中逐渐下降，并在2019年降至243.54万美元，主要原因之一就是德国开始加大从波兰进口的力度。此外，中国向俄罗斯出口冷冻草莓的金额也从2010年的1 086.06万美元下降至2019年的481.77万美元，平均每年下降60.43万美元；向荷兰出口冷冻草莓的金额从2010年的1 891.29万美元下降至2019年的148万美元，平均每年减少174.33万美元。此外，国际市场上对中国冷冻草莓质量的不信任也是造成对欧洲出口量下降的重要原因。

在2010—2019年，中国向美国出口冷冻草莓的金额平均在300万美元左右。2019年受中美贸易摩擦影响，出口规模有所下降，出口金额降为128.27万美元，较2018年相比，下降57.91%。此外，中国向其邻近国（如菲律宾、越南）也出口一定数量的冷冻草莓，近年来出口额基本稳定在100万美元左右。

（3）草莓罐头进口市场逐步多元化，主要出口市场维稳

中国从国外进口草莓罐头的规模较小，近年来才有所上升。在2013年以前，中国主要从美国进口草莓罐头，其他国家虽也有涉及，但进口量较小且进口不稳定。2014年中国从泰国进口草莓罐头的比重大幅上升，进口额达到了11.19万美元。从2015年开始，中国逐渐向波兰、澳大利亚等国进口草莓罐头，进口市场变得相对多元化。受国内消费增长的影响，中国从德国进口草莓罐头的金额由2018年的0.01万美元大幅上升至2019年的217.82万美元，德国成为2019年中国草莓罐头的最大供应国（表6-6）。

表6-6　2010—2019年中国从不同地区及国家进口草莓罐头的金额

进口国家和地区	进口额（万美元）									
	2010年	2011年	2012年	2013年	2014年	2015年	2016年	2017年	2018年	2019年
波兰	—	—	—	—	—	0.03	3.85	7.20	26.22	26.52
泰国	0.18	—	—	3.33	11.19	1.85	1.67	1.10	3.19	6.96
美国	0.04	14.07	8.03	4.11	19.06	2.76	1.74	3.76	1.52	2.18
澳大利亚	0.11	—	—	—	—	0.02	1.05	0.06	1.27	26.60
德国	—	—	—	0.05	—	—	—	0.07	0.01	217.82

(续表)

进口国家和地区	进口额（万美元）									
	2010年	2011年	2012年	2013年	2014年	2015年	2016年	2017年	2018年	2019年
韩国	—	—	—	—	0.17	—	0.33	0.10	—	2.16
西班牙	—	—	—	—	—	—	—	—	0.29	3.54
法国	1.70	—	—	0.10	0.60	—	—	5.71	—	2.71
比利时	1.31	4.36	0.66	—	1.48	9.58	12.97	8.43	—	—
中国香港	—	—	—	0.10	0.67	—	0.04	0.22	0.06	0.03

数据来源：UN COMTRADE 数据库。

表 6-7 显示了 2010—2019 年中国草莓罐头出口到不同地区及国家的出口额变化情况。日本不但是中国冷冻草莓的最大进口国，同时也是中国草莓罐头的最大进口国。从 2010 年起，中国向日本出口草莓罐头的规模一直呈稳定上升态势，出口量由 2010 年的 3 033.34 吨上升至 2019 年的 4 203.22 吨，年均增长率为 3.69%；出口额由 2010 年 656.70 万美元上升至 2019 年的 1 990.70 万美元，年均增长率为 10.16%。在 2010—2015 年，日本在中国草莓罐头出口总额中的比重不断上升，由 2010 年的 23.05% 上升到 2015 年的 50.28%，近年来所占比重稳定在 45%~47%，是中国草莓罐头十分重要的出口市场。

表 6-7 2010—2019 年中国草莓罐头出口到不同地区及国家的金额

出口国家和地区	出口额（万美元）									
	2010年	2011年	2012年	2013年	2014年	2015年	2016年	2017年	2018年	2019年
日本	657	694	945	1 048	1 237	1 772	1 961	1 833	1 988	1 991
德国	423	551	422	395	234	446	751	634	707	782
美国	185	228	217	278	333	329	553	360	519	523
俄罗斯	297	500	358	321	348	214	186	193	226	215
澳大利亚	16	30	1	17	26	31	23	025	64	180
韩国	77	95	11	89	68	116	131	171	183	174
中国香港	40	49	15	6	38	47	44	45	47	68
比利时	28	41	8	9	—	—	—	—	59	94
捷克	300	472	158	286	238	136	253	251	41	77
泰国	9	13	40	41	55	47	66	48	73	60

(续表)

出口国家和地区	出口额（万美元）									
	2010年	2011年	2012年	2013年	2014年	2015年	2016年	2017年	2018年	2019年
智利	37	59	64	56	83	41	27	53	35	35
蒙古国	15	17	45	45	65	31	20	22	44	40
荷兰	120	83	23	24	37	41	28	36	26	27
新西兰	10	10	9	10	12	21	23	16	21	23
南非	9	21	20	19	20	27	12	26	14	19
爱沙尼亚	24	36	27	34	9	2	3	7	8	4
爱尔兰	9	11	16	24	19	31	26	7	7	—
哈萨克斯坦	20	22	23	17	31	4	3	2	6	3
英国	177	123	123	68	57	21	8	5	4	—
斯洛伐克	165	230	83	101	120	113	101	73	17	2

数据来源：UN COMTRADE 数据库。

德国是中国草莓罐头的第二大出口国，出口规模总体上处于上升的趋势。2019 年中国向德国出口草莓罐头的金额为 781.84 万美元，占当年中国草莓罐头出口总额的 17.52%。

除 2012 年及 2017 年外，在 2010—2019 年中国向美国出口草莓罐头的金额呈逐步增长趋势，在中国草莓罐头出口额排名中，稳居第三名的位置。2019 年中国向美国出口草莓罐头的金额为 522.79 万美元，相比于 2018 年增长了 0.71%。但观察出口数量可以发现，2019 年中国向美国出口草莓罐头 175.56 万吨，和 2018 年相比下降幅度高达 62.03%。这说明中美贸易摩擦对两国之间的草莓罐头贸易有所干扰，出口额不降反升主要是受草莓罐头价格上扬的影响。

俄罗斯也是中国草莓罐头的进口大国，近年来年进口金额稳定在 200 万美元左右，年进口量在 1 000 万吨以上。2019 年中国向俄罗斯出口草莓罐头的金额为 215.28 万美元，比 2010 年少 81.47 万美元。在 2012—2019 年，上述四国占中国草莓罐头出口总额的比例合计为 68%~82%。综合来看，稳定住上述几个国家的市场是中国保证草莓罐头出口的重要策略。

此外，澳大利亚及韩国近年来进口规模有扩大趋势，逐渐成为中国草莓罐头的主要出口国，2019 年中国向上述两国出口草莓罐头的金额均超过 150

万美元,分别占当年中国草莓罐头出口总额的 4.03%和 3.91%。

6.3.5 优化中国草莓进出口结构的对策

(1) 实施进口多元化战略,完善进口体系

实现中国草莓进口多元化战略是防范化解进口风险的重要举措。在加强和稳定现有进口国关系的同时,应积极开拓和培育新的草莓供应国,增加供应国数量,逐渐建立和完善更加多元的进口体系。充分利用双边和多边国际合作框架以及相关国家丰富的资源禀赋,加大与这些国家或地区的草莓贸易力度。同时还可以根据实际情况,考虑加大对中国草莓主要出口国家的进口力度,强化两国的贸易往来,促进两国之间草莓贸易的长远发展。

(2) 继续深化与传统出口市场的合作关系,深度开发其需求潜力

根据上述分析可知,日本、泰国、韩国和德国等国家一直是中国草莓的重要目标出口国,占据中国草莓市场主要出口份额,上述几个国家进口需求的变动情况对中国草莓贸易起着至关重要的影响。建议密切关注其市场贸易环境及消费需求动态,并根据实际情况进行针对性的调整。关注上述国家的进口政策变化,维护国家之间的良好关系,防范贸易风险,继续深化与传统出口市场的合作关系,进一步开发需求潜力。

(3) 注重开拓新兴市场,逐步扩大出口贸易视野,防范贸易风险

欧洲国家是世界草莓贸易的重要市场,每年进口大量草莓制品,中国与欧洲国家在草莓产品上展现出高度的互补性,但贸易往来较为松散,如中国与法国、西班牙等国家在草莓罐头上的互补性指数达到 3 以上,但实际几乎没有出口。因此中国草莓出口企业可以根据其优势及定位,在充分了解目标市场国家的经济形势及市场行情的前提下,根据不同贸易伙伴国消费者的消费偏好和需求特征,采用差异化竞争策略,不断加强市场营销能力建设,继续发掘新的目标市场,以优化出口市场分布。

此外,"一带一路"倡议也为中国农产品出口提供了新的发展机会,积极开拓"一带一路"共建国家市场,对扩大中国草莓出口市场份额也大有裨益。目前印度尼西亚、菲律宾等国家对中国草莓的进口量和进口额在不断增长,可以保持高度关注。

6.4 中国草莓贸易竞争力分析

6.4.1 贸易竞争力主要指标分析

6.4.1.1 国际市场占有率

国际市场占有率是指一国某一产品总出口在世界总出口中所占的比例，反映了该国该产品的国际竞争力大小。该比例越大，则市场份额越高，国际竞争力越强；反之则竞争力越弱。具体公式如下：

$$IMS_{ij} = X_{ij} / X_{wj}$$

式中，IMS_{ij} 表示 i 国 j 种产品的市场占有率，X_{ij} 表示 i 国 j 种产品的出口总额，X_{wj} 表示世界 j 种产品的出口总额。该值位于 0~1 之间，其值越大，说明 i 国 j 产品的总体国际竞争力越强。

从表 6-8 可以看出，虽然中国是世界草莓生产第一大国，但在 2010—2019 年，除 2010 年国际市场占有率达到 5.12% 以外，其余年份均小于 5%，平均占有率为 4.10%，而且受冷冻草莓和草莓罐头出口量下降的影响，中国草莓总体国际市场占有率也呈现出下降趋势。与其他草莓贸易强国相比，中国草莓产品整体在国际市场占有率上，并不具备绝对优势。在 2010—2019 年，西班牙草莓产品的国际市场份额一直遥遥领先，在部分年份占有率超过 20%，最高为 2016 年的 20.66%，最低为 2019 年的 18.15%，平均国际市场占有率为 19.87%，成为近年来世界草莓最大供应国。美国作为第二大草莓生产国，在 2010—2019 年，国际市场占有率一直在 12% 以上，平均占有率为 14.51%，但近年来有下降趋势。反观墨西哥，除 2011 年和 2013 年市场占有率略有下降外，在 2010—2019 年间的其余年份，国际市场占有率节节攀升，草莓国际市场出口份额不断扩大。2019 年国际市场占有率达到 17.46%，与同年世界草莓产品市场占有率最高的西班牙仅相差 0.69%。波兰是世界最大的冷冻草莓出口国，2019 年波兰冷冻草莓出口额占世界冷冻草莓市场出口总额的 26.27%。但相较而言，由于波兰鲜草莓及草莓罐头的出口能力不强，因而在草莓整体产品市场上，国际市场份额不算太高，基本在 5% 左右波动，最高值为 2011 年的 6.11%，最低值为 2019 年的 4.97%。

表 6-8　2010—2019 年中国与世界草莓产品主要出口国的国际市场占有率

年份	国际市场占有率									
	中国	美国	波兰	西班牙	墨西哥	德国	荷兰	法国	埃及	比利时
2010	5.12%	15.42%	5.92%	20.42%	8.43%	3.55%	11.16%	2.75%	2.95%	7.70%
2011	4.91%	14.08%	6.11%	20.18%	7.58%	3.37%	13.39%	2.90%	2.55%	6.72%
2012	4.68%	14.14%	4.90%	20.50%	10.00%	3.55%	12.81%	2.59%	3.25%	6.47%
2013	3.62%	15.23%	5.31%	19.29%	8.80%	3.27%	13.64%	2.55%	3.09%	6.94%
2014	3.02%	15.00%	5.03%	19.92%	10.16%	3.12%	13.23%	2.28%	3.60%	6.81%
2015	4.01%	15.38%	5.39%	20.41%	11.89%	3.38%	9.23%	2.20%	3.79%	6.67%
2016	4.48%	14.94%	5.02%	20.66%	13.67%	3.05%	9.64%	2.07%	4.32%	6.15%
2017	4.13%	14.40%	5.16%	19.59%	15.36%	2.98%	9.18%	2.05%	4.35%	6.25%
2018	3.79%	13.88%	5.84%	19.57%	14.13%	2.95%	9.40%	1.89%	5.03%	5.92%
2019	3.27%	12.61%	4.97%	18.15%	17.46%	2.86%	8.25%	1.77%	6.02%	5.62%

数据来源：根据 UN COMTRADE 数据库的数据计算。

纵向对比，中国草莓整体产品的国际市场占有率呈现出下降—上升—下降的趋势，由 2010 年的 5.12% 波动下降至 2019 年的 3.27%，下降幅度为 1.85%。美国、西班牙和比利时在前期，草莓产品的国际市场占有率变化表现平稳，但近年来均有下降趋势。荷兰草莓的国际市场占有率从 2015 年开始一直在 10% 以下，并有进一步下跌趋势。在世界十大主要草莓出口国中，墨西哥表现出强劲的发展势头，国际市场占有率呈现出波动上升态势，在 2019 年上扬至 17.46%，仅次于西班牙（图 6-10）。按照这样的发展趋势，预计墨西哥有望超过西班牙，成为国际市场上草莓整体产品出口份额最大的国家。

根据国际市场占有率公式，计算中国三种主要草莓出口产品的国际市场占有率（图 6-11），发现 2010—2019 年，鲜草莓的变化不显著，冷冻草莓和草莓罐头的变动幅度较大。由图 6-11 可以看出，中国鲜草莓产品的国际市场占有率一直处于较低水平，这主要是因为中国所产的鲜草莓主要用于内销且国内冷链运输系统不完善，制约了鲜草莓的出口。在 2010—2019 年，中国鲜草莓国际市场占有率均未超过 0.5%，变化较为平稳。近年来由于鲜草莓的出口数量有所上升，因此占有率也由 2013 年的 0.06% 上升至 2019 年的 0.3%。

6 中国草莓进出口结构及贸易竞争力分析

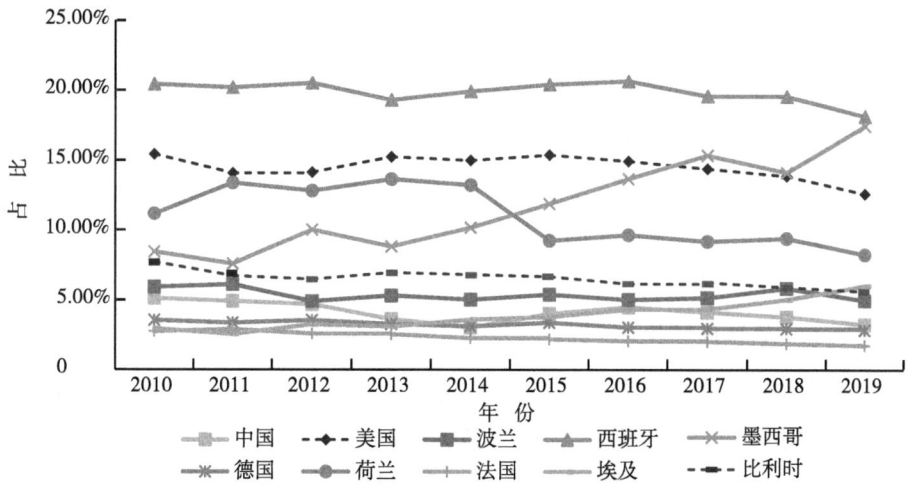

图 6-10 2010—2019 年中国与世界草莓产品主要出口国的国际市场占有率变化趋势
（数据来源：根据 UN COMTRADE 数据库的数据计算）

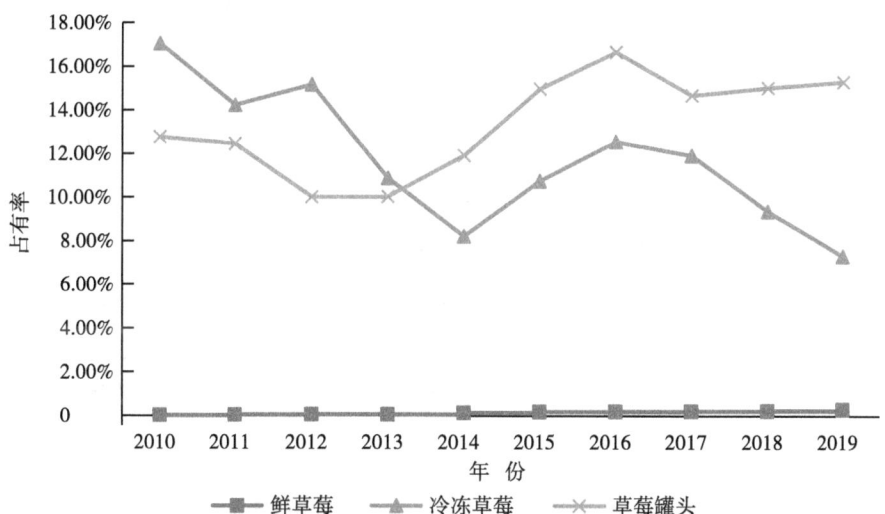

图 6-11 2010—2019 年中国 3 种主要草莓出口产品的国际市场占有率变化趋势
（数据来源：根据 UN COMTRADE 数据库的数据计算）

中国冷冻草莓的国际市场占有率呈现出波动下降的趋势，占有率自 2010 年的 17.04% 下降至 2014 年的最低点 8.21%，在 2016 年升至 12.54% 后又继续下降并在 2019 年达到 7.31%。中国草莓罐头的国际市场占有率总体呈增长态势,其中在 2013—2016 年增长速度最快,由 2013 年的 10.03%增至 2016 年的最高值 16.65%,年均增长 2.21%。在 2017 年占有率虽有所下降,但近年来有继续回升的趋势。由前文分析可知,在 2013—2019 年,虽然中国草莓罐头的出口数量有所下降,但由于出口均价不断升高(由 2013 年的 1.75 美元/千克上升到 2019 年的 3.68 美元/千克,数据来源:中国海关),因而出口总额及国际市场占有率也呈上升趋势,草莓罐头出口价格的上升掩盖了出口量下降的事实。

6.4.1.2 显性比较优势

一个国家某产业的显性比较优势指数,是指该产业在本国所有出口产品中所占的份额与该产业在世界所有出口产品中所占份额的比值。不考虑其他因素的影响,该指标能较好地反映一个国家某一产业的比较优势。其计算公式为:

$$RCA_{ij} = (X_{ij}/X_{it}) / (X_{wj}/X_{wt})$$

其中 RCA_{ij} 表示 i 国 j 种产品的显性比较优势指数;X_{ij} 表示 i 国 j 产品的出口总额;X_{it} 表示 i 国在 t 时期内对世界所有商品的出口总值;X_{wj} 代表世界市场 j 产品的出口总值;X_{wt} 表示世界在 t 时期内所有商品的出口总值。

根据标准一般认为,当 $RCA_{ij} > 2.5$ 时,表明该国 j 种商品在国际市场上具有极强的竞争力;当 $1.25 \leqslant RCA_{ij} \leqslant 2.5$ 时,认为该国的 j 类商品具有较强的国际竞争力;当 $0.8 \leqslant RCA_{ij} \leqslant 1.25$ 时,该产品具有中度的国际竞争力;而当 $RCA_{ij} < 0.8$ 时,则表明该产品国际竞争力较弱,处于比较劣势。

根据显性比较优势指数公式,通过整理联合国贸易数据库数据,计算 2010—2019 年中国与美国、波兰、墨西哥等 10 个国家草莓产品整体的显性比较优势指数,如表 6-9 所示。

表 6-9　2010—2019 年中国与世界草莓主要出口国的显性比较优势指数

年份	显性比较优势指数									
	中国	美国	波兰	西班牙	墨西哥	德国	荷兰	法国	埃及	比利时
2010	0.50	1.85	5.76	12.69	4.33	0.43	3.47	0.82	17.14	2.89
2011	0.47	1.74	5.96	12.41	3.98	0.42	4.63	0.91	14.81	2.59
2012	0.42	1.69	5.05	13.26	4.99	0.47	4.29	0.86	20.42	2.68
2013	0.31	1.83	4.93	11.76	4.39	0.43	4.53	0.85	20.35	2.57

(续表)

年份	显性比较优势指数									
	中国	美国	波兰	西班牙	墨西哥	德国	荷兰	法国	埃及	比利时
2014	0.24	1.76	4.45	11.86	4.85	0.39	4.39	0.76	25.48	2.74
2015	0.29	1.69	4.58	12.17	5.16	0.42	3.28	0.74	28.65	2.77
2016	0.34	1.65	4.09	11.67	5.86	0.37	3.30	0.68	30.16	2.51
2017	0.32	1.65	4.13	11.15	6.65	0.36	3.08	0.69	29.20	2.58
2018	0.30	1.62	4.34	11.01	6.11	0.37	3.11	0.65	33.23	2.46
2019	0.23	1.32	3.40	9.28	6.53	0.33	2.46	0.55	33.87	2.17

数据来源：根据 UN COMTRADE 数据库的数据计算。

从表6-9可以看出，在2010—2019年，埃及的显性比较优势指数最高，平均值达到了25.33，说明埃及的草莓产业具有非常强的比较优势。其次为西班牙，显性比较优势指数的平均值也高达11.73。波兰、墨西哥、荷兰和比利时的草莓产品显性比较优势指数在多数年份也均超过2.5，在国际草莓市场上同样具有极强的竞争力。在2013年及以前，法国草莓产业的显性比较优势指数超过0.8，具有中度比较优势，但近年来该指数不断下降，目前产业优势微弱。2010—2019年中国的显性比较优势指数始终在0.8以下，2019年仅为0.23，是当年上述国家中该指数最低的国家。

由图6-12可知，埃及草莓产品的显性比较优势指数增幅最为明显。近

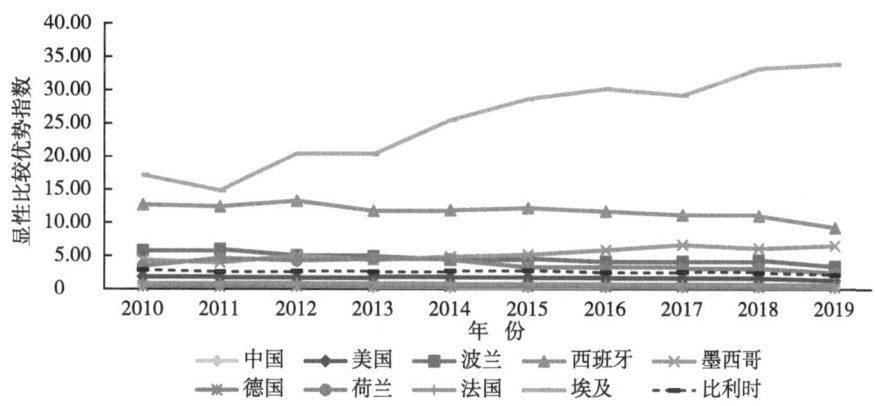

图6-12　2010—2019年中国与草莓产品主要出口国的显性比较优势指数变化趋势

（数据来源：根据 UN COMTRADE 数据库的数据计算）

年来埃及草莓对外出口规模不断扩张，出口总额由2013年的10 956.36万美元逐步上升至2019年的24 836.65万美元，草莓产业的发展快速提升。此外，中国、西班牙和波兰的显性比较优势指数呈下降趋势，墨西哥则呈上升趋势。

根据显性比较优势指数计算公式，计算中国三种主要草莓出口产品的显性比较优势指数并分析其变化趋势（图6-13），发现2010—2019年，冷冻草莓的该竞争力指标变化幅度较大；草莓罐头的显性比较优势指数虽也有一定波动，但波幅不及冷冻草莓；鲜草莓的该项指标则变动不显著。

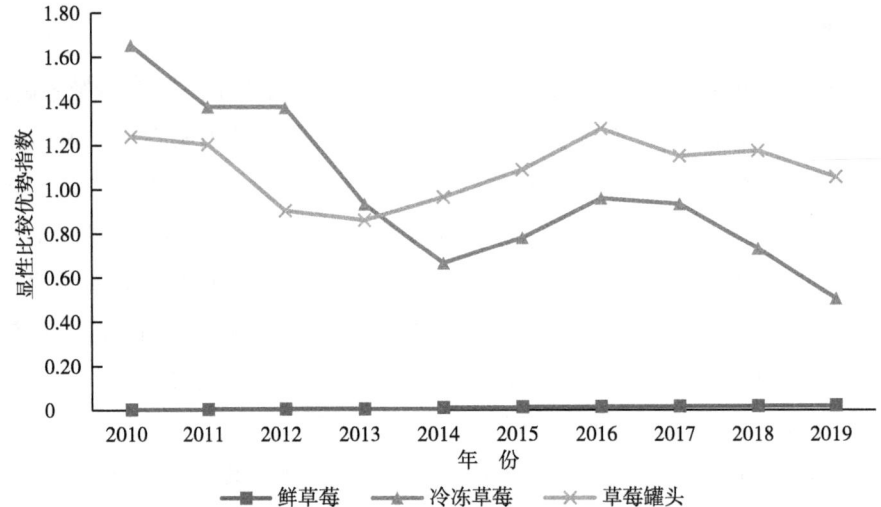

图6-13　2010—2019年中国3种主要草莓出口产品的显性比较优势指数变化趋势
（数据来源：根据UN COMTRADE数据库的数据计算）

具体来看，中国冷冻草莓的显性比较优势指数在2010—2014年呈波动下滑趋势，在此期间由于中国冷冻草莓出口规模的不断下降，比较优势指数由2010年的1.65逐渐下降至2014年的0.67，为前五年的最低值，此时贸易比较优势由中度转为微弱。随后开始上升，并在2016年达到0.96，此时虽具有一定的国际竞争力，但优势并不明显。而后继续下降，并在2019年跌至0.50，表明在该年份中国冷冻草莓仍不具备比较优势，国际市场竞争力下滑速度较快。草莓罐头的显性比较优势指数变化趋势与冷冻草莓相似。在2010—2013年间，该指数由2010年的1.24逐渐下降至2013年的0.86，而后开始上升并在2016年达到十年里的最高值1.27。此后继续平稳下降,到2019年该指标值降至1.06。整体来看,虽然草莓罐头的显性比较优势指数在近十年来略有下降,但始终在0.8以上,除2016年达到峰值,短暂突破1.25以外,其余年份均在0.8~1.25波动,说明中国草莓罐头的国际竞争力变化不大,在国际草莓市场上具有中度比较优势。由于中国鲜草莓极少对外出口,近年来才开始对俄罗斯、越南等国家出售,年出口总量一直在4 000吨以下,因此其显性比较优势指数一直在0~0.3之间浮动,和其他鲜草莓贸易强国相比,国际竞争力较弱。

6.4.1.3 贸易竞争力

贸易竞争力指数是对国际竞争力进行分析时,比较常用的指标之一。它用一国某产品进出口贸易的差额与进出口贸易总额之比来表示,具体公式如下所示:

$$TC_{ij} = (X_{ij} - M_{ij}) / (X_{ij} + M_{ij})$$

式中 TC_{ij} 为 i 国 j 种商品的贸易竞争力指数,X_{ij} 表示 i 国 j 种商品的出口值,M_{ij} 表示 i 国 j 种商品的进口值。该指标的取值范围都在-1~1,当TC指数大于0时,表明 i 国 j 类商品净出口,即生产效率高于国际水平,TC指数越接近于1,表明该商品的竞争力越强;当TC指数小于0时,表明 i 国 j 类商品净进口,即生产效率低于国际水平,TC指数越接近于-1,则代表该国 j 产品竞争力越弱。

从表6-10可以看出,中国、波兰、西班牙、墨西哥、荷兰和埃及的草莓产品均为净出口,德国、法国和比利时均为净进口。具体来看,埃及、墨西哥、西班牙和中国TC指数基本均超过0.6,表明这些国家在草莓生产方面,具有极大的生产效率竞争优势。尤其是埃及,TC指数接近于1,表明该国在草莓贸易方面,只对草莓产品进行出口而极少进口。荷兰的TC指数一直在0.3~0.4波动,表明其虽在草莓贸易方面具有一定的竞争优势,但优势不明显。德国、法国和比利时在2010—2019年,草莓产品整体进口金额一直大于出口金额,且二者差距较大,以上3个国家的草莓产品具有较大的生产效率竞争劣势。

表6-10 2010—2019年中国与世界草莓产品主要出口国的贸易竞争力指数

年份	贸易竞争力指数									
	中国	美国	波兰	西班牙	墨西哥	德国	荷兰	法国	埃及	比利时
2010	0.84	0.10	0.77	0.69	0.87	-0.61	0.37	-0.62	0.99	-0.63

（续表）

年份	贸易竞争力指数									
	中国	美国	波兰	西班牙	墨西哥	德国	荷兰	法国	埃及	比利时
2011	0.88	0.09	0.72	0.84	0.86	-0.62	0.24	-0.62	0.98	-0.63
2012	0.82	-0.02	0.56	0.84	0.86	-0.58	0.34	-0.64	0.99	-0.65
2013	0.78	0.06	0.59	0.82	0.78	-0.61	0.29	-0.61	0.99	-0.62
2014	0.77	-0.03	0.64	0.79	0.81	-0.57	0.32	-0.61	0.99	-0.62
2015	0.80	-0.13	0.69	0.75	0.81	-0.54	0.34	-0.61	0.99	-0.61
2016	0.77	-0.21	0.66	0.74	0.83	-0.60	0.35	-0.62	0.99	-0.63
2017	0.76	-0.22	0.57	0.70	0.85	-0.61	0.32	-0.60	0.99	-0.61
2018	0.69	-0.19	0.52	0.74	0.84	-0.61	0.33	-0.62	0.99	-0.62
2019	0.58	-0.37	0.47	0.72	0.87	-0.62	0.26	-0.61	0.99	-0.62

数据来源：根据 UN COMTRADE 数据库的数据计算。

通过分析中国与草莓产品主要出口国的贸易竞争力指数变化趋势（图 6-14）可以看出，美国草莓产品的竞争优势指数呈波动下降趋势且下降幅度较大。TC 指数在 2012 年首次跌破 0 成为草莓产品净进口国家后，从 2014

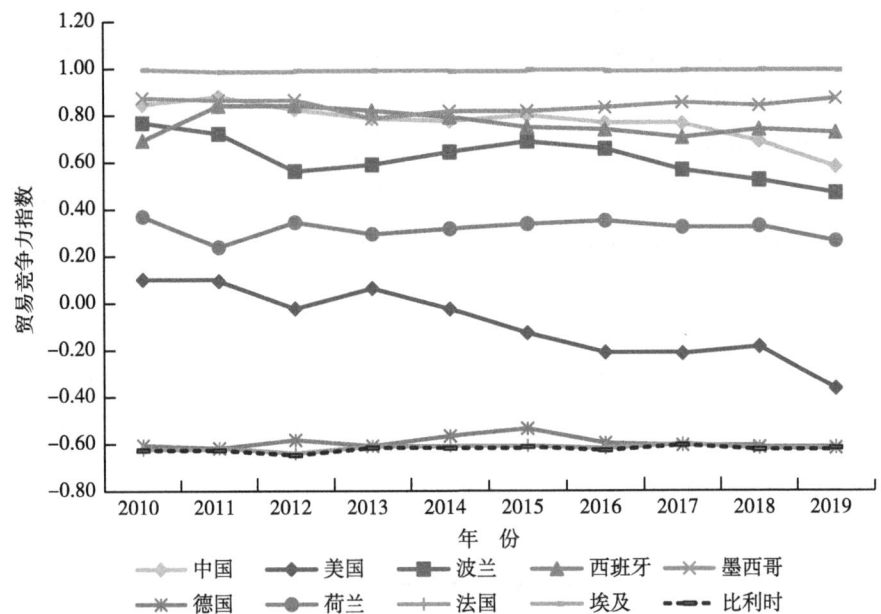

图 6-14 2010—2019 年中国与世界草莓产品主要出口国的贸易竞争力指数变化趋势

（数据来源：根据 UN COMTRADE 数据库的数据计算）

年开始,TC 指数一直维持在 0 以下的水平且指数不断下降,表明近年来和出口相比,美国草莓进口的相对规模在不断扩大。在 2010—2019 年,中国和波兰的贸易竞争力指数也呈现出下降趋势,但下降幅度比美国小。在 2017 年,波兰的 TC 指数跌破 0.6,生产效率竞争优势也由极强转为较强。

根据竞争优势指数计算公式,计算中国三种主要草莓出口产品的贸易竞争力指数(图 6-15)。发现 2010—2019 年,三种草莓产品均为净出口。中国的鲜草莓和草莓罐头在多数年份指标都接近于 1,说明中国这两种草莓产品主要以出口为主。相比较而言,中国冷冻草莓的贸易竞争力在 2010—2019 年波动较大,贸易竞争力指数由 2010 年的 0.81 波动降至 2019 年的 0.43,且有进一步下跌的趋势。在 2017 年及以前,中国冷冻草莓的贸易竞争力指数大于 0.6,具有极强的生产效率竞争优势。但从 2018 年开始,该指数逐年下降,生产效率优势也由极强转变为较强。

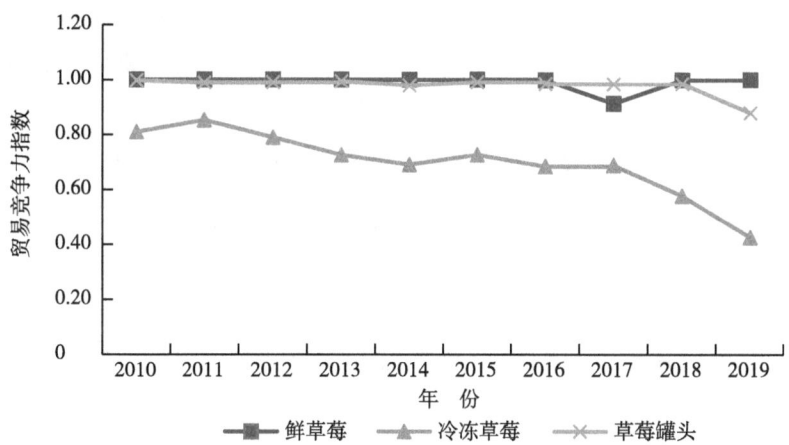

图 6-15 2010—2019 年中国三种主要草莓出口产品的贸易竞争力指数变化趋势

(数据来源:根据 UN COMTRADE 数据库的数据计算)

6.4.2 中国草莓贸易互补性分析

贸易互补性指数用以衡量两个国家或地区的进口匹配程度,进而判断两国是否有开展贸易的潜在空间。当贸易互补性指数越大时,表明一国某产品的出口与该产品在另一国的进口越相容;反之,则两国之间的贸易互补性指数就越小。

贸易互补性指数用公式表示为：

$$C_{ij} = \text{RCA}_{xik} \times \text{RCA}_{mjk}$$

式中，C_{ij} 表示 i 国出口与 j 国进口之间的贸易互补性指数；RCA_{xik} 用出口情况表示 i 国在 k 类商品上的显性比较优势指数；RCA_{mjk} 用进口情况表示 j 国在 k 类商品上的显性比较劣势指数。其中，$\text{RCA}_{xik} = (X_{ik}/X_i)/(W_k/W)$，$X_{ik}$ 是 i 国 k 类产品的出口额；X_i 是 i 国所有产品的出口总额；W_k 是世界 k 类产品的出口总额；W 是世界所有产品的出口总额。$\text{RCA}_{mjk} = (M_{jk}/M_j)/(W_k/W)$，这里 M_{jk} 是 j 国 k 类产品的进口额；M_j 是 j 国所有产品的进口额。RCA_{mjk} 越大，说明该国在此类商品的生产上越处于劣势。一般来说，当 C_{ij} 的值大于 1 时，说明两国之间在 k 产品上存在着一定的贸易互补性；当 C_{ij} 的值小于 1 时，则互补性较弱。

由于中国鲜草莓贸易规模较小，故主要针对冷冻草莓和草莓罐头两种草莓产品，结合前文对进出口结构的分析，分别选取日本、俄罗斯和德国 3 个与中国草莓贸易往来较为密切的国家，以及法国、荷兰和西班牙 3 个与中国贸易往来相对松散的国家进行贸易互补性及贸易增长潜力的分析。

6.4.2.1 与中国草莓贸易联系紧密国的互补性分析

在 2019 年中国冷冻草莓和草莓罐头出口额排行中，日本、德国和俄罗斯均在前五位。由表 6-11、表 6-12 和表 6-13 可以看出，在中国与上述国家的草莓贸易中，均以"中国出口、日德俄进口"为主要贸易模式。具体来看，在"中国出口"模式下，由于 2010—2019 年中国冷冻草莓出口量不断下降，因此与上述 3 个国家的互补性基本都呈下降趋势。其中与德国的贸易互补性指数下滑最快，指数值从 2010 年的 4.125 1 降至 2019 年的 1.038 3。在 2019 年，中国与日本的贸易互补性指数为 0.780 7，与俄罗斯的互补性指数为 0.813 9，均降至 1 以下，表明中国与上述国家冷冻草莓贸易发展潜力逐渐受到限制。

表 6-11 2010—2019 年中国与日本草莓产品贸易互补性指数

年份	中国出口与日本进口		中国进口与日本出口	
	冷冻草莓	草莓罐头	冷冻草莓	草莓罐头
2010	2.450 1	1.258 3	0.000 5	0.000 0
2011	1.720 1	1.085 0	0.000 0	0.000 0

(续表)

年份	中国出口与日本进口		中国进口与日本出口	
	冷冻草莓	草莓罐头	冷冻草莓	草莓罐头
2012	1.767 1	1.022 3	0.000 0	0.000 0
2013	1.483 1	1.109 8	0.000 0	0.000 0
2014	1.169 2	1.685 7	0.000 0	0.000 0
2015	1.544 9	2.638 7	0.000 1	0.000 1
2016	1.635 6	3.218 0	0.000 1	0.000 1
2017	1.680 5	2.571 4	0.000 1	0.000 1
2018	1.301 2	2.454 5	0.000 1	0.000 1
2019	0.780 7	2.209 5	0.000 1	0.000 3

数据来源：根据 UN COMTRADE 数据库的数据计算。

表6-12　2010—2019 年中国与德国草莓产品贸易互补性指数

年份	中国出口与德国进口		中国进口与德国出口	
	冷冻草莓	草莓罐头	冷冻草莓	草莓罐头
2010	4.125 1	2.059 2	0.043 1	0.004 6
2011	3.555 2	2.507 2	0.028 7	0.017 3
2012	3.709 4	1.730 0	0.043 1	0.014 2
2013	2.466 7	1.522 8	0.041 5	0.007 8
2014	1.507 0	1.506 8	0.030 2	0.033 8
2015	1.623 1	1.568 5	0.033 2	0.017 6
2016	2.083 7	1.781 9	0.049 0	0.031 2
2017	2.378 4	1.677 3	0.046 7	0.027 8
2018	1.842 1	1.651 1	0.056 7	0.025 9
2019	1.038 3	1.508 3	0.055 1	0.164 6

数据来源：根据 UN COMTRADE 数据库的数据计算。

表6-13　2010—2019 年中国与俄罗斯草莓产品贸易互补性指数

年份	中国出口与俄罗斯进口		中国进口与俄罗斯出口	
	冷冻草莓	草莓罐头	冷冻草莓	草莓罐头
2010	2.805 7	3.529 4	0.000 2	0.000 1

(续表)

年份	中国出口与俄罗斯进口		中国进口与俄罗斯出口	
	冷冻草莓	草莓罐头	冷冻草莓	草莓罐头
2011	1.794 4	2.862 8	0.000 0	0.000 1
2012	1.547 9	1.959 9	0.000 6	0.000 2
2013	1.214 9	1.726 1	0.002 5	0.000 7
2014	0.990 6	2.144 9	0.001 2	0.001 4
2015	1.434 2	1.953 7	0.000 9	0.000 8
2016	1.507 2	1.702 0	0.003 8	0.001 3
2017	1.590 1	1.602 9	0.001 5	0.001 0
2018	1.577 6	2.483 4	0.003 5	0.001 1
2019	0.813 9	1.610 4	0.003 8	0.010 8

数据来源：根据 UN COMTRADE 数据库的数据计算。

在草莓罐头产品方面，中国出口到日本的草莓罐头数量逐年上升，故两国互补性也呈现逐年加强趋势，贸易互补性指数由2010年的1.258 3上升到2019年的2.209 5。由于近年来中国草莓罐头的比较优势缩小，因此中国与德国和俄罗斯在草莓罐头上的贸易互补性指数有所降低。但与其他国家相比，仍具有一定互补性。在"中国进口"模式下，由于日本基本不对外出口草莓产品，因此两国两种草莓产品的贸易互补性指数接近于0；中国与俄罗斯和德国虽表现出一定的互补性，但互补性极弱，指标值基本在0.1以内。

综上来看，在冷冻草莓和草莓罐头的贸易上，应该充分利用"中国出口，日德俄进口"的贸易方式，中国大量出口的冷冻草莓和草莓罐头正是日本、德国与俄国所需要的，需求与经济结构决定了这样的互补关系。

6.4.2.2 与中国草莓贸易联系松散国的互补性分析

欧洲是世界草莓消费主力，每年进口大量草莓产品。法国、荷兰和西班牙不但是欧洲草莓主产国，同时也是消费大国。2019年法国进口冷冻草莓10 155.59万美元，进口草莓罐头3 752.09万美元，而中国对法国在以上两种草莓制品上均为零出口。2019年荷兰进口冷冻草莓和草莓罐头的进口总额合计为19 864.64万美元，但中国对荷兰出口冷冻草莓的金额仅占荷兰冷冻草莓进口总额的2.01%，草莓罐头产品则更低，为1.52%。2019年西班牙两种草莓产品的进口额合计为 6 645.55 万美元，但从中国进口冷冻草莓和草莓罐头的金额分别占其进口总额的 1.99% 和 0.04%。因此若能进一步敲开欧洲市场的大门，那么对促进中国草莓的出口将大有裨益。

表 6-14、表 6-15 及表 6-16 显示了 2010—2019 年中国与法国、荷兰和西班牙在草莓产品上的贸易互补性指数。在"中国出口、法国进口"的模式中，前期两国在冷冻草莓和草莓罐头两种产品上呈现出较大的互补性，但后期互补性有所下降。在 2010—2019 年间，中法两国在冷冻草莓上的互补性指数由 4.523 4 降至 1.220 5。相比较而言，在草莓罐头产品上的互补性水平更高一些，互补性指数由 5.294 4 降至 3.635 5。在"中国进口、法国出口"的模式中，虽然在两种产品上展现出一定的互补性，但互补性不强。

表 6-14 2010—2019 年中国与法国草莓产品贸易互补性指数

年份	中国出口与法国进口		中国进口与法国出口	
	冷冻草莓	草莓罐头	冷冻草莓	草莓罐头
2010	4.523 4	5.294 4	0.064 4	0.004 6
2011	3.408 9	5.923 6	0.038 2	0.021 5
2012	4.482 2	4.825 0	0.035 3	0.013 7
2013	2.805 5	4.438 0	0.054 6	0.008 6
2014	1.834 2	4.846 5	0.073 2	0.033 9
2015	2.136 4	5.310 1	0.084 6	0.016 3
2016	2.761 5	5.245 1	0.119 6	0.034 2
2017	2.511 0	4.576 4	0.099 8	0.032 0
2018	2.041 1	5.315 9	0.110 4	0.031 4
2019	1.220 5	3.635 5	0.113 8	0.221 1

数据来源：根据 UN COMTRADE 数据库的数据计算。

表 6-15 2010—2019 年中国与荷兰草莓产品贸易互补性指数

年份	中国出口与荷兰进口		中国进口与荷兰出口	
	冷冻草莓	草莓罐头	冷冻草莓	草莓罐头
2010	3.648 1	1.929 5	0.479 5	0.003 4
2011	5.073 9	2.896 8	0.456 3	0.018 0
2012	3.294 5	1.811 7	0.588 1	0.010 5

(续表)

年份	中国出口与荷兰进口		中国进口与荷兰出口	
	冷冻草莓	草莓罐头	冷冻草莓	草莓罐头
2013	3.383 9	1.751 7	0.555 8	0.005 2
2014	1.718 3	2.265 5	0.318 5	0.019 1
2015	2.287 7	2.571 4	0.307 3	0.010 0
2016	2.921 8	2.857 6	0.414 9	0.015 0
2017	2.645 8	2.547 5	0.413 8	0.012 1
2018	1.863 5	2.754 8	0.453 5	0.014 0
2019	1.102 0	2.154 6	0.428 9	0.093 1

数据来源：根据 UN COMTRADE 数据库的数据计算。

表 6-16　2010—2019 年中国与西班牙草莓产品贸易互补性指数

年份	中国出口与西班牙进口		中国进口与西班牙出口	
	冷冻草莓	草莓罐头	冷冻草莓	草莓罐头
2010	2.132 1	10.909 5	0.577 5	0.003 8
2011	1.673 8	4.708 1	0.412 1	0.013 6
2012	2.194 1	4.027 3	5.943 9	0.058 7
2013	1.472 3	4.628 8	0.562 4	0.008 9
2014	1.012 1	6.146 2	0.538 8	0.046 2
2015	1.319 8	10.250 6	0.578 7	0.029 4
2016	1.108 8	13.764 5	0.680 2	0.057 1
2017	1.173 4	12.003 4	0.640 3	0.062 5
2018	0.924 8	8.959 6	0.676 1	0.037 1
2019	0.532 9	6.733 8	0.660 2	0.334 3

数据来源：根据 UN COMTRADE 数据库的数据计算。

在中国向荷兰出口的草莓贸易中，前期两国在冷冻草莓上的贸易互补性要强于草莓罐头，后期在草莓罐头产品上的互补性有所提升，而在冷冻草莓产品上的互补性逐渐下降。2019 年中国与荷兰在冷冻草莓上互补性指数为1.102 0，在草莓罐头产品上的互补性指数为2.154 6。在荷兰出口中国进口的贸易模式中，两国在冷冻草莓产品上的贸易互补性较强，在草莓罐头上互补性稍弱。

在中国与西班牙的草莓贸易中，仍是以"中国出口、西班牙进口"为主要模式，两国在草莓罐头上展现出极大的互补性。由于在2015—2017年，西班牙草莓罐头进口数量大幅上升，两国互补性也随之增加，指数值一度超过10。而在冷冻草莓产品上的互补性则呈下降趋势，互补性指数自2018年跌至1以下，并在2019年降至0.532 9。

6.4.3 中国草莓贸易潜力分析

贸易增长潜力一般可以从贸易强度指数出发而展开相关分析。

贸易强度指数主要用来衡量贸易国之间的贸易联系紧密程度。其计算公式为：

$$\text{TII}_{ij}^k = \frac{X_{ij}^k / X_{iw}^k}{M_{jw}^k / (M_{ww}^k - M_{iw}^k)}$$

其中，TII_{ij}^k 表示 i 国对 j 国有关 k 产品的出口强度，X_{ij}^k 是 i 国对 j 国的 k 产品出口额，X_{iw}^k 和 M_{iw}^k 分别是 i 国对世界有关 k 产品的出口额和进口额，M_{jw}^k 是 j 国的 k 产品进口总额，M_{ww}^k 是 k 产品的世界进口总额。如果贸易强度指数小于1，表明两国在贸易联系方面松散；如果等于1，则为平均水平；如果大于1，则说明两国之间的贸易联系高于与世界其他国家的联系程度。此外，贸易强度指数越大，则说明两国之间的贸易联系程度越紧密。反之，数值越小，表明两国贸易联系紧密度越低。

6.4.3.1 与中国草莓贸易联系紧密国的贸易潜力分析

表6-17显示了2010—2019年中国与日本两种草莓产品的贸易强度指数变化情况，可以看出，在中国向日本出口冷冻草莓和草莓罐头的贸易中，两国的贸易联系较为紧密，且在草莓罐头产品上的贸易往来要比冷冻草莓更加密切。2019年两国在冷冻草莓和草莓罐头产品上的贸易强度指数分别为4.052 3和5.244 5，高于与世界其他国家的联系水平。由于日本对中国几乎没有草莓出口，因而在"日本出口，中国进口"模式下，在两种草莓产品上的贸易强度指数接近于零。

表 6-17　2010—2019 年中国与日本草莓产品贸易强度指数

年份	中国草莓对日本出口		日本草莓对中国出口	
	冷冻草莓	草莓罐头	冷冻草莓	草莓罐头
2010	2.707 7	5.095 8	0.000 0	0.000 2
2011	3.296 3	5.093 1	0.000 0	0.000 0
2012	3.169 6	6.411 5	0.000 0	0.000 0
2013	3.970 7	6.150 9	0.000 0	0.000 0
2014	4.304 7	5.781 3	0.000 0	0.000 0
2015	3.437 5	6.002 7	0.000 0	0.000 6
2016	3.481 6	5.193 0	0.000 0	0.000 1
2017	2.992 6	5.929 2	0.000 0	0.000 0
2018	3.136 6	6.555 0	0.000 0	0.000 0
2019	4.052 3	5.244 5	0.000 0	0.001 2

数据来源：根据 UN COMTRADE 数据库的数据计算。

表 6-18 显示了 2010—2019 年中国与德国两种草莓产品的贸易强度指数变化情况，在中国向德国出口的模式中，两国在冷冻草莓贸易上的密切程度低于它们与世界其他国家的联系程度，且紧密度呈下降趋势，2019 年贸易强度指数已降至 0.201 2。在草莓罐头产品上的贸易联系紧密度呈波动上升趋势，贸易强度指数由 2010 年的 1.311 9 升至 2019 年的 1.754 2，高于与世界其他国家的联系程度。在德国向中国出口的草莓贸易中，由于 2019 年德国向中国出口草莓罐头的金额达到 363.13 万美元，当年两国之间的贸易强度指数也攀升至 6.808 8。

表 6-18　2010—2019 年中国与德国草莓产品贸易强度指数

年份	中国草莓对德国出口		德国草莓对中国出口	
	冷冻草莓	草莓罐头	冷冻草莓	草莓罐头
2010	0.721 4	1.311 9	0.000 1	0.006 8
2011	0.926 0	1.184 9	0.000 0	0.000 0
2012	0.947 5	1.290 9	0.000 0	0.000 0
2013	0.746 0	1.187 4	0.071 9	0.041 1
2014	0.644 6	0.818 1	0.000 0	0.007 3

(续表)

年份	中国草莓对德国出口		德国草莓对中国出口	
	冷冻草莓	草莓罐头	冷冻草莓	草莓罐头
2015	0.384 4	1.504 7	0.000 1	0.000 0
2016	0.368 1	2.055 2	0.000 0	0.000 0
2017	0.498 1	1.809 3	0.000 0	0.017 1
2018	0.209 0	2.004 6	0.000 0	1.056 6
2019	0.201 2	1.754 2	0.000 0	6.808 8

数据来源：根据 UN COMTRADE 数据库的数据计算。

表6-19 显示了 2010—2019 年中国与俄罗斯两种草莓产品的贸易强度指数变化情况。在中国对俄罗斯的出口贸易中，两国在冷冻草莓上的贸易紧密度高于草莓罐头，且贸易强度指数在这 10 年中一直维持在 2 以上。值得注意的是，在 2010—2014 年，中国对俄罗斯出口冷冻草莓的贸易强度指数一直呈上升趋势，在 2014 年该指标值高达 9.644 2。但从 2015 年开始，该指数逐年下降，并在 2019 年降至 2.546 6，说明近年来两国在冷冻草莓贸易方面的联系开始变得松散，这主要是因为俄罗斯扩大了对埃及的进口份额，从而导致中国对俄罗斯冷冻草莓出口量下降。与冷冻草莓变动趋势类似，在草莓罐头产品上，中国对俄罗斯出口草莓罐头的贸易强度指数在 2010—2014 年也呈现波动上升趋势，此后受俄罗斯草莓罐头进口规模缩减的影响，贸易强度指数从 2015 年的 3.352 0 逐渐下降至 2019 年的 2.269 5，两国在该产品上的贸易联系也开始走向下滑。在俄罗斯对中国出口的草莓贸易中，在冷冻草莓产品上，除 2016 年俄罗斯对中国出口冷冻草莓 0.13 万美元，贸易强度指数达到 0.230 6 外，其余年份两国贸易强度指数接近于 0。值得注意的是，从 2014 年开始，俄罗斯开始向中国出口草莓罐头，两国之间的贸易强度指数由 2014 年的 0.114 0 上升至 2017 年的 10.199 9，随后又降至 2019 年的 1.579 6，波动幅度较大。

表6-19 2010—2019 年中国与俄罗斯草莓产品贸易强度指数

年份	中国草莓对俄罗斯出口		俄罗斯草莓对中国出口	
	冷冻草莓	草莓罐头	冷冻草莓	草莓罐头
2010	3.905 8	2.489 2	0.000 0	0.000 0

(续表)

年份	中国草莓对俄罗斯出口		俄罗斯草莓对中国出口	
	冷冻草莓	草莓罐头	冷冻草莓	草莓罐头
2011	5.369 5	3.880 1	0.000 0	0.000 0
2012	6.509 2	3.549 1	0.000 0	0.000 0
2013	6.606 3	3.204 6	0.000 0	0.000 0
2014	9.644 2	3.616 3	0.000 0	0.114 0
2015	6.648 7	3.352 0	0.000 0	5.598 6
2016	6.557 3	2.721 8	0.230 6	3.696 7
2017	4.388 1	2.593 0	0.000 0	10.199 9
2018	3.012 7	2.290 0	0.000 0	6.169 8
2019	2.546 6	2.269 5	0.000 0	1.579 6

数据来源：根据 UN COMTRADE 数据库的数据计算。

6.4.3.2 与中国草莓贸易联系松散国的贸易潜力分析

表 6-20 显示了 2010—2019 年中国与法国两种草莓产品的贸易强度指数，可以看出，在中国对法国出口的贸易模式中，早期两国在冷冻草莓产品上有一定的贸易往来，但从 2014 年开始，贸易联系逐渐减弱，贸易强度指数也降到 0.1 以下。在草莓罐头产品方面，由于中国对法国出口量极少，因此贸易强度指数也一直维持在 0 左右。反观法国对中国的出口情况，两国之间贸易联系不稳，且多数年份贸易联系紧密度低于与世界其他国家的联系程度。

表 6-20　2010—2019 年中国与法国草莓产品贸易强度指数

年份	中国草莓对法国出口		法国草莓对中国出口	
	冷冻草莓	草莓罐头	冷冻草莓	草莓罐头
2010	0.167 5	0.000 5	0.767 0	4.649 0
2011	0.318 9	0.000 1	1.000 1	0.000 5
2012	0.258 7	0.000 0	0.065 5	0.000 4
2013	0.134 0	0.000 0	0.031 3	0.099 6
2014	0.035 3	0.000 4	0.135 1	0.200 9
2015	0.036 8	0.000 0	0.000 0	0.000 0
2016	0.019 6	0.000 0	0.127 0	0.000 0

(续表)

年份	中国草莓对法国出口		法国草莓对中国出口	
	冷冻草莓	草莓罐头	冷冻草莓	草莓罐头
2017	0.017 0	0.000 0	0.012 9	2.044 1
2018	0.000 0	0.000 0	0.000 0	0.095 7
2019	0.000 0	0.000 0	0.003 6	0.098 4

数据来源：根据 UN COMTRADE 数据库的数据计算。

表 6-21 显示了 2010—2019 年中国与荷兰在两种草莓产品上的贸易强度指数变化情况。具体来看，在中国对荷兰出口的贸易模式中，在 2010—2014 年两国在冷冻草莓方面的贸易强度指数均超过 1，展现出良好的贸易潜力。但从 2015 年开始，该指标值降至 1 以下，而且近年来下降幅度较大，在 2019 年已经降至 0.277 4，此外两国在草莓罐头产品上的贸易强度指数也呈现出下降的态势。在荷兰对中国的出口中，两国在冷冻草莓产品上的贸易强度指数在 2016 年曾达到 0.932 0，但始终未突破 1 且近年来呈下降趋势。相较而言，两国在草莓罐头产品上的贸易往来更加密切，某些年份贸易强度指数一度超过 10，但在 2016 年及 2018 年荷兰未对中国出口草莓罐头，因而贸易关系并不稳定。

表 6-21　2010—2019 年中国与荷兰草莓产品贸易强度指数

年份	中国草莓对荷兰出口		荷兰草莓对中国出口	
	冷冻草莓	草莓罐头	冷冻草莓	草莓罐头
2010	2.721 5	0.961 1	0.000 0	12.810 5
2011	2.312 4	0.396 8	0.153 7	1.333 7
2012	2.989 1	0.155 1	0.000 0	4.027 0
2013	1.980 8	0.148 9	0.246 8	2.948 5
2014	1.278 5	0.206 2	0.510 2	3.823 6
2015	0.640 0	0.215 2	0.510 5	11.765 9
2016	0.669 3	0.123 3	0.932 0	0.000 0
2017	0.962 8	0.170 8	0.164 5	2.389 5
2018	0.403 4	0.111 6	0.608 4	0.000 0
2019	0.277 4	0.102 3	0.320 5	1.671 6

数据来源：根据 UN COMTRADE 数据库的数据计算。

表 6-22 显示了 2010—2019 年中国与西班牙在两种草莓产品上的贸易强度指数变化情况,由于中国对西班牙几乎没有草莓产品的出口,因此在中国出口模式下,两国之间草莓贸易联系松散。比较而言,西班牙从 2014 年开始向中国出口冷冻草莓,2018 年出口额达到了 160.98 万美元,占中国冷冻草莓进口总额的 5.83%,两国之间的贸易强度指数也达到了 1.128 6。但随着 2019 年出口额大幅下降至 4.43 万美元,贸易强度指数也降至 0.025 7。

表 6-22　2010—2019 年中国与西班牙草莓产品贸易强度指数

年份	中国草莓对西班牙出口		西班牙草莓对中国出口	
	冷冻草莓	草莓罐头	冷冻草莓	草莓罐头
2010	0.012 1	0.020 0	0.000 0	0.000 0
2011	0.152 0	0.055 9	0.000 0	0.000 0
2012	0.041 0	0.016 1	0.000 0	0.000 0
2013	0.000 0	0.037 7	0.000 0	0.000 0
2014	0.000 0	0.000 0	0.097 6	0.000 0
2015	0.000 0	0.008 6	0.286 4	0.000 0
2016	0.000 0	0.003 9	1.095 0	0.000 0
2017	0.000 0	0.000 3	0.164 5	0.000 0
2018	0.000 0	0.005 8	1.128 6	0.138 0
2019	0.026 8	0.000 0	0.025 7	0.131 3

数据来源:根据 UN COMTRADE 数据库的数据计算。

6.5　中国草莓出口变动影响因素分析

6.5.1　模型构建

CMS 模型最早由 Tyszynski(1951)提出,后逐渐成为从贸易角度解释一国出口市场份额变化的重要模型,是研究对外贸易和国际市场竞争力变化较为成熟的模型之一。为了探究影响中国草莓出口波动的主要原因,本研究引入了恒定市场份额模型(CMS 模型)进行分析。

该模型假定随着时间的变化,如果一国的某种商品市场竞争力不变,则它在世界市场中的份额也将保持不变。根据这一假定,该模型将一国的贸易变化值分解为两个层次。第一层次公式：

$$\Delta q = \sum_i \sum_j s_{ij}^0 \Delta Q_{ij} + \sum_i \sum_j \Delta s_{ij} Q_{ij}^0 + \sum_i \sum_j \Delta s_{ij} \Delta Q_{ij}$$
　　　　（结构效应）　　　　（竞争效应）　　　　（二阶效应）

本研究在第一层次的基础上，将结构效应进一步分解为增长效应、市场效应、商品效应和交互效应；将竞争效应进一步分解为整体竞争效应和具体竞争效应，得到第二层次的公式：

$$\Delta q = s^0 \Delta Q + \left(\sum_i \sum_j s_{ij}^0 \Delta Q_{ij} - \sum_i s_i^0 \Delta Q_i \right) + \left(\sum_i \sum_j s_{ij}^0 \Delta Q_{ij} - \sum_j s_j^0 \Delta Q_j \right)$$
　（增长效应）　　　（市场效应）　　　　　　　（商品效应）

$$+ \left[\left(\sum_i s_i^0 \Delta Q - s^0 \Delta Q \right) - \left(\sum_i \sum_j s_{ij}^0 \Delta Q_{ij} - \sum_j s_j^0 \Delta Q_j \right) \right] + \Delta s Q^0$$
　　　　　　（交互效应）　　　　　　　　　　　　　（整体竞争效应）

$$+ \left(\sum_i \sum_j \Delta s_{ij} Q_{ij}^0 - \Delta s Q^0 \right) + \sum_i \sum_j \Delta s_{ij} \Delta Q_{ij}$$
　　　　（具体竞争效应）　　　　　　（二阶效应）

式中，q 表示中国草莓产品出口额；s 表示中国草莓产品出口在世界出口市场上的份额；s_i 表示中国第 i 类草莓产品出口额在世界该类草莓产品出口额中所占比重；s_j 表示中国对 j 国草莓产品出口额占 j 国草莓产品进口总额的比重；s_{ij} 表示中国对 j 国第 i 类草莓产品的出口额在 j 国该类草莓产品进口额中所占的比重；Q 表示世界市场草莓产品的出口额；Q_i 表示世界市场第 i 类草莓产品出口额；Q_j 表示世界市场对 j 国草莓产品出口额；Q_{ij} 表示世界市场对 j 国第 i 类草莓产品出口额；Δ 表示两个时期的变化量；0 和 1 代表一段时期的初期和末期；i 表示草莓产品类别；j 表示国家，分解效果含义见表6-23。

表6-23　CMS模型分解效果含义

	项目	含义
1	结构效应	因世界草莓进口需求的变化而引起的中国草莓出口额的变化
1.1	增长效应	中国草莓产品由于世界草莓出口增长而增长的部分
1.2	市场效应	由于市场分布效果不同而带来的中国草莓出口额变化。正值表示中国比世界更集中地向快速增长的市场出口草莓产品，负值则相反
1.3	商品效应	由于出口商品结构的变化而带来的中国草莓出口额的变化。正值表示中国比世界更集中地出口快速增长的草莓产品，负值则相反
1.4	交互效应	由于商品效应和市场效应的相互作用而引起的中国草莓出口额的变化

(续表)

项目		含义
2	竞争效应	由于中国草莓出口竞争力的变化而引起的出口额变化
2.1	整体竞争效应	因中国草莓产品出口整体竞争力变化而引起的出口额变化
2.2	具体竞争效应	因中国特定草莓产品在特定市场竞争力变化而引起的出口额变化
3	二阶效应	因中国草莓产品出口竞争力变化和世界草莓进口需求变化的交互作用所引起的出口额变化

6.5.2 数据来源与说明

本部分的数据均来源于 UNComtrade 数据库，由前文分析可知，冷冻草莓（HS081110）和草莓罐头（HS200880）两种产品每年在中国草莓出口总额中的占比可以达到95%以上，且出口数据相对完整。因此，本研究以这两种草莓产品为代表，研究中国草莓出口波动的影响因素。

2019年中国出口两种草莓最多的前10个国家，按出口额由大到小排序依次是日本、泰国、德国、韩国、俄罗斯、美国、英国、澳大利亚、加拿大和新西兰。中国向这10个国家出口草莓的金额占中国两类草莓出口总额的81.81%，因此选取上述10个主要出口国家作为分析目标。

6.5.3 中国草莓出口的 CMS 分解结果及其分段分析

6.5.3.1 中国草莓出口的 CMS 分解结果

本研究将 2000—2019 年研究期按照出口额的上升或下降分为 6 个时间段。

上升期包括：2000—2009 年（阶段Ⅰ）、2010—2011 年（阶段Ⅲ）和 2015—2016 年（阶段Ⅴ）。

下降期包括：2008—2009 年（阶段Ⅱ）、2011—2014 年（阶段Ⅳ）和 2017—2019 年（阶段Ⅵ）。

根据 CMS 模型，上述 6 个时段的结构效应（包括增长效应、市场效应、商品效应和交互效应）、竞争效应（包括整体竞争效应和具体竞争效应）以及二阶效应的分解结果详见表 6-24。

表 6-24 2000—2019 年中国草莓出口的 CMS 二阶分解结果

效应		阶段Ⅰ		阶段Ⅱ		阶段Ⅲ	
		出口变动（万美元）	比例	出口变动（万美元）	比例	出口变动（万美元）	比例
出口变动量		85.12	100.00%	-23.89	100.00%	79.36	100.00%
1	结构效应	15.00	17.62%	-22.66	94.85%	41.78	52.65%
1.1	增长效应	45.59	53.56%	-32.19	134.74%	52.91	66.67%
1.2	市场效应	-56.90	-66.85%	18.78	-78.61%	-31.00	-39.06%
1.3	商品效应	2.79	3.28%	-0.18	0.75%	0.29	0.37%
1.4	交互效应	23.52	27.63%	-9.07	37.97%	19.58	24.67%
2	竞争效应	33.99	39.93%	-2.43	10.17%	24.39	30.73%
2.1	整体竞争效应	30.63	35.98%	0.88	-3.68%	22.87	28.82%
2.2	具体竞争效应	3.36	3.95%	-3.32	13.90%	1.52	1.92%
3	二阶效应	36.13	42.45%	1.20	-5.02%	13.18	16.61%

效应		阶段Ⅳ		阶段Ⅴ		阶段Ⅵ	
		出口变动（万美元）	比例	出口变动（万美元）	比例	出口变动（万美元）	比例
出口变动量		-55.50	100.00%	6.95	100.00%	-12.15	100.00%
1	结构效应	-9.10	16.40%	1.40	20.14%	29.44	-242.30%
1.1	增长效应	17.30	-31.17%	0.05	0.72%	43.61	-358.93%
1.2	市场效应	-37.47	67.51%	3.13	45.04%	-23.37	192.35%
1.3	商品效应	-22.71	40.92%	4.05	58.27%	32.00	-263.37%
1.4	交互效应	33.77	-60.85%	-5.82	-83.74%	-22.80	187.65%
2	竞争效应	-62.03	111.77%	7.06	101.58%	-31.24	257.12%
2.1	整体竞争效应	-19.43	35.01%	4.16	59.86%	-1.91	15.72%
2.2	具体竞争效应	-42.60	76.76%	2.91	41.87%	-29.33	241.40%
3	二阶效应	15.63	-28.16%	-1.52	-21.87%	-10.35	85.19%

数据来源：根据 UN COMTRADE 数据库的数据计算。

6.5.3.2 中国草莓出口 CMS 分解结果的分段分析

（1）出口额上升期的 CMS 分解结果分析

2000—2007 年（阶段Ⅰ）：在此阶段中国对上述国家草莓出口额增加了 0.85 亿美元，二阶效应和竞争效应是出口额增长的主要影响因素。其中竞争效应对出口上升的影响程度为 39.93%，说明在这一时期中国草莓出口产品总体来讲具有较强的国际竞争力，此阶段冷冻草莓在国际市场尤其是欧洲市场上需求较为旺盛。受增长效应影响，中国草莓出口增加了 0.46 亿美元，贡献率达到 53.56%，说明上述国家草莓进口需求的增加促进了中国草莓的出口。究其原因，在 2001 年中国加入世贸组织以及各国相关贸易政策鼓励的背景下，中国对外出口贸易蓬勃发展，草莓产品市场需求也随之增加。此阶段市场效应为负值，占比为 -66.85%，说明中国此时集中向相对慢速增长的市场出口草莓产品。

2010—2011 年（阶段Ⅲ）：此阶段在结构效应和竞争效应的共同促进作用下，中国对其主要出口国的草莓出口额大幅增长 0.79 亿美元，其中结构效应的贡献率为 52.65%，竞争效应的贡献率为 30.73%。结构效应中的增长效应占比为 66.67%，即在此时期，中国草莓出口的增长主要是受国际市场的整体增长效应的影响。经济危机发生以后，德国、日本等国需求量的恢复是引起中国草莓出口增长的主要动力。市场效果与上一阶段相比，出现明显下降，导致中国草莓出口额减少 0.31 亿美元，说明中国此时更集中于向慢速增长的需求市场出口草莓产品，对进口需求增长较快的市场开拓力度不够，出口结构有待进一步完善。虽然具体竞争效应由负变正，但对出口增长影响不大，贡献率仅占 1.92%。说明中国草莓产品出口的增长主要是基于数量型增长模式，产品竞争力低下仍然是阻碍出口的主要问题。

2015—2016 年（阶段Ⅴ）：此阶段中国草莓出口额增加约 0.07 亿美元，竞争效应的影响率高达 101.58%，整体竞争效应和具体竞争效应的贡献率分别为 59.86% 和 41.87%，中国草莓在日本、泰国等市场上的相对竞争力不断增强。结构效应对总效应的贡献率为 20.14%，商品效应和市场效应均由上一阶段的负值转为正值，表明中国开始更集中地出口增长较快的草莓产品并且将进口需求增长更快的市场作为出口目标，出口结构有所优化。

（2）出口额下降期的 CMS 分解结果分析

2008—2009 年（阶段Ⅱ）：此阶段中国对 10 个主要出口国的草莓出口额减少了 0.24 亿美元。结构效应为负值，影响率高达 94.85%，是导致中国草莓出口额下降的最主要因素，说明出口市场环境的变化对中国草莓出口下降的影响较为显著。其中增长效应的占比高达 134.74%，表明此阶段主要进口国对中国进口需求的大幅缩减是中国草莓出口下降的最主要原因。在进口中国草莓的 10 个国家中，除了泰国和美国外，其他国家的草莓进口量均表现出不同程度的下降，其中下降最大的是德国。与 2008 年相比，2009 年德国从中国进口两种草莓产品的进口额直接缩减 1 023.46 万美元，对中国草莓的出口产生一定冲击。市场效应由负转正，表明该阶段中国不断调整草莓产品出口结构以适应进口国家的进口变化，逐步集中到草莓进口需求增长较快的市场上。受 2008 年金融危机及欧债危机前期影响，中国的草莓出口急剧下降，竞争效应和具体竞争效应均由正值变为负值，说明中国草莓产品缺乏竞争力且容易受到市场需求波动的影响。

2011—2014 年（阶段Ⅳ）：此阶段中国对上述 10 个国家的草莓出口量迅速下降，出口额减少 0.56 亿美元。其中，二阶效应虽为正值，但占比较低。结构效应和竞争效应均为负，分别占 16.40% 和 111.77%。与上一阶段相比，此阶段竞争效应大幅下降，冷冻草莓竞争力逐步减弱，是出口额下降的主要原因。其中整体竞争效应占比 35.01%，具体竞争效应占比为 76.76%。竞争力的下降导致同时期其他国家或地区对上述 10 个国家的草莓出口超过中国。中国草莓虽然在产量上增速明显，但综合品质相对弱一些，随着市场对高品质草莓需求的增加，中国草莓出口竞争优势减弱。此阶段商品效应和市场效应均为负，对出口下降的影响程度分别为 40.92% 和 67.51%。说明该时期中国草莓出口结构不合理，德国、英国、日本、美国和俄罗斯等国家的进口结构变动也导致了中国草莓贸易量的下降。

2017—2019 年（阶段Ⅵ）：此阶段中国草莓出口额下降主要是受竞争效应和二阶效应的共同作用。竞争效应对出口下降的影响程度为 257.12%，其中具体竞争效应占比为 241.40%，说明此阶段中国草莓产品竞争力较弱。增长效应和商品效应均为正值，表明此阶段进口国进口需求的增长对草莓出口具有拉动作用，且中国更集中地出口快速增长的草莓产品。市场效应为负值，导致出口额减少 0.23 亿美元，表示中国草莓出口市场结构的变化不适应市场需求，出口结构朝着对出口增长不利的方向发展。

6.5.4 中国草莓出口变动的影响因素探讨

从中国草莓产业自身发展竞争力的角度来看，在生产环节存在种苗质量不优、育苗技术手段有待进一步完善等问题，种苗带毒也时有发生。此外土壤连作障碍严重、栽培设施标准化程度低、盲目施用化肥农药等农资产品也对草莓提质增效产生了负面影响。单产水平的高低是草莓产量的重要保障，与过往相比，虽然中国草莓的单产水平确实得到了一定程度的提升，但同时也应看到目前与美国、西班牙等草莓贸易大国相比仍有明显差距。

目前中国草莓出口以冷冻草莓为主，草莓加工产品以草莓罐头为主，产品集中度高，出口产品结构单一化，难以适应草莓贸易未来发展趋势。与发达国家相比，中国草莓深加工产品少，加工产业链短，长期主要依靠冷冻草莓这种粗加工产品进行出口创汇，而对能延长产业链的草莓加工制成品的投入较少，产品附加值低，易受国际市场价格变动冲击，不利于中国草莓出口贸易的可持续发展。随着人们消费方式的不断升级，对草莓深加工产品的需求也将不断提高，丰富草莓出口产品种类、延伸草莓产业链有利于进一步拓宽销售市场。

除此之外，虽然鲜草莓在出口中所占比例较低，但随着人们对健康饮食的偏好增加，国际市场上对鲜草莓的消费将呈现逐步扩大的趋势，欧洲市场（如加拿大、德国、英国、法国等国家）对鲜草莓的进口需求正在不断扩大，2019 年上述四国的鲜草莓进口额均超过 15 000 万美元。鲜草莓果皮柔软、易损伤腐坏，对运输要求较高。目前中国冷链物流基础设施及运输体系还不完善，科技及人才支撑有待进一步提高，这在一定程度上制约了中国草莓的对外出口。在科技及政策的助力下，进一步推动冷链物流的升级发展，对扩大中国草莓国际市场份额具有重要影响。

对于任何产品而言，质量都是基础保障。近年来中国冷冻草莓的产品质量频频受到国际市场的质疑，国际市场品牌形象大打折扣，给中国的出口企业造成重创，出口规模也由此明显缩减。根据统计数据显示，近年来中国对俄罗斯、德国、荷兰等欧洲国家出口冷冻草莓的规模大幅下降，与日本等贸易联系紧密的亚洲国家贸易互补性也有所降低。根据 CMS 分解结果也可知，近年来中国草莓出口仍以数量型增长模式为主，草莓产品竞争力弱仍是阻碍出口的主要原因。目前中国草莓生产还没有明确规范的标准体系，存在出口产品质量参差不齐的情况，如 2019 年美国就曾因质量问题对中国大连一家企业产的冷冻草莓实施自动扣留。如何提升草莓产品质量，进而提升产品国际市场竞争力，是中国草莓产业目前亟待解决的问题。

从贸易结构的角度来看，中国草莓产品的进出口流向具有明显的区域特征。进口方面，中国鲜草莓进口国家单一，近年来基本仅从美国进口；冷冻草莓主要从埃及、智利和摩洛哥进口，2019 年从上述三国进口冷冻草莓的金额合计占中国冷冻草莓进口总额的 85%以上，进口区域集中度高，不利于分散进口风险。出口方面，根据 CMS 的分解结果可知，在 2016—2019 年，中国草莓的市场效应为负，受此影响中国草莓出口额减少 2 000 万美元以上，出口结构不利于出口方向的长远发展。具体来看，中国鲜草莓对俄罗斯及越南的出口占比在 97%以上，而 2019 年对日本、德国、美国草莓罐头的出口占比在 70%以上。出口国家集中度高，加大了贸易的不稳定性，不利于中国草莓贸易结构的优化和长远发展。一旦双方产生贸易摩擦或遭遇贸易壁垒导致贸易方向改变时，势必给中国草莓产业发展带来一定影响。

此外，随着中国草莓产业的快速发展，其出口贸易受国外贸易壁垒的影响也越来越深。如 2014 年中国山东向以色列特为拉夫出口草莓时，就被对方以乙草胺超标为由拒绝提货，而早在 2006 年中国哈尔滨高泰食品有限责任公司就已遭受欧盟反倾销调查。

研究结果表明，中国鲜草莓贸易规模较小，近年来进口有小幅上升；冷冻草莓及草莓罐头出口下降，且受竞争力减弱的影响，冷冻草莓降幅更大；鲜草莓国际市场竞争力无明显变化，冷冻草莓竞争力大幅下降，草莓罐头竞争力虽也有下降，但整体降幅不大；不同阶段影响草莓出口波动的因素不同，主要是受进口国进口需求变化及竞争力效应的影响；目前制约中国草莓竞争力的因素包括贸易流向集中、面临贸易壁垒、种苗质量不稳定、产品质量和多样化程度不能满足国际市场需求、深加工品较少、冷链运输能力低等。为此，在优化中国草莓贸易结构方面，一是实现中国草莓进口多元化战略，建立和完善更加多元的进口体系；二是继续深化与传统出口市场的合作关系，深度开发其需求潜力；三是注重开拓新兴市场，逐步扩大出口贸易视野并分散贸易风险。在提升中国草莓出口竞争力方面，建议从提升种苗质量、推进草莓绿色化生产并提高产品质量、与国际市场标准接轨、完善冷链运输体系和延伸草莓产业链并提高产品附加值等方面努力，综合促进中国草莓产业的可持续发展。

6.6 提升中国草莓出口竞争力的对策

（1）提高草莓种苗质量，提升单产水平

积极整合草莓科研资源，加强草莓产业的技术支持，通过产学研深度合作培育优质抗病的草莓品种，同时因地制宜地引进国外高质种苗。强化种苗市场监管力度，从源头上杜绝假冒伪劣品种进入市场流通。通过基地示范、培训指导、政策扶持推动等手段扩大脱毒种苗的使用率。根据不同主产区土壤的实际情况，优化栽培结构、实行轮作制度、科学修复土地连作障碍。加强对农药化肥减量增效利用的宣传推广，推行草莓病虫害绿色防控技术，规范设施标准，以实现草莓质量的优质安全生产。此外还可以在草莓种植集中区域建立示范点，向当地农户展示新品种、新技术，提高草莓种植户科学绿色种植意识及能力，共同建立现代草莓产业的高效栽培体系，提升产业整体的生产效率。

（2）推进草莓绿色生产，提高产品质量并丰富出口产品种类

随着社会生活水平的提高，人们对食品质量开始有更高的要求。要想提高草莓产品竞争力进而扩大国际市场份额，必须先从提高草莓产品质量入手。打造草莓绿色品牌，走绿色生产道路已经是未来草莓产业发展的必然趋势。建议建立严格的质量标准管控体系，将草莓生产的各个环节都纳入到考核监管里，包括草莓生产的外部条件，如土壤水质是否符合安全标准、农药化肥等农用物资使用量是否在要求以内等，以生产出符合绿色品牌要求的优质草莓为目标，使草莓生产有可靠的质量信誉保障。加强对草莓种植基地及龙头企业的质量管控，从草莓生产源头进行质量把关。积极探索市场准入的方式方法，健全检测制度，对上市产品进行抽检。倡导企业树立绿色品牌意识，实施绿色品牌化营销策略，以绿色优质的产品赢得国内外市场认同。

此外，草莓加工企业应该谋求长远利益，加强对草莓新产品的研发投入力度，在稳住冷冻草莓、草莓罐头等传统产品市场的同时，尽快优化草莓产品加工结构，改进技术设备和工艺流程，丰富草莓出口产品种类，推动产品创新，加快提升草莓产业化程度，以多样化产品拓宽国际市场销路，促进中国草莓贸易竞争力的提高。

(3) 完善冷链物流体系，强化冷链运输能力

草莓果皮娇嫩，对运输要求极高，提升冷链运输技术，将有利于中国草莓的对外出口。首先，应加强草莓各物流节点的冷冻冷藏设备建设，以便使草莓的品质状况在产业链的开端就能得到保障。其次，加大对冷链物流基础设施的建设力度，解决基础设施落后问题。积极引入发达国家的冷链运输技术，并建立"质量可控，源头可追溯"的标准体系。再次，建议加大对第三方物流企业发展的投资支持力度，提高冷链企业的自主创新能力，使其充分发挥专业性、高效性，推动冷链资源的高效整合。最后，关注对高端物流人才的培养，学校可鼓励学生开展相关项目研究，邀请领域专家来校开办知识讲座，还可以与部分冷链物流企业合作，让学生去实地观摩学习，鼓励更多学生毕业以后投身该领域的发展，形成社会、企业、学校共同推进的局面。

(4) 延长草莓产业链条，提高产品附加值

草莓产品的深加工是推动中国草莓产业规模化发展的重要条件，同时也是未来草莓发展的必然趋势。目前中国草莓的深加工产业还处在探索阶段，加工产品较为初级，产品附加值较低。应在保证已有加工产品开发力度的同时，进一步加大对深加工新产品的开发与销售，如草莓干、草莓酱、草莓酒甚至是草莓类化妆品和药品等，在高附加值、高技术含量产品方面进行延伸拓展，推动中国草莓产业由数量型向质量型的转型升级。积极培育扶持草莓深加工企业特别是龙头企业的发展，优化草莓产品结构，提高产品附加值及抵御市场风险的能力。

(5) 与国际标准接轨，防范贸易壁垒风险

面对国外贸易壁垒，相关出口企业首先应从自身做起，加强对自身产品的质量管理，积极了解主要草莓进口国的卫生检验检疫标准及相关法规，主动与国际市场标准接轨。此外，为了避免国际贸易壁垒特别是非关税壁垒风险，国家可建立相应的草莓出口技术性壁垒预警机制，收集国际有关绿色壁垒的措施，尤其注意主要贸易进口国可能采取的技术性贸易壁垒措施，并将相关信息及时反馈给出口企业和部门，提前防范以尽量减少或避免中国草莓出口遭受损失。同时，相关行业及企业自身也应时刻关注目标出口国的市场信息及政策变动，提前做好防范预警。

参考文献

安玉发,张浩,陈丽芬,2009. 国外消费者对中国蔬菜的购买行为分析——以日本消费者为例 [J]. 农业技术经济 (4): 103-110.

白春玲,2016. 上水集团的农产品营销渠道绩效评价及对策研究 [D]. 淄博: 山东理工大学.

伯特·罗森布罗姆,2004. 营销渠道管理 [M]. 6版. 北京: 机械工业出版社.

陈芳,王战平,马迎霜,2015. 黄冈特色农产品营销力评价指标体系构建及实证分析 [J]. 湖北农业科学,54 (24): 6431-6434.

陈丽芬,安玉发,王寒笑,2008. 日本蔬菜消费市场利益细分探讨 [J]. 中国农村经济 (2): 66-75.

陈婷,2013. 员工满意度影响因素研究文献综述 [J]. 科技广场 (11): 152-155.

陈耀庭,戴俊玉,管曦,2015. 不同流通模式下农产品流通效率比较研究 [J]. 农业经济问题,36 (3): 7.

陈志恒,孙彤彤,2019. 美国农产品国际竞争力影响因素分析 [J]. 学术交流 (10): 99-113,192.

董辉,杨莉,李莉,等,2017. 我国草莓资源加工利用现状及发展趋势 [J]. 江西农业学报,29 (6): 80-83,89.

杜军,鄢波,冯瑞敏,2016. 我国沿海省份海洋经济效率评价研究 [J]. 农业技术经济 (6): 47-55.

菲利普·科特勒,2010. 市场营销学原理(亚洲版)[M]. 何志毅,译. 2版. 北京: 机械工业出版社.

高琳,吴思梦,蔡佳佳,2018. 生鲜便利店细分市场开拓研究——以南京市为例 [J]. 经济研究导刊 (20): 104-106.

高鸣，宋洪远，2014. 粮食生产技术效率的空间收敛及功能区差异 [J]. 管理世界（7）：83-92.

葛新，李光辉，2011. 平衡积分卡与营销渠道四维指标评价体系 [J]. 经营与管理（8）：104-106.

龚新蜀，张晓倩，2014. 中国对中亚五国农产品出口贸易影响因素分析——基于CMS模型 [J]. 国际经贸探索，30（8）：77-87，106.

龚志超，2014. 中国—东盟农产品贸易竞争性与互补性分析 [D]. 昆明：云南财经大学.

郭亚军，姚顺波，霍学喜，2013. 中国苹果生产技术进步率测算与分析 [J]. 农业技术经济（3）：54-61.

郭燕婷，刘瑞涵，姜修胜，2017. 京津冀冬小麦生产技术效率比较分析 [J]. 北京农学院学报（1）：102-106.

韩振兴，牛文静，朱涛，等，2020. 江苏省草莓产业集中度和竞争力分析 [J]. 中国蔬菜（1）：65-78.

韩振兴，朱涛，常向阳，2018. 基于CMS模型的中国草莓出口影响因素分析 [J]. 世界农业（12）：141-148.

韩振兴，朱涛，常向阳，2019. 我国草莓出口现状及存在问题分析 [J]. 中国蔬菜（7）：12-17.

何志毅，2005. 中国消费者的产品利益偏好研究——基于耐用消费品的探索性研究 [J]. 管理世界（3）：115-121.

贺志亮，刘成玉，2015. 我国农业生产效率及效率影响因素研究——基于三阶段DEA模型的实证分析 [J]. 农村经济（6）：48-51.

胡保玲，云乐鑫，2009. 营销渠道绩效研究：涵义、测量与驱动因素 [J]. 江苏商论，5：78-80.

胡华平，李崇光，2010. 农产品垂直价格传递与纵向市场联结 [J]. 农业经济问题，31（1）：10-16.

胡珊（Phommasak Phounsavath），2020. 老挝农产品出口国际竞争力与影响因素研究 [D]. 北京：北京交通大学.

黄梦思，孙剑，2016. 复合治理"挤出效应"对农产品营销渠道绩效的影响——以"农业龙头企业+农户"模式为例 [J]. 中国农村经济（4）：17-30.

黄亦潇, 邵培基, 李菁菁, 2004. 基于客户价值的客户分类方法研究 [J]. 预测 (3): 31-35.

吉沐祥, 李国平, 庄义庆, 等, 2012. 实施草莓绿色品牌, 提高草莓市场竞争力 [J]. 江苏农业科学, 40 (1): 7-9.

吉沐祥, 杨勇, 彭燕琼, 等, 2017. 江苏草莓生产现状与消费需求调查分析及其发展建议 [J]. 江苏农业科学, 45 (16): 336-340.

纪良刚, 刘东英, 2011. 农产品流通的关键问题与解决思路 [J]. 中国流通经济, 25 (7): 18-20.

姜爱林, 2003. 国际竞争力及其评价方法综述 [J]. 北京行政学院学报 (6): 33-38.

金福良, 王璐, 李谷成, 等, 2013. 不同规模农户冬油菜生产技术效率及其影响分析 [J]. 中国农业大学学报 (1): 210-217.

兰小林, 2014. 草莓流通渠道: 冲突、选择、绩效 [D]. 成都: 四川农业大学.

李崇光, 2016. 农产品营销学 [M]. 北京: 高等教育出版社.

李春成, 2007. 农产品营销渠道绩效评价与比较研究 [D]. 武汉: 华中农业大学.

李哗, 秦梦, 2015. 基于"农超对接"的生鲜农产品物流耗损研究 [J]. 农业技术经济 (4): 54-60.

李金锴, 陈珏颖, 刘合光, 2019. 中美农产品贸易的比较优势分析 [J]. 中国农业科技导报, 21 (11): 1-8.

李鸣, 2012. 农产品营销渠道绩效研究 [D]. 扬州: 扬州大学.

李萍, 2015. 中国对金砖国家出口贸易增长动态波动研究——基于CMS模型的因素分解及测算 [J]. 国际贸易问题 (5): 82-91.

李青, 陈红梅, 2015. 红枣生产技术效率测算 [J]. 农业技术经济 (5): 103-113.

李天红, 王岚, 2004. 中国草莓生产贸易形势与可持续发展对策分析 [J]. 中国农学通报 (6): 372-375.

李威, 2007. 从冷冻草莓反倾销案看我国应对欧盟反倾销 [J]. 黑龙江对外经贸 (12): 26-28.

李玉勇, 路河, 王娅亚, 等, 2020. 电商对昌平区草莓产业影响分析及

发展对策 [J]. 农业工程技术，40（13）：40-43.

李育民，高莉洁，顾巧英，等，2014. 基于电商背景下农产品销售模式的思考 [J]. 上海农业科技（3）：1-3.

李月娥，张吉国，2018. 中国对印度农产品出口波动及影响因素研究——基于 CMS 模型的实证分析 [J]. 世界农业（12）：134-140.

连漪，杨硕，2016. 基于忠诚度的客户价值细分模型构建及其应用 [J]. 商业经济研究（14）：42-45.

廖建辉，2014. 网购与传统购物模式的比较分析 [J]. 中国流通经济，28（10）：99-106.

林文声，周佳丽，王启魁，等，2016. 消费者对黄瓜质量安全的满意度分析——来自北京、长沙和成都三市的证据 [J]. 郑州航空工业管理学院学报（2）：129-134.

刘景景，王晓睿，袁航，2016. 消费者生鲜农产品网购行为研究 [J]. 农产品质量与安全（5）：73-78.

刘瑞涵，李先德，2008. 北京果品市场顾客价值分析与市场细分研究 [J]. 农业技术经济（3）：96-97.

卢志丹，2013. "农超对接"模式的绩效评价研究 [D]. 保定：河北农业大学.

罗延军，2017. 草莓产业提升途径与思考 [J]. 中国高新技术企业（10）：3-5.

孟令杰，张红梅，2004. 中国小麦生产的技术效率地区差异 [J]. 南京农业大学学报（社会科学版）（2）：13-16.

倪冬梅，刘瑞涵，2016. 北京郊区玉米生产技术效率分析 [J]. 玉米科学（6）：160-164.

潘凤杰，穆月英，2010. 北京市蔬菜价格变动趋势及影响因素分析 [J]. 农业展望（8）：24-28.

齐长红，祝宁，于静湜，等，2018. 多措并举保障北京市昌平区设施草莓优质绿色生产 [J]. 蔬菜（11）：36-39.

史永进，2017. 移动互联时代细分客户的营销策略优化 [J]. 商业经济研究（2）：63-65.

舒锐，焦健，臧传江，等，2019. 我国草莓产业现状及发展建议

[J]. 中国果菜, 39 (1): 51-53.

帅传敏, 程国强, 等, 2003. 中国农产品国际竞争力的估计 [J]. 管理世界 (1): 97-103, 153.

孙永波, 刘晓敏, 2014. 电商新趋势下影响网络消费者购买行为因素研究 [J]. 北京工商大学学报 (社会科学版), 29 (4): 93-101.

唐立强, 周静, 刘杰, 2019. 农户电商渠道选择行为及影响因素研究——基于辽宁省设施草莓产业的调查 [J]. 农林经济管理学报, 18 (5): 636-644.

唐学玉, 李世平, 2012. 基于消费动机维度的安全农产品市场细分研究——以南京市为例 [J]. 农业技术经济 (1): 109-112.

田敏娟, 2012. 成都市猕猴桃流通渠道绩效评价及其影响因素研究 [D]. 成都: 四川农业大学.

田月华, 陈玲玲, 2006. 顾客满意度述评 [J]. 东南大学学报 (哲学社会科学版) (6): 59-61.

涂传清, 2014. 农户介入农产品流通中高附加值活动的影响因素分析——基于赣南果农的实证研究 [J]. 商业经济与管理 (5): 12-23.

王海峰, 罗发友, 2009. 基于 Fuzzy-AHP 模型的营销渠道绩效评价 [J]. 商业研究 (11): 108-110.

王可, 刘瑞涵, 赵安平, 2018. 北京草莓批发价格波动特征及展望 [J]. 农业展望 (7): 21-24.

王琼, 宗静, 马欣, 2017. 北京市草莓种苗生产现状及对策 [J]. 中国园艺文摘 (5): 49, 81.

王胜, 丁忠兵, 2015. 农产品电商生态系统——一个理论分析框架 [J]. 中国农村观察 (4): 39-48, 70, 96.

王维金, 李铭军, 2016. 从一则草莓出口案例谈我国果蔬贸易如何减少技术性贸易壁垒问题 [J]. 对外经贸实务 (7): 76-78.

王雯慧, 2016. 小草莓大产业 中国草莓产业的今生前世 [J]. 中国农村科技 (10): 74-77.

王翔, 2018. 以品牌化路径破解草莓产业发展瓶颈——访中国优质农产品开发协会会长朱保成 [J]. 农村工作通讯 (7): 26-27.

王晓丹, 张小栓, 穆维松, 2007. 观光农业游客满意度评价指标体系的

构建 [J]. 现代农业科技 (7): 120-121.

王晓蓉, 2011. 休闲农业园游客满意度研究——基于南京休闲农业园的调查 [D]. 南京: 南京农业大学.

王志斌, 汤荣丽, 2011. 我国柑橘生产技术效率实证分析 [J]. 经济问题探索 (12): 185-190.

王忠和, 2008. 中国草莓生产现状及发展建议 [J]. 中国农村小康科技 (11): 21-22, 27.

温红梅, 王雪莹, 2016. 黑龙江省农业生产效率影响因素的实证分析 [J]. 哈尔滨商业大学学报 (3): 78-84.

温学萍, 俞凤娟, 赵玮, 等, 2015. 2012—2014年宁夏蔬菜产地批发价格变化趋势及影响因素浅析 [J]. 宁夏农林科技, 56 (5): 43-45.

吴利化, 2004. 渠道效率评估模型选择 [J]. 商业时代 (15): 31-35.

席佳行, 宗静, 刘瑞涵, 等, 2020. 新冠肺炎疫情对北京设施草莓产销的影响与启示 [J]. 中国蔬菜 (4): 1-5.

肖洪波, 王济民, 2012. 新世纪以来我国粮食综合技术效率和全要素生产率分析 [J]. 农业技术经济 (1): 36-46.

肖亮, 2009. 基于AHP与模糊方法的企业营销渠道绩效评价 [J]. 科技创业 (3): 85-86.

肖亮, 2014. 农产品营销渠道成员能力评价与渠道优化设计 [J]. 统计与决策 (23): 22-230.

徐龙雁, 2014. 基于游客满意度理论的休闲农业实证研究——以武夷山嘉年华农业园为例 [D]. 福州: 福建农林大学.

徐珍, 2011. 观光采摘园的游客满意度研究——以南京江心洲葡萄园为例 [D]. 南京: 南京农业大学.

杨皓天, 旬芳, 2015. 基于DEA模型的内蒙古农村牧区粮食生产效率实证研究——源于内蒙古10个地区的1 312户农牧户调研数据 [J]. 干旱区资源与环境 (6): 32-37.

杨锦英, 韩晓娜, 方行明, 2013. 中国粮食生产效率实证研究 [J]. 经济学动态 (6): 47-53.

杨晶晶, 2015. 传统与电商模式融合视角下我国零售业发展路径探析 [J]. 商业经济研究 (15): 58-59.

杨利,2013. 游客满意度休闲农业园开发的实证 [J]. 求索 (1): 251-253.

杨林, 许丹, 2011. 基于粮食生产效率的财政补贴政策地区差异化研究 [J]. 经济学动态 (12): 81-84.

杨培珍, 刘瑞涵, 宗静, 2018. 北京市草莓产业发展策略及展望 [J]. 农业展望 (8): 72-73.

杨宜苗, 肖庆功, 2011. 不同流通渠道下农产品流通成本和效率比较研究——基于锦州市葡萄流通的案例分析 [J]. 农业经济问题, 32 (2): 79-88.

尹晓娜, 2010. 基于灰色模型的企业合作创新绩效评价体系研究 [D]. 哈尔滨: 哈尔滨工业大学.

于林霞, 张波, 白秀广, 2018. 黄土高原区苹果生产技术效率及其影响因素研究 [J]. 干旱区资源与环境 (4): 68-74.

曾寅初, 高杰, 李正波, 2006. 社会资本对农产品购销商经营绩效的影响研究 [J]. 中国农村观察 (2): 33-42, 48.

张标, 张领先, 傅泽田, 等, 2017. 基于季节指数的蔬菜价格变动趋势及分析预测 [J]. 北方园艺 (18): 185.

张弛, 徐佳慧, 2016. 基于 CMS 模型的中国对俄农产品出口影响因素分析 [J]. 对外经贸 (9): 4-6, 16.

张传忠, 雷鸣, 2000. 分销管理 [M]. 武汉: 武汉大学出版社.

张吉良, 付海滨, 陈晓东, 2013. 出口草莓绿色标准化生产技术 [J]. 北方果树 (3): 24-25.

张雯丽, 赵玉田, 2011. 世界草莓生产、贸易发展动态及结构特征 [J]. 世界农业 (5): 62-64.

张夏恒, 2017-08-22. 国内生鲜电商物流的现状与发展趋势 [N]. 贵州政协报 (A03).

张扬, 2013. 农产品供给紧平衡, 农产品流通新导向 [J]. 农产品市场周刊 (7): 34-37.

张莹, 张雯丽, 2020. 中国向日葵产品贸易变动成因——基于 CMS 模型的实证分析 [J]. 世界农业 (7): 53-60, 84.

张玉玺, 2017. 北京 2017 年 10 月蔬菜价格走势分析 [J]. 中国蔬菜

（12）：81-82.

张元鹏，2007. 微观经济学（中级教程）[M]. 北京：北京大学出版社.

赵亮，穆月英，2012. 东亚"10+3"国家农产品国际竞争力分解及比较研究——基于分类农产品的CMS模型 [J]. 国际贸易问题（4）：59-72.

赵仕红，常向阳，2015. 我国农产品营销渠道的优化研究 [J]. 农村经济（9）：33-35.

赵晓飞，2005. 营销渠道的选择及评价标准研究 [J]. 企业活力（4）：2.

郑承志，2019. 新型消费细分市场背景下的商贸流通业创新研究 [J]. 商业经济研究（4）：5-7.

周曙东，2015. 农业技术经济学 [M]. 北京：中国农业出版社.

朱洲，喻港，2009. 基于消费者购买行为的农村奶制品市场细分研究 [J]. 农业技术经济（5）：100-105.

朱洲，喻港，2009. 基于消费者购买行为的农村奶制品市场细分研究 [J]. 农业技术经济（5）：97-105.

庄贵军，2000. 权力、冲突与合作：西方的渠道行为理论 [J]. 北京商学院学报（1）：8-11.

宗静，王琼，马欣，等，2018. 北京市草莓产业发展现状与问题对策 [J]. 中国蔬菜（7）：14-18.

ANDERSON E，DAY C，RANGAN K，1997. Strategic channel design [J]. Sloan Management Review（7）：59-69.

ANNET C，LOUIE W S，ADELL E，2001. Marketing Channel [M]. 北京：清华大学出版社.

BONOMA T V，1998. Marketing performance assessment [M]. Boston：Harvard Business School Press.

CLARK B H，1999. Managerial perceptions of marketing performance：efficiency，adaptability，effectiveness and satisfaction [M]. College of Business administration，Northeastern University.

EL-ANSARY A I，STERN L W，1972. Power measurement in the distribution channel [J]. Journal of Marketing Research（9）：47-52.

GASKI J F, 1984. The theory of power and conflict in distribution channel [J]. Journal of Marketing, 48: 9-29.

GOPIMURALIDHAR M P, RADHIKA S, BHAVE M H V, 2012. Efficiency of marketing channels for mango in mahabubnagar district of and hraPradesh [J]. The ICP Journal of Management Research (6): 30-49.

KOTLER P, 2018. Why broadened marketing has enriched marketing [J]. AMS Review (8): 1-2.

KUMAR N, STERN L, AULAKH P S, 1992. Assessing reseller performance from the perspective of the perspective of the supplier [J]. Journal of Marketing Research, 29 (2): 238-253.

MARKUSEN. International Productivity and competitiveness [R/OL]. 1992. DOI: https://doi.org/10.1016/1059-0560 (95) 90019-5.

QI J, ZHANG Z, JEON S, et al., 2016. Mining customer requirements from online reviews: A product improvement perspective [J]. Social Science Electronic Publishing, 53 (8): 951-963.

ROSENBLOOM B, 1999. Marketing Channels: A Management View [M]. Orlando: The Dryden Press.

STERN L W, EI-ANSARY A I, COUGHLAN A T, 2001. Marketing Channels [M]. 北京: 清华大学出版社.

附录1 京郊草莓生产的投入产出问卷

您好！因课题研究需要，希望了解您在草莓生产方面的投入产出情况。回答本问卷大约需要 30 分钟。您的帮助将有利于我们顺利完成调研任务。本调查与商业无关，我们对您提供的信息保证严格保密，敬请放心。

期待您的帮助并诚表谢意！

1. 草莓园（公司/合作社）名称_____，地址：北京_____区_____镇_____村。

2. 园主姓名_____，性别_____，年龄_____岁，文化程度_____，电话_____。

3. 园主身份：①家庭经营的种植户；②合作社负责人；③农业企业或农业园区负责人；④其他（请写出）_____。

4. 您使用的草莓温室若是租用的，租金费用是_____元/（年·温室）。若是自建，建造年份是_____年，当年建造费_____元/栋，其中政府补贴_____元/栋。这种温室从现在起还能再用_____年。

5. 您已连续种植草莓_____年。今年种植的草莓温室有_____个。每个草莓温室长_____米，宽_____米，面积大约是_____亩。

6. 您家（合作社/公司）在草莓生产和销售季节，专门种植草莓的劳力有_____人；每个劳力最多能同时管理_____个草莓温室。

7. 您今年的草莓温室，温室膜费是_____元/温室（或温室膜单价_____元/千克，所有温室用温室膜总计_____千克），这种温室膜一般可用_____年；地膜花费是_____元/温室（或者地膜单价_____元/千克，所有温室用地膜总计_____千克）。

8. 卷帘机（草帘子）的花费（包括架子）是_____元/温室，能用_____年。

9. 本季如果做了土壤消毒,消毒方式是_____,所用材料是_____,每个温室土壤消毒花费是_____元/温室。这种方式的土壤消毒1次,可连续种植草莓_____年。本季如果做了温室消毒,所用材料是_____,每个温室的消毒花费是_____元/温室。

10. 温室整地作畦,旋耕机雇用成本:2017年雇用旋耕机_____遍,每遍每个温室_____元;整地作畦时间大约是_____月_____日。

11. 您使用的草莓苗如果是外购的,每个温室一般需要买苗_____株,本季草莓苗单价是_____元/株。

12. 用肥:①底肥1的名称是_____,用量是_____千克/温室,单价_____元/千克;底肥2的名称是_____,用量是_____千克/温室,单价_____元/千克。②追肥1的名称是_____,单价_____元/千克,追肥_____次,每次用量_____千克/温室;追肥2的名称是_____,单价_____元/千克,追肥_____次,每次用量_____千克/温室。

13. 病虫害防治:①使用防虫网费用_____元/温室,防虫网一般能使用_____年。②黄蓝板费用_____元/温室。③天敌费用_____元/温室。蜜蜂授粉费用_____元/温室。④农药:施药器采购成本_____元,此器械能用_____年。农药名称1:_____,施药_____次,用药共花费_____元/温室。农药名称2:_____,施药_____次,用药共花费_____元/温室。

14. 草莓生产水电费_____元/温室。

15. 其他物质投入费用_____元/温室。

16. 草莓生产中,若有长期雇工,价格是_____元/(月·人),共计_____月。若有短期临时雇工,价格是_____元/(天·人),共计雇用_____月。

17. 根据您的生产经验,从整地开始到拉秧后残体处理结束,在草莓生产销售季节,每个温室大概需要劳动用工_____天(每个劳动用工按每天8小时计算)。

18. 您家(合作社/公司)的每个草莓温室产量约_____千克/温室(亩),销售额约_____元/温室(亩)。

19. 根据您的经验,去掉各种物质投入成本和雇工花费,您的每个草莓温室(或每亩)大概能赚得纯收入_____元。

20. 调查日期(填表时间):20____年____月____日。

21. 访问员姓名(签名)_____,手机号_____。

附录2 草莓生产者绿色防控技术认知及应用现状调查问卷

您好！因课题研究需要，希望了解您在草莓生产中绿色防控技术的认知和应用等概况。本次调查大约需花费30分钟。我们对您提供的信息将严格保密，非常感谢您的帮助！

一、被调查者及其草莓园基本信息

1. 您的草莓园地址是 _____区_____镇_____村_____草莓园。

2. 性别_____，姓名_____，电话_____。

3. 年龄范围_____。

①18～23 岁；②24～34 岁；③35～44 岁；④45～54 岁；⑤55～64 岁；⑥65～74 岁；⑦75～84 岁；⑧≥85 岁

4. 文化程度_____。

①初中及以下；②高中/中专或职高/技校；③大专；④本科；⑤研究生及以上

5. 户籍_____。

①北京昌平区；②北京其他区县；③北京之外的_____省（市）

6. 常住的家庭人口数_____。

①2～3 人；②4～5 人；③6 人及以上

7. 参与草莓生产销售的总人数_____。

①1～3 人；②4～5 人；③6～10 人；④10～20 人；⑤20 人以上

8. 您的家庭成员中，有符合下面情况成员的选项是_____。

①草莓生产经营人员；②草莓合作社负责人；③草莓合作社成员；④草莓企业或园区负责人；⑤以草莓收购销售为主的经纪商；⑥草莓技术推广人员；⑦草莓种苗等生产资料供应商；⑧村两委成员（包括第一书记）；⑨兼职做其他工作；⑩具备农业生产之外其他专业技能人员；⑪养殖家禽家畜；⑫其他

9. 近3年草莓温室数量_____。

①1~3个温室；②4~5个温室；③6~10个温室；④10个温室以上

10. 您生产经营草莓时间_____。

①5年以下；②5~10年；③10年以上

11. 您家今年草莓每个温室产量是_____千克。今年销售出去的草莓有_____千克。今年卖草莓的收入有_____元。

12. 您家草莓每个温室去掉各种物资成本（不算人工费）之后，纯收入约_____元。

13. 正常年份（不考虑新冠疫情时）全家总收入金额是_____。

①不足2万元；②2万~5万元；③5.1万~10万元；④10.1万~15万元；⑤15.1万~20万元；⑥大于20万元

14. 正常年份草莓经营收入占全家年收入的比例大约是_____%。

15. 您生产的草莓品质与其他同类产品相比较_____。

①很差；②稍差；③一样；④稍好；⑤好很多

16. 如果您的草莓品质较差，您觉得原因是_____。

①品种不合适；②种苗质量差；③病虫害严重；④田间管理不到位；⑤气候条件差；⑥其他

17. 今年草莓病虫害是否严重_____。

①没有病虫害；②病虫害较轻；③病虫害一般，和正常年份一样；④病虫害较重；⑤病虫害非常重

二、绿色防控技术认知途径

18. 您了解草莓病虫害防治知识，是从哪里听到的（多选）_____。

①熟人聊天；②同行交流；③参加绿色防控技术培训；④技术人员入户指导；⑤植保服务队宣传；⑥享受补贴优惠了解到；⑦看电视；⑧看报纸；⑨微信朋友圈，公众号；⑩网上搜索；⑪自己的经验；⑫实地参观示范基地、合作社或公司；⑬其他途径

19. 对草莓相关技术、政策及实施现状的了解情况

项目	1=没听说过	2=了解不多	3=说不清楚	4=了解较多	5=非常了解
防控病虫害的绿色防控技术					

附录2　草莓生产者绿色防控技术认知及应用现状调查问卷

（续表）

项目	1=没听说过	2=了解不多	3=说不清楚	4=了解较多	5=非常了解
绿色防控产品补贴政策补贴条件					
昌平区植物医生					
昌平绿色防控产品优惠补贴的经销商					
科学使用农药（配置比例和操作标准等）					

20. 绿色防控技术采用意愿

项目	1=完全不愿意	2=有点不愿意	3=说不清楚	4=比较愿意	5=非常愿意
草莓温室土壤消毒					
草莓温室表面消毒					
使用脱毒种苗					
蜜蜂授粉					
防虫网					
黄蓝板（色板诱杀防虫）					
生物农药、微生物菌剂或理化诱控产品					
高效低毒低残留农药					
其他化学农药					
捕食螨或瓢虫等天敌					
生产中的残病枝叶清理					
专业化组织防治病虫害					
应用农药使用的操作标准					

21. 绿色防控技术实际采用情况

项目	1=从来没用过	2=有时用有时不用	3=说不清楚	4=多数情况都用	5=完全应用
草莓温室内土壤消毒					
草莓温室的表面消毒					
脱毒种苗					
蜜蜂授粉					

(续表)

项目	1=从来没用过	2=有时用有时不用	3=说不清楚	4=多数情况都用	5=完全应用
防虫网					
黄蓝板（色板诱杀防虫）					
生物农药、微生物菌剂或理化诱控产品					
高效低毒低残留农药					
其他化学农药					
捕食螨或瓢虫等天敌					
生产中的残病枝叶清理					
专业化组织防治病虫害					
农药使用的操作标准					

三、参加培训情况

22. 在没有新冠疫情的正常年份，您或您的家人，每年参加农业技术类培训大约_____次。

23. 如果没参加或漏掉了技术类培训，原因是_____。
①不需要培训；②培训地点离家远；③培训时间长；④培训时间不合适，抽不出空；⑤培训内容不实用；⑥培训名额有限，报不上名；⑦没有培训资格

四、其他问题

24. 您目前草莓生产或销售方面面临的问题是什么？

访问员姓名_____ 电话_____ 调查时间_____。

附录3 京郊草莓生产经营现状及营销渠道调研问卷

问卷编号：_____

您好！因课题研究需要，希望了解在您草莓生产和销售方面的相关信息，调研数据仅用于学术研究，我们绝不会泄露您的个人信息和生产经营的商业秘密。真诚感谢您的支持与配合！

1. 草莓园主基本信息

（1）草莓园（公司/合作社/公司）名称_____；草莓园所在地：北京_____区_____镇_____村。

（2）草莓园主身份_____。

（3）园主性别_____，年龄_____岁，文化程度_____。

（4）草莓种植者年龄范围在_____岁到_____岁。

（5）近3年种植草莓的温室在_____个到_____个。

（6）每个温室内的种植区域长_____米，宽（跨度）_____米，高_____米。

2. 产后销售或加工情况

（1）您家每个草莓温室产量大约是_____千克，每个草莓温室的销售额大约是_____万元，不算人工，去掉物质成本，您的每个草莓温室大概能赚_____元到_____元。

（2）您家经营草莓获得的纯收入，占家庭总共纯收入的比例大约为_____%。

（3）每年的草莓销售中，各种销售渠道的销量占总销量的比例分布大约是：①消费者进园采摘，占比_____%；②单位或消费团体集体批量采购（礼盒）等占比_____；③自家人在草莓园内、村头、路边或集市零售占比_____；④商贩上门批量收购占比_____；⑤卖到超市占比_____；⑥物

· 199 ·

流零售占比 _____；⑦电商网上销售占比 _____；⑧其他渠道占比 _____。

3. 2016年、2017年、2018年的不同年份之间，您的草莓销售价格波动情况是：①无波动；②波动小（≤10%）；③有一定波动（10%~20%）；④波动比较大（20%~50%）；⑤波动非常大（≥50%）。

4. 近3年来，您的草莓在市场上销售的困难程度：①根本没困难；②有些困难；③困难很大。

5. 你认为下列因素在草莓销售过程中的重要程度。

考虑因素	1=很不重要	2=不重要	3=说不清	4=比较重要	5=非常重要
营销环境					
设施服务					
交易行为					
产品特征					
市场竞争					
政府政策					
平均价格水平					
滞销风险					
交通运输					
信息服务					
劳动力耗费					
关系的建立					
交易稳定性					
销售时间耗费					
种植规模					
品质					
包装保鲜技术					

调查日期：_____

调查地点：北京市_____区_____镇（乡）_____村

调查员姓名：_____　手机号：_____

附录4 北京消费者草莓采摘调查问卷

您好！因课题研究需要，打扰您几分钟了解一些您在草莓采摘消费方面的情况。您的帮助将有利于我们提高调研能力，并顺利完成调研任务。本调查与商业行为无关，我们对您所提供的信息保证严格保密，敬请放心。期待您的帮助并诚表谢意！

说明：请将选项的题号填写在下划线上或在相应项前面画"√"。

A 采摘及购买情况

A1 您近2年是否到京郊采摘过草莓？
①否（没采摘过，结束访问，问卷另用）；②是（采摘过，请继续填写）

A2—A19 评价题：请对您印象最深、最满意的一次草莓采摘，就以下各项给出您的评价（分值越高，评价越好）

A2 总体而言，您的实际采摘体验，与采摘前的想象相比较	5=远好于想象	4=好于想象	3=说不好	2=不如想象好	1=远不如想象的好
A3 采摘园草莓品种类型的丰富性	5=很丰富	4=较丰富	3=说不好	2=比较有限	1=非常单一
A4 采摘园草莓的外观大小和果型	5=非常满意	4=满意	3=说不好	2=不满意	1=很不满意
A5 采摘园草莓的口感	5=非常满意	4=满意	3=说不好	2=不满意	1=很不满意
A6 采摘园草莓的绿色/有机/安全性	5=非常满意	4=满意	3=说不好	2=不满意	1=很不满意
A7 采摘园对草莓营养/生产知识宣传的丰富性	5=非常满意	4=满意	3=说不好	2=不满意	1=很不满意
A8 采摘前您对该采摘园的了解程度	5=非常满意	4=满意	3=说不好	2=不满意	1=很不满意

（续表）

A9 采摘园草莓送礼能拿得出手	5＝非常满意	4＝满意	3＝说不好	2＝不满意	1＝很不满意
A10 采摘园相关人员的服务意识	5＝非常满意	4＝满意	3＝说不好	2＝不满意	1＝很不满意
A11 采摘园的交通便利性	5＝非常满意	4＝满意	3＝说不好	2＝不满意	1＝很不满意
A12 采摘园与经常居住地的距离	5＝非常满意	4＝满意	3＝说不好	2＝不满意	1＝很不满意
A13 采摘园的停车方便性	5＝非常满意	4＝满意	3＝说不好	2＝不满意	1＝很不满意
A14 草莓采摘园经营商的经营能力	5＝非常满意	4＝满意	3＝说不好	2＝不满意	1＝很不满意
A15 草莓采摘价格的可接受性	5＝非常满意	4＝满意	3＝说不好	2＝不满意	1＝很不满意
A16 草莓采摘活动对团体游客的实际吸引力	5＝非常满意	4＝满意	3＝说不好	2＝不满意	1＝很不满意
A17 采摘园周边区域的餐饮条件	5＝非常满意	4＝满意	3＝说不好	2＝不满意	1＝很不满意
A18 采摘园周边区域的住宿条件	5＝非常满意	4＝满意	3＝说不好	2＝不满意	1＝很不满意
A19 采摘园附近其他休闲活动或景观布局的丰富性	5＝很丰富	4＝较丰富	3＝说不好	2＝比较有限	1＝非常单一

A20 与您同行采摘草莓的成员中，和您的关系包括（可多选）_____。

①家人中7岁以下学龄前儿童；② 在校读书的家人；③ 配偶；④ 家里长辈；⑤亲朋好友；⑥单位同事；⑦旅游团成员；⑧自己单位之外有工作关系的人员；⑨其他（请写出）_____

A21 您选择采摘草莓时，主要考虑下列成员的需求意愿（请按先后排出最主要的前3个）_____。

①孩子；②配偶；③长辈老人；④自己；⑤亲戚；⑥非同事关系的朋友；⑦同事；⑧其他（写出）_____

A22 您采摘的出游方式是_____。

①自驾车；②坐公交车；③ 打出租车；④组团包车；⑤骑自行车或电

动车；⑥坐专线旅游车；⑦坐单位车；⑧搭亲朋自驾车；⑨其他（写出）_____

A23 您出游前主要通过以下哪些渠道了解到这个草莓观光采摘园信息_____。

①电视；②广播；③报纸/杂志；④旅游指南书籍/手册；⑤亲友或同事推荐；⑥网络；⑦宣传印刷品；⑧相关管理部门组织的宣传节等推介活动；⑨短信促销信息；⑩主要企业或合作联盟组织的宣传活动；⑪微信促销信息；⑫室外广告牌或标识物；⑬旅行社提供的信息；⑭自己随意碰到；⑮路边商贩推荐；⑯其他（请写出）_____

A24 请将您选择多次草莓采摘的时段，按优先到次要的顺序排序_____。

①北京草莓上市前期（11月中下旬到12月底）；②元旦假期；③元旦后到春节前；④春节假期；⑤春节假期后到3月底；⑥4—5月；⑦五一假期；⑧情人节；⑨"三八"节；⑩农业嘉年华期间顺便采摘；⑪时间不定，抽空去；⑫家人过生日时；⑬其他时间（请写出）_____

B 被调查者背景资料

B1 您贵姓_____（先生/女士）。联系方式_____。

B2 年龄段_____。

①≤6岁；② 7~12岁；③13~15岁；④16~19岁；⑤ 20~29岁；⑥30~39岁；⑦40~49岁；⑧50~59岁；⑨60~69岁；⑩≥70岁

B3 婚姻状况_____。

①未婚；②已婚

B4 文化程度_____。

①初中及以下；②高中/中专或职高/技校；③大专；④本科；⑤研究生

B5 您所在的行业是_____。

①党政机关公务员；②科教文卫等事业单位管理者；③科教文卫等事业单位一般工作者；④工商企业管理人员；⑤工商企业一般工作者；⑥个体经商者；⑦待业者；⑧自由职业者；⑨在校学生；⑩离退休人员；⑪其他（请写出）_____

B6 家庭人口_____人，其中：

①学龄前儿童_____人；②小学生_____人；③中学生_____人；④在读大学或研究生的_____人；⑤离退休长辈_____人；⑥正在工作的_____人

B7　与您一起生活的家庭成员每月的总收入范围是：_____。

①≤5 000 元；②5 001 元~9 999 元；③1 万~3 万元；④3 万~5 万元；⑤≥5 万元

B8　您家住房所在区县（多套住房可多选）_____；您平时常住的位置是_____。

①二环以内；②二环至三环之间；③三环至四环之间；④四环至五环之间；⑤五环至六环之间；⑥六环之外

B9　您家庭成员中有可用汽车的数量是：_____。

①0 辆；②1 辆；③2 辆；④3 辆及以上

B10　调查中获得的其他相关信息、补充说明或调查体会：_____。

C　以下信息请调查员填写

C1　调查日期：20_____年_____月_____日；调查地点：北京市_____区_____街道（乡镇）。

C2　调查者居住区域_____。

①东城区；②西城区；③海淀区；④朝阳区；⑤丰台区；⑥石景山区；⑦其他_____区

C3　调查方式_____。

①户外面访；②入户访问；③采摘园现场调查；④其他_____

C4　调查员姓名（签名）_____　电话_____。

附录5 北京城区消费者草莓购买调查问卷

您好,因课题研究需要,目前我们正在进行有关北京城区草莓消费者行为的调查。本次调查以不记名的方式进行,您的宝贵意见有助于我们对于北京草莓市场的调研,所获得的数据仅用于学术研究,非常感谢大家的支持!

1. 请问您常住在北京下列哪个城区_____?[单选题]
○东城区　○西城区　○朝阳区　○丰台区　○石景山区　○海淀区　○其他(请提交答卷,无须继续作答)

2. 请问您是否食用过草莓?[单选题]
○是　○否

3. 请问您是否购买过草莓?[单选题]
○是(请跳至第5题)　○否(请跳至第4题)

4. 您不购买草莓的原因是_____。(请您填写完本题后结束作答)[单选题]
○不喜欢吃　　○价格高
○不易储存　　○不方便购买
○包装不合心意　○其他_____

一、关于消费者购买及消费行为

5. 您购买草莓主要供谁食用?[单选题]
○自己　○小孩　○老人　○男/女朋友　○配偶　○亲戚朋友及同学　○其他_____

6. 您一般在什么时间购买草莓?[多选题]
□11—12月　　□1—2月　　□3—4月　　□5—10月

7. 您在第6题的月份中购买草莓的频率是_____。[单选题]

○每月1~2次　○每周1~2次　○2~3天1次　○每天1次　○一天多次

8. 您平均每次购买草莓都买多少斤？［单选题］

○1斤以下　　○2~3斤　　○4~5斤　　○6~7斤　　○7斤以上

9. 您一般购买什么价位的草莓？［单选题］

○≤10元/斤　　○11~30元/斤　　○31~60元/斤　　○61~100元/斤

○101元/斤以上

10. 您平时购买哪个品种的草莓？［多选题］

□不清楚　　□白雪公主　　□红颜　　□章姬　　□圣诞红　　□隋珠　　□黛颜
□越心　　□其他（请写出）_____

11. 您平时购买什么包装的草莓？［单选题］

○塑料盒+海绵　　　○纸盒+海绵　　　○塑料袋　　　○其他（请写出）_____

12. 您一般在哪里购买草莓？［多选题］

□连锁超市　　□社区超市　　□农贸市场　　□批发市场　　□网上购买
□草莓园采摘　　□街边商贩　　□其他（请写出）_____

13. 草莓消费量占您家水果消费总量的比例是_____。［单选题］

○25%及以下，比起买草莓更愿意买别的水果

○25%~50%，当季新鲜的时候会购买（含50%）

○50%~75%，爱吃草莓，比较喜欢购买（含75%）

○75%以上，购买水果时大部分购买草莓

14. 您购买草莓时关注的因素是_____。［矩阵量表题］

因素	1=非常不重要	2=不重要	3=说不清	4=重要	5=非常重要
新鲜	○	○	○	○	○
应季	○	○	○	○	○
安全	○	○	○	○	○
品种	○	○	○	○	○
价格	○	○	○	○	○
包装精美	○	○	○	○	○
营养价值高	○	○	○	○	○

(续表)

因素	1=非常不重要	2=不重要	3=说不清	4=重要	5=非常重要
购买便利性	○	○	○	○	○
广告宣传	○	○	○	○	○
促销活动	○	○	○	○	○

二、关于消费者购买及消费偏好

15. 您喜欢草莓的哪个方面？［多选题］
□颜色　　□果型　　□口味　　□口感　　□其他
16. 您喜欢购买什么颜色的草莓呢？［多选题］
□深红　　□浅红　　□粉色　　□白色　　□黄色　　□黑色　　□其他 _____
17. 您喜欢购买什么果形的草莓呢？［多选题］
□个头大，椭圆形　　□个头大，扁平状　　□个头小，椭圆形　　□个头小，扁平状　　□其他 _____
18. 您喜欢什么口味的草莓？［单选题］
○甜　　○酸　　○适中
19. 您喜欢什么口感的草莓？［单选题］
○软糯　　○偏硬　　○适中
20. 您喜欢这方面的原因是［填空题］_____。

三、被调查者基本情况

21. 您的性别是_____。［单选题］
○男　　○女
22. 您的年龄段是_____。［单选题］
○14~22岁　　○23~35岁　　○36~45岁　　○46~59岁　　○≥60岁
23. 您的文化程度是_____。［单选题］
○初中以及下　　○高中/中专/高职　　○大专　　○本科及以上
24. 您的民族是_____。［单选题］
○汉族　　○满族　　○回族　　○藏族　　○壮族　　○其他 _____
25. 您的宗教信仰是_____。［单选题］

○无　○伊斯兰教　○道教　○佛教　○天主教　○其他 _____

27. 您家里常住在一起有_____人。[填空题]

27. 您家庭每年总收入是_____。[单选题]

○3万元及以下（含3万元）　○3万~8万元（含8万元）　○8万~15万元（含15万元）　○15万~80万元（含80万元）　○80万~200万元（含200万元）　○200万~500万元（含500万元）　○500万元以上

28. 您现在的就业状态是_____。[单选题]

○全职　○兼职　○失业者（请跳至问卷末尾，提交答卷）　○研究人员　○无业者（请跳至问卷末尾，提交答卷）　○在校学生（请跳至问卷末尾，提交答卷）

29. 您的职业是_____。[单选题]

○企事业/公司中高层管理　○企事业/公司基层管理　○私营业主　○公务员　○医务人员　○科研人员　○军人　○律师　○教师　○行政　○财务　○人事　○技术　○市场销售　○文体　○工人　○其他 _____

调查员姓名（签名）_____　电话_____